高职高专“十三五”规划教材·慕课系列

成本会计实务

丁增稳　凌学军　刘　颖　主　编

李桂娟　陈　华　习成龙
郑兴东　赵红瑞　副主编

電子工業出版社
Publishing House of Electronics Industry
北京·BEIJING

内 容 简 介

全书共分为13个项目，内容包括认知成本会计、要素费用的归集和分配、辅助生产费用的归集和分配、制造费用的归集和分配、生产损失的核算、生产费用在完工产品和在产品之间的分配、品种法、分批法、分步法及成本报表的编制和分析等。本书密切联系我国企业会计准则、营业税改征增值税、《企业产品成本核算制度（试行）》等有关法律规章制度对成本核算的规定，紧扣高等职业技术教育对成本会计岗位群的要求，兼顾学生会计专业技术资格考试的需要，以知识"够用"为度，重点讲解制造业成本核算过程。

本书体系完整，内容实用，既可作为高职高专会计类专业学生的学习用书，也可作为企业管理人员的自学参考用书。

图书在版编目（CIP）数据

成本会计实务 / 丁增稳，凌学军，刘颖主编. —北京：电子工业出版社，2017.8

ISBN 978-7-121-31707-1

Ⅰ. ①成… Ⅱ. ①丁…②凌…③刘… Ⅲ. ①成本会计－会计实务－高等职业教育－教材 Ⅳ. ①F234.2

中国版本图书馆CIP数据核字（2017）第120988号

策划编辑：贾瑞敏
责任编辑：贾瑞敏　　特约编辑：许振伍　孙明珍
印　　刷：三河市华成印务有限公司
装　　订：三河市华成印务有限公司
出版发行：电子工业出版社
　　　　　北京市海淀区万寿路173信箱　邮编100036
开　　本：787×1 092　1/16　印张：15.25　字数：380.6千字
版　　次：2017年8月第1版
印　　次：2017年8月第1次印刷
印　　数：1 500册　　定价：36.80元

凡所购买电子工业出版社图书有缺损问题，请向购买书店调换。若书店售缺，请与本社发行部联系，联系及邮购电话：(010)88254888，88258888。

质量投诉请发邮件至zlts@phei.com.cn，盗版侵权举报请发邮件至dbqq@phei.com.cn。

本书咨询联系方式：电话010-62017651；邮箱fservice@vip.163.com；QQ群427695338；微信DZFW18310186571。

前 言

本书密切联系我国企业会计基本准则和具体会计准则、营业税改征增值税、《企业产品成本核算制度（试行）》及新的企业所得税法等有关法律规章制度对成本核算的规定，同时借鉴全球成本会计学科最新发展成果，紧扣高等职业技术教育对成本会计岗位群的实际需要，力求同高等职业技术教育培养目标相一致，符合培养适应 21 世纪需要的高技能应用型会计人才的要求。因此，本书与同类教材相比，具有如下特点。

1. **对象清晰，有针对性。**从成本计算方法的通用性出发，本书以生产过程最典型的制造业（工业企业）为例，对成本核算的基本理论、基本方法进行了全面、系统的阐述。对其他的生产型企业，也有很强的借鉴价值。

2. **以“知识够用、技能注重”为宗旨。**本书充分考虑高等职业职教育注重技能实训的特点，对理论知识介绍以够用为度，对业务技能训练讲清楚、讲透彻。

3. **拓宽知识视野，关注成本会计动态。**本书在介绍传统成本会计理论和方法的基础上，同时概括了西方盛行的作业成本法，扩大了学生视野，为提升学生知识水平能起到积极的作用。

4. **教、学、练、训融为一体。**本书每个项目的安排是：先介绍基本理论、基本知识，然后介绍成本会计的基本核算方法，最后通过实例应用加以演练。各部分循序渐进，浑然一体。

5. **体例新颖别致，安排科学合理。**本书每个项目前面有案例导入、中间穿插小思考、知识链接和学中做等栏目，后面有项目小结。案例引人入胜，思考令人深思，链接发散思维，小结总揽项目。

本书由安徽商贸职业技术学院教授丁增稳、北海职业学院凌学军、吉林电子信息职业技术学院刘颖担任主编，河南科技学院高等职业技术学院李桂娟、北海职业学院陈华、桂林电子科技大学职业技术学院刁成龙、安徽商贸职业技术学院郑兴东、晋中职业技术学院赵红瑞担任副主编。具体分工如下：丁增稳编写项目一、十和十一，凌学军编写项目二和项目三任务一，刘颖编写项目三任务二、项目四和项目五，李桂娟、陈华编写项目六、七和八，刁成龙、郑兴东、赵红瑞编写项目九、十二和十三。最后由丁增稳总纂定稿。

由于水平有限，成书时间仓促，书中难免错误或不足之处，恳请各界同仁和广大读者批评指正，以便我们及时修正。

编　者

目 录

项目一

认知成本会计

职业能力目标

通过本项目的学习，了解成本含义的演变，熟悉产品成本的经济内涵及其现实意义；掌握现行会计制度下的成本构成，明确成本会计的对象、职能及成本会计的形成和发展；掌握同成本会计相关的法律法规，运用成本会计知识组织成本会计工作。

典型工作任务

成本和产品成本的含义；成本会计的形成和发展同经济发展的关系；成本会计的各项职能；成本会计制度及内容；成本会计机构的设置；成本会计的组织和成本会计人员的分工。

任务一 认知成本及成本会计

任务引例

东方公司于2017年1月1日成立，主要从事汽车配件的生产和经营。本月生产的汽车配件全部完工。月末，会计老王和刚从学校毕业参加工作的大学生李想分别计算的本月完工产品成本金额相差73万元，两人为此而争得面红耳赤，互不相让。他们把会计核算资料带到财务经理周平那里，请周经理来评判。周经理首先阅读了企业本月成本费用的会计资料：

① 本月领用材料130万元。其中，产品生产耗用127万元，车间一般耗用2万元，企业行政部门耗用1万元。

② 本月共支付职工薪酬90万元。其中，生产工人薪酬50万元，车间管理人员薪酬6万元，企业行政管理人员薪酬21万元，销售人员薪酬13万元。

③ 本月计提固定资产折旧费66万元。其中，机器设备折旧费45万元，厂房折旧费5万元，行政管理部门计提折旧16万元。

④ 本月支付水电费34万元。其中，生产产品耗用25万元，车间一般耗用2万元，企业行政管理人员耗用7万元。

⑤ 企业发生的办公费、劳保费等其他费用35万元。其中，生产产品耗用20万元，企业行政管理人员耗用15万元。

⑥ 向受灾地区捐款40万元。

然后，他看了两人的计算过程。

① 王会计计算的成本总额为355万元。其计算过程为：

本月产品的生产成本=130+90+66+34+35=355（万元）

② 李想计算的本月生产成本为282元。其计算过程为：

本月产品的生产成本=127+2+50+6+45+5+25+2+20=282（万元）

职业判断与业务操作

我国对制造业成本开支的范围几经变化。1993年以前的成本会计制度规定采用完全成本法，即工业企业所发生的生产经营费用全部计入产品成本，但不包括营业外支出项目。1993年，我国参照国际惯例将企业行政管理费作为期间费用，并分解为销售费用、管理费用和财务费用，直接计入当期损益；将车间经费改为制造费用；将产品生产所耗用的材料、人工、其他直接费用和制造费用计入产品成本。2013年颁布的《企业产品成本核算制度（试行）》规定，制造企业一般设置直接材料、燃料和动力、直接人工和制造费用等成本项目。制造企业可以根据自身经营管理的特点和条件，利用现代信息技术，采用作业成本法对不能直接归属于成本核算对象的成本进行归集和分配。显然，在不同的会计制度下，成本的范围是不同的，计算的金额也就会有所不同。

一、认知成本及产品成本

（一）认知成本

如同任何被频繁使用的词汇一样，人们在不同环境上使用“成本”一词——在会计学、管理学和经济学上，有着不同的成本概念。学习成本会计首先遇到的问题就是“成本的含义”是什么。“成本的含义”五花八门，很难下一个被人普遍接受的定义。

1. 西方会计学关于成本含义的描述

从西方会计学的角度看，往往把成本理解为为实现一定的目的所付出的价值牺牲。其典型的定义主要是美国会计学会（AAA）所属成本概念与标准委员会在 1951 年为成本所下的定义：“成本是指为达到特定目的而发生或应发生的价值牺牲，它可用货币单位加以衡量”。这个定义有 3 层含义：第一，成本是一种价值牺牲，这种价值牺牲可以理解为一种价值消耗，它不仅可以是现金支出，也可以是物资消耗和劳动消耗；第二，这种价值牺牲是为了一定的目的而发生的；第三，这种牺牲可以用货币计量。

1957 年，美国会计师协会（AICPA）发布的《第 4 号会计名词公报》对成本所下的定义是：“成本是指为获得财物或劳务而支付的现金或转移其他资产、发行股票、提供劳务，或者发生负债，而以货币衡量的数额。”也就是说，成本是为获得某种利益而发生的支出。

当前，我国会计学界认为，西方会计学界对成本含义的表述准确，对成本进行了高度概括，揭示了成本的本质。但西方会计学成本含义过于抽象，没有具体的界限和明确的内容，不便于进行会计核算和管理。

2. 我国会计学关于成本含义的描述

长期以来，我国会计学界主要以马克思《资本论》中的有关论述来论证成本的含义。马克思在分析资本主义商品生产时指出：“按照资本主义方式生产的每一个商品 W 的价值，用公式来表示是 $W=c+v+m$。如果我们从这个产品价值中减去剩余价值 m，那么，在商品中剩下的，只有一个在生产要素上耗费的资本价值 $c+v$ 的等价物或补偿价值……所以对资本家来说，这就是商品的成本价格。”[1]也就是说，产品的价值包括 3 个部分：已耗费的生产资料的价值（c）；劳动者为自己劳动所创造的价值（v）；劳动者为社会劳动所创造的价值（m）。马克思在这里称为“商品的成本价格”的那部分商品价值，指的是 $c+v$，也就是商品的生产成本。

马克思关于商品产品成本的论述，是对成本经济实质的高度理论概括。这一理论是指导我们进行成本会计研究的指南，是实际工作中制定成本开支范围，考虑劳动耗费的价值补偿尺度的重要理论依据。因此，我国会计学界将成本定义为：成本是生产经营过程中所耗费的生产资料价值和劳动者为自己劳动所创造的价值的货币表现，也就是企业在生产经营中所耗费的资金总和。

（二）认知产品成本

综上所述，马克思在资本论中阐述的成本实际上就是产品成本。但由于社会在进步，

[1]《马克思恩格斯全集》，第 25 卷第 30 页。北京：人民出版社，1974 年版。

经济业务日益复杂，企业在成本核算和成本管理中需要考虑的因素也是多种多样的，因此，在社会主义市场经济条件下，我们将马克思《资本论》中阐述的产品成本称为理论成本。

随着商品经济的发展，理论成本同实际工作中所用到的产品成本在概念是有一定差别的。在实际工作中，为了使企业成本计算的口径一致，防止乱挤乱摊成本，保持成本的可比性，国家往往会制定统一的会计准则、税收法律和其他相关法律制度，明确规定产品成本开支范围，即哪些费用允许列入产品成本，哪些费用不允许列入产品成本。

我国企业成本开支范围几经变化，在实践中逐渐明确并完善。1984 年颁布的《国营企业成本管理条例》对成本开支范围做出了明确的规定。当时采用的是完全成本法，即工业企业所发生的生产经营费用全部计入产品成本，包括原材料、燃料和动力、工资及福利费、车间经费和企业管理费。1993 年，我国会计制度改革，参照国际惯例将企业管理费作为期间成本，并分解为营业费用、管理费用和财务费用，直接计入当期损益；将车间经费改为制造费用；将产品生产所耗用的原材料、燃料和动力、工资及福利费，以及制造费用计入产品成本。通过这次改革，把产品成本和期间费用进行了严格区分。这就是目前执行的制造成本法。2006 年颁布和施行的企业会计准则，继续沿用制造成本法，重新定义了成本费用的概念，明确了成本费用的范围，并将期间费用分解为销售费用、管理费用和财务费用。采用制造成本法，既简化了成本计算，又能够准确反映企业的生产经营情况，利于分清经济责任，有利于成本控制和管理。

小思考 1-1　目前，我国所有生产企业都采用制造成本法吗？

解析：制造成本法是目前世界各国普遍采用的成本计算方法。从 1993 年 7 月 1 日起实行的新的会计制度，明确规定我国各个行业的成本计算以“制造成本法”取代过去执行多年的“完全成本法”。

按照我国现行的企业会计准则和相关会计制度，产品成本的开支范围应包括以下内容。

① 为制造产品所耗用的原材料、辅助材料、外购半成品和燃料的原价及运输费、装卸搬运费、挑选整理费、途中的合理损耗等。

② 为制造产品而耗用的动力费。

③ 企业生产单位支付的生产工人和车间管理人员的工资等职工薪酬。

④ 生产用固定资产发生的折旧费、租赁费和低值易耗品的摊销费。

⑤ 企业生产单位因生产原因发生的废品损失，以及季节性停工、修理期间的停工损失。

⑥ 企业生产单位为管理和组织生产而支付的办公费、水电费、差旅费、财产保险费、设计制图费、试验检验费、劳动保护费等。

下列各项开支不得列入产品成本。

① 购置和建造固定资产、无形资产和其他长期资产的支出。这些支出属于资本性支出，在会计上不能一次列入成本，只能按期折旧或摊销。

② 对外投资的支出和分配给投资者的利润支出。

③ 被没收的财物，支付的滞纳金、罚款、违约金、赔偿金，以及企业赞助、捐赠等支出。

④ 自然灾害损失或意外事故产生的损失。

⑤ 为销售商品、提供劳务等经常性活动所发生的成本，如主营业务成本、其他业务成本、税金及附加等，直接计入当期损益。

⑥ 计入当期损益的期间费用，包括销售费用、管理费用和财务费用。

小思考 1-2　企业生产部门发生的业务招待费是否可以计入产品成本？

解析： 根据《企业会计准则》及《小企业会计准则》的规定，业务招待费应计入管理费用。不管是用于什么目的的招待费，均是管理层从事管理方面的支出。

知识链接 1-1

产品成本与生产费用的关系

产品成本和生产费用都是企业在日常生产经济活动过程中发生的耗费，内容是一致的。但是，两者存在一定的差别。产品成本是对象化的费用，即为生产一定种类或一定数量的产品而发生的费用；生产费用是期间化的费用，同会计期间相联系，如某月的生产费用是多少。一定时期的生产费用不一定等于产品成本，因为产品既可能存在跨期生产，也可能存在期初在产品或期末在产品等。

二、认知成本会计

（一）成本会计的产生和发展

成本会计是会计的一个分支，是以成本为对象的一种专业会计。成本会计是基于生产发展的需要而逐步形成和发展起来的，一般认为它经历了早期成本会计、近代成本会计和现代成本会计 3 个阶段。

1．早期成本会计阶段（1880—1920 年）

成本会计起源于英国，后来传入美国和其他国家。当时英国是资本主义最发达的国家，随着英国工业革命的完成，机器代替了手工劳动，工厂制代替了手工工场；企业规模逐渐扩大，出现了竞争，生产成本得到普遍重视。英国会计人员为了满足企业管理的需要，对成本计算进行了研究——起初是在会计账簿之外，用统计方法来计算成本，为了提高成本计算的精确性，适应外部审计人员的要求，将成本计算同复式簿记结合起来。这样，利用账户对应关系反映原材料和人工消耗，及其相对应的价值转移和增值的全过程，并借助借贷平衡原理，稽核会计业务记录的正确性，从而形成了成本会计。这个时期是成本会计的初创阶段。由于当时的成本会计仅限于对生产消耗进行系统的汇集和计算，用来确定产品成本和销售成本，所以，也称为记录性成本会计。

在这一阶段，成本会计在实务上取得了以下一些成就。

① 建立了材料核算和管理办法。

② 建立了工时记录和人工成本计算方法，如工人使用时间卡、按部门归集人工成本等。

③ 建立了间接制造费用分配方法。

④ 制造业根据生产特点，利用分批法或分步法计算产品成本。

⑤ 在理论方面，有关成本会计的著作纷纷出版。1885 年第 1 本成本会计专著《制造成本》出版；1887 年出版的《工厂会计》，对于成本会计的建立具有极为重要的意义，被认为是 19 世纪最著名、最有影响的成本会计著作。

2. 近代成本会计阶段（1921—1945 年）

20 世纪初，资本主义企业推行泰罗制。这个制度“一方面是资产阶级剥削的最巧妙的残酷手段，另一方面是一系列最丰富的科学成就”[1]。泰罗制的科学管理方法，为成本会计提供了启示，美国会计学家开始将标准成本运用于企业成本控制阶段。标准成本制度的实施，不仅可以事后对产品的生产成本和销售成本进行控制和管理，而且延伸到了事先制定成本标准和事中成本控制。这样，成本会计的职能扩大了，成本会计的理论和方法得到了进一步的完善和发展，成本会计的应用范围也从原来的工业企业扩大到各种行业，并深入到一个企业内部的各个主要部门，特别是应用到了企业经营的销售方面。

在这一阶段后期，出版了不少成本名著，如美国尼科尔森和罗尔巴克合著的《成本会计》、陀耳著的《成本会计原理和实务》等，从而使成本会计具备了完整的理论和方法，形成了独立的学科。

3. 现代成本会计阶段（1945 年以后）

第二次世界大战以后，科学技术迅猛发展，生产自动化程度大大提高，产品更新加快；企业规模越来越大，跨国公司大量出现，市场竞争十分激烈。为了适应社会经济呈现的新情况，在成本会计理论和实务中广泛运用了运筹学、系统工程和电子计算机等各种科学技术成就，从而使成本会计发展到一个新的阶段，即成本会计发展重点已由如何事中控制成本、事后计算成本和分析成本转移到了如何预测、决策和规划成本。其主要内容如下。

① 开展成本的预测和决策。

② 实行目标成本计算。

③ 实施责任成本计算。

④ 实行变动成本计算法。

⑤ 推行质量成本计算。

⑥ 实行以作业为基础的成本计算制度等。

综上所述，成本会计的方式和理论体系，随着发展阶段的不同而有所区别。

从成本会计的方式来看，在早期成本会计阶段，主要是采用分批或分步成本会计制度，来计算产品成本，以确定存货成本和销货成本；在近代成本会计阶段，主要采用标准成本制度和成本预算制度，为生产过程的成本控制提供了条件；在现代成本会计阶段，加强事前成本控制，广泛应用管理科学的成果，其发展重点趋向预测、规划和决策，实行最优化控制；随着电子计算机的应用，反馈成本信息更及时，为成本会计开创了新的天地。

从成本会计的理论体系来看，开始属于财务会计体系，主要从财务会计理论来研究成本计算，并纳入会计账簿体系；到了近代成本会计阶段，成本会计具备了完整的理论和方法，形成了独立的学科。随着经营管理的发展，成本的概念日趋广泛，成本会计的范围更加广阔，逐步向经营型成本会计发展，形成了企业会计中财务会计、成本会计和管理会计的三分局面。

---

[1]《列宁选集》，第 3 卷第 511 页。北京：人民出版社，1972 版。

（二）成本会计的对象、职能和任务

成本会计是财务会计的一个重要分支，两者的核算原理、核算方法、运用的会计准则都是相同的，只不过成本会计是以成本为核算对象，运用了一定的技术方法计算产品成本的一种专业会计。因此，成本会计的对象、职能和任务同财务会计存在着一定的差别。

1．成本会计的对象

成本会计的对象是指成本会计反映和监督的内容。明确成本会计的对象，对于确定成本会计的任务，研究和运用成本会计的方法，更好地发挥成本会计在经济管理中的作用，有着重要的意义。

成本会计是以成本为对象的一种专业会计。成本会计主要研究物质生产部门为制造产品而发生的成本，即产品的生产成本，以及其他行业企业在生产经营过程中发生的成本。在不同的成本会计制度下，成本的范围是不同的，成本会计的对象也就有所不同。例如，在完全成本法下，企业为产品生产所发生的全部成本和费用均计入产品成本；在制造成本法下，人们认为期间费用通常是在经营期间发生的，不宜直接计入产品的生产成本，而直接计入当期损益。

作为成本会计的对象，不仅包括制造企业的产品生产成本，还包括其他行业企业的成本，如农业企业、商品流通企业、运输企业、施工企业、房地产开发企业等。成本作为经济范畴，必定遍及各行各业的经济活动，这些行业企业在从事经济活动中发生的各种耗费自然也构成成本会计的对象。但由于篇幅有限，本书仅介绍工业企业的成本对象，且以产品成本计算为重点。

2．成本会计的职能

成本会计的职能，是指成本会计在经济管理中的功能。成本会计作为会计的一个重要分支，其基本职能同其他会计一样，具有反映和监督两大基本职能。但从成本会计产生和发展的历史看，随着生产过程的日益复杂，生产、经营管理对成本会计不断提出新的要求，成本会计的具体内容在不断发展，其职能也在不断充实和完善。目前，理论界普遍认为成本会计具有成本预测、成本决策、成本计划、成本控制、成本核算、成本分析和成本考核 7 个方面。下面分别说明成本会计职能的基本内容。

（1）成本预测

成本预测是根据同成本有关的各种数据、可能发生的发展变化和将要采取的各种措施，采用一定的专门方法，对未来的成本水平及其变化趋势做出的科学的测算。通过成本预测，可以减少生产经营管理的盲目性，提高降低成本、费用的自觉性，充分挖掘降低成本、费用的潜力。

成本预测既要在计划期开始以前、成本决策之前进行，还要在成本计划过程中经常地进行。在成本决策之前进行成本预测，可以为成本决策提供数据，有助于正确确定目标成本，正确编制成本计划；在成本计划执行过程中经常地进行成本预测，可以掌握成本、费用变化的趋势，有效地进行成本控制，保证成本计划的执行。

（2）成本决策

成本决策是指根据成本预测提供的数据和其他有关资料，在若干个同生产经营和成本

有关的方案中选择最优方案，确定目标成本。

为了进行成本决策，应该在成本预测的基础上，拟订各种提高生产、改进技术、改善经营管理和降低成本、费用的方案，并且采用一定的专门方法对各方案进行可行性研究和技术经济分析，据以做出最优化的成本决策，确定目标成本。进行成本决策，确定目标成本是编制成本计划的前提，也是实现成本的事前控制，提高经济效益的重要途径。

（3）成本计划

成本计划是根据成本决策所确定的目标成本，具体规定在计划期内为完成生产经营任务所应支出的成本、费用，并提出为达到规定的成本水平所应采取的各项措施。

成本计划是降低成本、费用的具体目标，也是进行成本控制、成本分析和成本考核的依据。成本计划的编制过程，也是进一步挖掘成本、费用潜力的过程。

（4）成本控制

成本控制，也称为成本监督，是指在生产经营过程中，根据成本计划对各项实际发生或将要发生的成本、费用进行审核、控制，将其限制在计划成本之内，防止超支、浪费和损失的发生，以保证成本计划的执行。为了便于进行成本控制，应该根据成本计划等有关资料，具体制定原材料、燃料、动力和工时等消耗定额及各项费用定额。因此，在实际工作中，成本控制一般是根据这些消耗定额和费用定额进行的。

上述这种成本控制，也称做成本的事中控制，成本的事中控制可以揭示成本、费用脱离定额或计划的差异，从而采取措施降低成本、费用，完成和超额完成成本计划。为了更全面、更有效地控制成本，在进行成本预测、成本决策和编制成本计划的过程中，也应进行成本控制，以保证确定的目标成本和成本计划既先进又切实可行。这种控制对于最大限度地挖掘降低成本、费用的潜力，提高经济效益有着重要意义。

（5）成本核算

成本核算是对生产经营过程中实际发生的成本、费用进行计算，并进行相应的账务处理。成本核算也是对成本计划执行结果，即成本控制结果的事后反映。

为了更加有效地控制成本、费用，有条件的企业还应在各项成本、费用发生的当时，就计算实际成本、费用脱离定额或计划的差异，进行成本、费用的事中核算，以便为成本的事中控制和事中分析提供数据。

（6）成本分析

成本分析是根据成本核算提供的成本数据和其他有关资料，同本期计划成本、上年同期实际成本、本企业历史先进的成本水平，以及国内外先进企业的成本等进行比较，确定成本差异，并且分析差异的原因，查明成本超支的责任，以便采取措施，改进生产经营管理，降低成本、费用，提高经济效益。

成本分析一般在期末（如月末、季末、年末），即事后定期地进行。在成本、费用发生的当时就计算其差异的企业中，为了配合成本的事中控制，还应根据这些日常的成本、费用的差异数据，进行成本的事中分析，以便确定成本、费用超支是否有正当的理由，应否发生，从而及时、有效地控制成本。

成本分析提供的信息，应该及时反馈。对于实际成本、费用中存在的超支和浪费，应该及时采取措施，改进工作，消除超支和浪费；对于成本计划、消耗定额本身存在的问题，应该按照规定修订计划、定额。通过成本分析，还可以为成本考核提供依据，为未来成本的预测和决策，以及编制新的成本计划提供资料。

（7）成本考核

成本考核是指在成本分析的基础上，定期地对成本计划的执行结果进行评价和考核。在没有上级机构下达的成本计划指标的企业中，成本考核应该自我进行；在有上级机构下达的成本计划指标的企业中，应该首先接受上级机构的考核。

企业为了实行成本计划管理，必须将编制的成本计划分解、落实到企业内部各责任单位乃至职工个人，作为各该单位或个人的责任成本指标，由其负责完成。企业内部应该逐级对下属单位或个人的责任成本指标执行结果进行考核。

为了分清经济责任，使成本考核更加合理，在对企业成本计划和企业内部各责任成本指标的执行结果进行考核时，应剔除客观因素对成本的影响。成本考核应该同奖惩制度相结合，根据成本考核的结果进行奖惩，以便充分调动企业职工执行成本计划，提高经济效益的积极性。

从以上所述可以看出，成本会计的各项职能是相互联系、相辅相成的，放松或削弱任何一种职能，都不利于加强成本会计工作。成本预测是成本会计的第 1 个环节，是成本决策的前提；成本决策是成本会计的重要环节，在成本会计中居于中心地位，既是成本预测的结果，又是制订成本计划的依据；成本计划是成本决策的具体化；成本控制对成本计划的实施进行监督，是达到成本决策既定目标的保证；成本核算是成本会计的最基本职能，其提供企业管理所需的成本信息资料，是发挥其他职能的基础，同时又是对成本计划预期目标是否实现的最后检验；成本分析和成本考核是实现成本决策和成本计划目标的有效手段，只有通过成本分析，查明原因，制定并改进和完善企业管理的措施，才能有效降低成本；通过正确评价和考核责任单位的工作业绩，才能调动各部门和全体职工的积极性，进行有效控制，为切实执行成本计划，实现既定目标提供动力。

小思考 1-3　为什么说“成本核算是成本会计的最基本职能”？

解析：成本核算就是对企业生产经营过程中发生的一切耗费，运用专门的会计方法进行计量、记录、归集、分配、汇总，计算出各成本对象的总成本和单位成本的过程。通俗地讲，这项职能就是通过进行实际成本的计算，把生产经营过程的实际消耗如实地反映出来，达到积聚成本的目的，并用积累的成本资料反映企业的实际生产耗费和补偿价值的情况，从而判断企业经营效果的好坏。在成本会计的各个职能中，成本核算是最基本的职能，没有成本核算就没有成本会计。要进行成本预测，首先必须了解能够反映成本水平现状和历史的各项指标及它们之间的内在联系，才能据以分析未来的成本状况，以及清楚为实现预期的成本管理目标应具备的条件和应采取的措施。因此，对实际发生的生产经营耗费的反映，提供实际的成本资料，是成本会计提供成本信息的基础。

3. 成本会计的任务

成本会计的任务是同成本会计的职能密切联系的：一方面，能否承担某一项任务，取决于是否具有完成该项任务的职能；另一方面，职能作用的发挥程度又受制于任务完成情况的好坏。但是，成本会计的职能和任务又是各有特定含义的独立概念。职能是指成本会计本身所具有的功能，具有客观性、相对稳定性和普遍适用性的特点；任务是指为发挥其职能所要达到的目的和要求，具有主观性、不稳定性及同社会环境紧密联系的特点。因此，成本会计的任务不仅取决于其职能，还取决于一定时期社会环境的要求和企业的中心任务。

根据我国社会主义现代化建设的客观要求，成本会计的根本任务是促进企业尽可能节约产品生产经营过程中活劳动和物化劳动的消耗，不断提高经济效益。成本会计的具体任务有下面几项。

（1）正确计算产品成本，及时提供成本信息

进行产品成本计算，是成本会计的关键和基础。企业只有正确计算产品成本，及时提供成本信息，才能保证盈亏计算和存货估价的正确性，有效地考核成本计划的完成情况，为成本的预测、决策和成本目标的规划，以及财务报表编制提供成本信息。因此，企业要严格掌握成本开支范围，依据企业会计制度的要求，按照企业的生产特点采用适当的成本计算方法，正确、及时地计算产品成本。这是做好成本会计工作的最基本要求。

（2）进行成本预测，参与经营决策

切实做好成本预测和成本决策工作，是成本会计适应社会生产发展和现代化管理需要而承担的新任务。成本预测和成本决策是密切联系的——加强成本预测是优化成本决策的前提，而优化成本决策是加强成本预测的结果。因此，把两者有机结合起来，可以为企业挖掘降低成本的潜力，提高经济效益指明方向和路径。

（3）制定目标成本，加强成本控制

目标成本是企业在一定时期内为保证实现目标利润而制定的成本控制指标。目标成本制定的正确与否对于成本控制的有效性有着重要影响。因此，目标成本的制定，一方面必须以可靠的数据作为根据，采取科学方法计算出来；另一方面必须切实可行，既能激发职工的积极性，又是经过主观努力可以达到的。

目标成本和成本控制密切相关，成本控制是目标成本的实施过程，可以促进目标成本更好的实现。加强成本控制，必须对目标成本的分指标进行归口分级控制；要以产品成本形成的全过程为对象，结合生产经营各阶段的不同性质和特点进行有效控制；必须从人力、物力和财力的使用效果来衡量，着眼于工作的改进和成本效益的提高。

（4）建立健全成本责任制度，加强成本考核

成本责任制是对企业各部门、各层次和执行人在成本方面的职责所做的规定，有利于提高职工降低成本的责任心和积极性。建立责任成本制，要把成本责任指标分解落实，使企业生产经营各部门、各层次和每个人都承担一定的责任成本，并把责权利相结合，以增强企业活力。

成本考核是成本责任制顺利进行的保证，没有考核就没有责任，没有责任就不能管好。通过成本考核，可以分清责任，正确评价各部门工作，起到鼓励先进、鞭策落后的作用。因此，成本的考核必须同成本责任制结合起来，奖惩分明，把成本管理的好坏，同每个人的切身利益密切结合起来，促使各部门积极采取有效措施，改进工作，努力降低成本，以取得更大的经济效益。

任务二 成本会计工作的组织

任务引例

新科材料有限公司属于一家小型制造企业。企业设有3个基本生产车间，用于产品生产。同时，企业还有一个修理车间，负责公司内部设备维修和其他修理工作。企业为了加强成本核算，在4个车间都设有会计人员进行车间成本核算，财务部负责收集各车间成本数据并进行期间费用的核算。

这种管理方式的利弊是什么？

职业判断与业务操作

为了充分发挥成本会计的职能作用，圆满完成成本会计的任务，企业必须科学地组织成本会计工作。成本会计工作的组织，主要包括制定科学、合理的成本会计制度，设置成本会计机构，配备必要的成本会计人员等。

一、成本会计制度

成本会计制度是组织和从事成本会计工作必须遵循的规范和具体依据。因此，正确地制定和执行成本会计制度是做好成本会计工作的重要条件。企业应遵循国家有关法律、法规、制度，如《中华人民共和国会计法》《企业会计准则》及2014年1月1日开始施行的《企业产品成本核算制度（试行）》等有关规定，并适应企业生产经营的特点和企业内部管理的要求，深入基层调查研究，发动群众讨论，在认真总结经验的基础上制定企业内部成本会计制度，作为企业进行成本会计工作的具体和直接的依据。

成本会计制度一经确定，就要认真严格执行，保持制度的相对稳定性。但是，随着客观形势的发展，以及人们对客观事物认识的深化，成本会计制度也必须适当地修改。制度的修订是一项严肃的工作，必须既积极又慎重，不能轻易废除。在新制度未形成之前，原有制度要继续执行，以便使成本会计工作经常处于有章可循的正常状态，充分发挥其应有的作用。

二、成本会计机构

企业的成本会计机构，是在企业中直接从事成本会计工作的机构。一般而言，大中型企业应在专设的会计部门中单独设置成本会计机构，专门从事成本会计工作；在规模较小、会计人员不多的企业，可以在会计部门中指定专人负责成本会计工作。另外，企业的有关职能部门和生产车间也应根据工作需要，设置成本会计组或者配备专职或兼职的成本会计人员。

成本会计机构内部，可以按成本会计所担负的各项任务分工，也可以按成本会计的对象分工。在分工的基础上建立岗位责任制，使每一个成本会计人员都明确自己的职责，每一项成本会计工作都有人负责。

企业内部各级成本会计机构之间的组织分工有集中工作和分散工作两种基本方式。

① 集中工作方式是指企业的成本会计工作主要由厂部成本会计机构集中进行，车间等其他单位的成本会计机构或人员只负责原始记录和原始凭证的填制，并对它们进行初步的审核、整理和汇总，为厂部成本会计机构进一步工作提供基础资料。这种工作方式的优点是：便于厂部成本会计机构及时掌握整个企业同成本有关的全面信息；便于集中使用计算机进行成本数据处理；可以减少成本会计机构的层次和成本会计人员的数量。但这种工作方式不便于只从事生产经营活动的各单位和职工及时掌握本单位的成本信息，从而不便于成本的及时控制和责任成本控制的推行。

② 分散工作方式是指成本会计工作中的计划、控制、核算和分析由车间等其他单位的成本会计机构或人员分别进行，成本考核工作由上一级成本会计机构对下一级成本会计机构逐级进行。厂部成本会计机构除对全厂成本进行综合的计划、控制、分析和考核及汇总核算外，还应负责对各下级成本会计机构或人员进行业务上的指导和监督。成本的预测和决策工作一般仍由厂部成本会计机构集中进行。分散工作方式的优缺点与集中工作方式正好相反。

一般而言，大中型企业由于规模较大，组织结构繁多，会计人员数量较多，为了调动各级各部门控制成本费用，提高经济效益的积极性，一般采用分散工作方式；小型企业为了提高成本会计的工作效率和降低成本费用，一般采用集中工作方式。

三、成本会计人员

在成本会计机构中，配备适当数量的思想品德优秀、精通业务的成本会计人员是做好会计工作的关键。我国《会计法》第 39 条规定，会计人员应当遵守职业道德，提高业务素质。1996 年 6 月财政部颁布的《会计基础工作规范》明确规定："会计人员在会计工作中应当遵守职业道德，树立良好的职业道德，严谨的工作作风，严守工作纪律，努力提高工作效率和工作质量。"它具体包括敬业爱岗、熟悉法规、依法办事、客观公正、搞好服务、保守秘密 6 项职业道德规范。

为了充分调动和保护会计人员的工作积极性，国家在有关的会计法规中对会计人员的职责、权限、任免、奖惩及会计人员的技术职称等，都做出了明确的规定。这些规定对成本会计人员也是完全适用的。

成本会计机构和成本会计人员应在企业负责人的领导下，忠实地履行自己的职责，认真完成成本会计的各项任务，并从降低成本、提高企业经济效益的角度出发，参与制定企业的生产经营决策。为此，成本会计人员应当经常深入生产经营的各个环节，熟悉企业生产经营的情况，在向有关人员和职工宣传解释国家的有关方针、政策和制度，以及企业在成本管理方面的计划和目标的同时，督促他们贯彻执行；对成本管理中存在的问题，要提出改进意见和建议，当好企业负责人的参谋。

任务三 成本核算要求和程序

任务引例

荣盛电器股份有限公司属于一家中型制造企业。企业设有3个基本生产车间，用于产品生产。同时，企业设有一个修理车间和一个运输车间——修理车间负责公司内部设备维修和其他修理工作；运输车间负责公司员工接送和材料及产品的运输。

企业每月末，首先将修理车间和运输车间归集的生产费用在各受益单位之间进行分配，然后将3个车间发生的制造费用在全公司内进行第2次分配，最后计算完工产品成本和月末在产品成本。

这种成本核算流程是否正确？

职业判断与业务操作

企业成本会计核算制度规定，企业发生后的生产费用分配顺序为：首先，将辅助生产车间归集的生产费用在各受益单位之间进行分配；其次，将各基本生产车间发生的制造费用在本车间各产品之间进行分配；最后，采用一定的方法将各产品归集的生产费用在本月完工产品和月末在产品之间进行分配。

从案例分析来看，荣盛电器股份有限公司的辅助生产成本分配方法是正确的，但是制造费用不应在全厂生产的产品之间进行分配，而应在本车间生产的产品之间进行分配。

一、产品成本核算的要求

为了完成成本核算的各项任务，充分发挥成本核算的作用，不断改善企业的生产经营管理，产品成本的核算工作应贯彻以下各项要求。

（一）算管结合，算为管用

成本费用核算应该从加强企业管理的要求出发，做到成本费用核算同加强企业管理相结合，既算又管，算为管用，算管结合。为此，在成本费用核算中，首先要根据国家有关的法规和制度，以及企业的成本计划和相应的消耗定额，对企业的各项费用进行审核和控制，确定各项费用应不应该开支，是否符合预算或定额，对费用脱离预算或定额的差异及时进行反馈。其次，要对已经开支的生产经营管理费用进行归集：经营管理费用应按期间进行归集，并计入当期损益；生产费用应按产品进行归集，计算各种产品成本，以便及时地为成本管理提供正确的信息。最后，成本费用核算方法应该简便有效，既要防止片面追求简化——不能为成本费用管理提供必要的数据，又要避免为算而算，搞繁琐哲学——脱离成本管理和企业经营管理的实际需要。

（二）严格执行企业会计准则规定的成本计量要求

成本是企业为生产产品、提供劳务而发生的各种经济资源的耗费。生产经营过程同时也是资产的耗费过程。例如，为生产产品需要耗费材料、磨损固定资产、用现金向职工支付工资等职工薪酬。材料、固定资产和现金都是企业的资产。这些资产的耗费，在企业内部表现为由一种资产转变为另一种资产，是资产内部的相互转变，不会导致企业所有者权益的减少，不是经济利益流出企业，因而不是企业的费用。对这些财产物资的计价和价值结转方法，是影响成本计算的一项重要因素。其中，与固定资产正确计价和价值结转有关的因素包括原值的确定方法、折旧计算方法、折旧率的种类和高低等；与存货计价和价值结转有关的因素包括存货实际成本的确定、材料按实际成本计价时发出材料的计价方法、材料按计划成本计价时材料成本差异率的种类、低值易耗品、包装物的价值摊销方法等。

对于这些财产物资的计价和价值结转的方法应既较合理又较简便。国家有统一规定的，应采用国家统一规定的方法，而且方法一经确定，必须保持相对稳定。要注意防止任意改变财产物资计价和价值结转的方法，借以人为调节成本和费用。

（三）正确划分各种成本费用的界限

为了正确核算产品成本，保证产品成本的真实可靠，应分清有关成本费用的几个界限。

1. 正确划分计入产品成本和不计入产品成本的费用界限

产品成本是费用的对象化，费用则是指企业在日常活动中发生的、会导致所有者权益减少的、与向所有者分配利润无关的经济利益的总流出。因此，企业的各种费用能否计入产品成本，可按以下层次递进划分。

① 只有企业日常活动发生的费用才有可能计入产品成本。企业的活动可分为日常活动和非日常活动。日常活动是指企业为完成其经营目标所从事的活动；日常活动中发生的经济利益流出形成费用，因而才有可能计入产品成本；非日常活动不是企业为完成其经营目标所从事的活动，如处置固定资产、无形资产等。非日常活动中发生的经济利益流出不是费用，可能属于直接计入当期利润的损失，也可能属于直接计入所有者权益的损失，因而不能计入产品成本。

② 只有企业经常性活动发生的费用才有可能计入产品成本。企业的日常活动又可以进一步分为经常性活动和与经常性活动相关的活动。经常性活动，如工业企业制造并销售产品、商品流通企业销售商品、保险公司签发保单、咨询公司提供咨询服务、软件企业为客户开发软件、安装公司提供安装服务、租赁公司出租资产等均属于企业为完成其经营目标所从事的经常性活动，由此导致的经济利益流出才有可能计入产品或劳务成本；与经常性活动相关的活动，如工业企业转让无形资产使用权、出售不需用原材料等属于与经常性活动相关的活动，由此导致的经济利益流出一般不计入产品或劳务成本，而是以其他业务成本性质直接进入利润表。

③ 只有企业经常性活动发生的直接同产品生产相关的费用，也即生产费用才计入产品成本；其他如销售费用、管理费用、财务费用等都作为期间费用同产品生产无直接的关系，在其发生时，不计入产品或劳务成本，而直接计入当期损益。

由于当月投入的在产品不一定在当月完工，当月完工的产品也不一定在当月销售，当月销售的产品也不一定是当月的完工产品，所以当月的生产费用不等于计入当月损益的产品销售成本。因此，企业应以费用是否同产品有关，是否计入产品成本为标准，正确划分生产费用和期间费用的界限。既要防止将应计入产品成本的费用计入期间费用，又要防止将应计入期间费用的费用计入产品成本。如果混淆二者的界限，就会影响成本计算的正确性，影响当期损益计算的正确性，出现虚假费用、虚假成本、虚假盈亏的现象。

2．正确划分各个会计期间的生产费用界限

划清各期产品成本的依据是权责发生制和受益原则。某项耗费是应计入本月存货成本还是期间费用，以及应计入多少，取决于是否应由本月负担及受益量的大小。某项耗费是否应计入本月产品成本，不取决于成本金额的大小，而决定于本月产品是否受益，只要是本月产品受益的耗费，就应计入本期产品成本；只要是由本月和以后各月共同受益的耗费，就应在相关期内采用适当方法进行合理计量。应该防止人为调节各个月份的产品成本和期间费用，任意提高或降低各期产品成本和各期损益的错误做法。

3．正确划分各种产品的生产费用界限

为了正确计算各种产品的成本，对于计入本期产品成本的生产费用，还要在各种产品之间进行正确的划分。划分的依据是受益原则，哪一种产品受益，就由哪一种产品负担。计入的产品成本费用可分为直接费用和间接费用：直接费用是指能确定应由某产品负担的费用，如生产产品耗用的原材料应直接计入各种产品的成本中；间接费用是指各种产品共同发生的费用，如生产车间的折旧费、保险费等，这些费用应采用科学合理的分配标准，通过分配计入各种产品的成本。只有划清各种产品之间生产费用的界限，才能正确计算各种产品的总成本和单位成本。要防止随意分配费用，不分产品界限地吃“大锅饭”的现象；防止生产费用在可比产品同不可比产品之间、盈利产品同亏损产品之间、国家征税产品同免税产品之间任意转移，防止用以盈补亏的手段掩盖成本超支或通过虚报产品成本降低业绩的错误做法。

4．正确划分完工产品和在产品的生产费用界限

通过对各种费用界限的划分，使各种产品归集了各自应负担的生产费用。月末，如果某产品已经全部完工，则本月发生的生产成本全部计入该完工产品；如果该产品全部未完工，则本月发生的生产成本全部计入在产品。如果某种产品既有完工产品又有在产品，就需要采用适当的分配方法，将产品应负担的成本在完工产品和在产品之间进行分配，分别计算出完工产品应负担的成本和在产品应负担的成本。上月末尚未完工的在产品，转入本月继续加工，其上月末分配负担的成本即为本月初在产品成本。月初在产品成本、本月生产成本、本月完工产品成本和月末在产品成本四者之间的关系为：

月初在产品成本＋本月生产成本＝本月完工产品成本＋月末在产品成本

上述公式中，本月完工产品应负担的成本，即本月完工产品成本。为了划清这一成本界限，首先要正确计算完工产品和在产品的数量，然后才能在数量计算的基础上进行成本的分配。

为保证准确地将费用在完工产品和在产品之间进行分配，保证成本核算的真实性和产品成本计算结果的正确性，不得人为地任意压低或提高在产品的成本。同时，为使各期的

成本指标具有可比性，在产品的成本核算方法一经确定，不得随意改变。

（四）完善成本责任制度

为了正确地进行成本核算，考核各责任单位的成本水平，企业必须完善成本责任制，以进一步降低产品成本，提高企业的经济效益。要完善成本责任制度，应做到如下几项工作。

1．建立健全责任成本制度

责任成本是指各责任单位所发生的成本之和。建立健全责任成本制度，应以各责任单位作为成本计算对象计算其责任成本。企业在进行成本核算时，最后核算出产品成本是非常重要的。但是，产品成本由于是以产品作为成本核算对象的，所以不能反映每一责任单位的工作业绩，不便于将每一责任单位成本的高低同其应承担的责任及经济效益相联系。因此，在进行成本核算时，应将产品成本的计算同责任成本的计算相结合，将其单位成本的高低直接同其应承担的责任和经济效益相联系。这样不仅能够反映每一个责任单位的工作业绩，而且在满足产品成本核算需要的前提下，便于进行各责任单位成本的考核和分析。

2．建立健全内部成本管理体系

内部成本管理体系是一个非常复杂的系统，涉及企业的所有部门和全体职工。该系统设立是否完善、运行是否合理，直接关系到责任成本制度的实施和运行顺利与否。因此，应建立一个运行自如、合理完善的内部成本管理体系，才能保证责任成本制度的顺利推行。

3．建立健全成本考核制度

成本会计不仅核算产品成本，还要对每一种产品成本的升降水平及各责任单位的成本情况进行必要的考核和分析，如成本指标、定额、消耗量的制定等方面的基础工作。应建立一整套成本考核资料的收集、整理、对比、计算等方法和程序，使成本考核形成制度。

4．建立健全成本责任奖惩制度

建立健全成本责任奖惩制度，就是将成本工作的好坏直接同各责任单位、个人的经济利益挂钩。在计算出产品成本和责任成本之后，应对各责任单位的可控成本进行深入分析，以此作为主要责任考核指标，实行规范、严格的奖惩制度，以鼓励先进，督促落后，充分调动各部门及人员不断降低产品成本的积极性，使企业的经济效益不断提高。

（五）做好成本核算的各项基础工作

为了加强成本管理，科学组织成本计算，企业必须做好一系列的基础工作。成本核算的基础工作主要包括以下几项。

1．加强定额管理制度

定额是指企业在一定的生产技术和设备条件下，对生产经营过程中人力、物力、财力的配备、利用和消耗等规定的消耗标准或应达到的水平。定额管理制度是指以定额为依据，制订生产计划，组织生产，控制消耗的一种科学管理制度。

在成本会计中，企业应制定的定额主要有以下几项。

① 物资消耗定额。例如，单位产品原材料消耗定额、各种辅助材料消耗定额、工具器

具消耗定额等。

② 劳动消耗定额。例如，单位产品工时消耗定额、机台设备定员、科室管理人员配备定额、产品包装和质量检验人员定额等。

③ 动力消耗定额。例如，单位产品或生产车间耗用水、电、汽、油等的定额，非生产用动力消耗定额等。

④ 费用定额。例如，车间科室的办公费用、差旅费用、劳动保护费用、职工培训费用及其他有关费用定额等。

⑤ 机器设备停工检修定额、废品率定额等。

为了保证生产耗费得到有效的控制，企业必须从实际出发，做好定额工作。定额既不能定得过高，过高的话，虽经付出很大努力也无法达到，会挫伤职工的积极性；也不能定得过低，如果只要稍加努力就能达到，就起不到鼓励先进，鞭策落后的作用。定额是一项综合性很强的工作，企业必须认真对待，动员各有关部门和人员在全面测算的基础上科学地加以制定，使所制定的定额既先进又合理。

2．严格材料物资的计量、收发、领退和盘点制度

企业的材料物资及产品的入库、领用和库存等都必须严格加以控制。首先，对于各种材料物资及半成品、产成品的收发和领退都必须认真进行计量和检验，填制必要的凭证，办理必要的手续，以防止任意领发和转移；其次，计量工具要经常校正和维修，以便准确地计量各种物资消耗；最后，必须建立健全定期盘存制度，库存的材料、半成品和产成品及车间剩余材料、在产品和半成品，均应定期或不定期进行盘点、清查，防止丢失、积压、损坏变质和被贪污盗窃。做好这些工作，不但是正确计算成本的必要条件，也是加强财产物资管理，保护企业财产安全完整的有效措施。

3．建立各种原始记录的收集整理制度

原始记录是指按照规定的格式对企业生产经营活动中的具体经济事项内容及其相关信息的最初书面记载，是成本核算的原始依据。成本计算结果的可靠性、有效性，主要取决于原始记录的真实性、正确性和及时性。企业必须建立健全原始记录制度，对原材料、燃料、动力、工时的消耗，费用开支，质量检验，在产品、半成品的内部转移和产成品入库等，应组织有关职工认真做好原始记录的登记、传递、审核和保管工作，以便正确、及时地为成本核算和其他有关方面提供原始资料。

4．建立健全企业内部计划价格制度

在计划管理基础较好的企业中，为了明确企业内部各车间、部门的经济责任，对材料物资、半成品和企业内部各单位相互提供劳务制定企业内部计划价格，作为内部结算和考核的依据。各部门之间的材料领用、半成品转移及相互提供劳务，都应先按计划价格结算，月末再采用一定方法计算和调整价格差异，计算实际成本和费用。这样既可简化和加速成本、费用的核算工作，也有利于明确经济责任，便于考核企业内部各单位成本计划的完成情况，促使各部门、车间、班级开展经济核算，厉行增产节约。

（六）选择适当的成本核算方法

企业在进行成本核算时，应根据本企业的具体情况，选择适合于本企业特点的成本核算方法进行成本核算。成本核算方法的选择，应同时考虑企业生产类型的特点和管理的要求两个方面。在同一企业里，既可以采用一种成本核算方法，也可以采用多种成本核算方法，即多种成本核算方法同时使用或多种成本核算方法结合使用。成本核算方法一经选定，一般就不应随意变动。

二、费用要素和成本项目

工业企业在生产经营过程中的耗费是多种多样的，为了科学地进行成本管理，正确计算产品成本和期间费用，需要对种类繁多的费用进行合理分类。费用可以按不同的标准分类，最基本的是按费用的经济内容和经济用途进行分类。

（一）费用要素

产品的生产经营过程，也是劳动对象、劳动手段和活劳动耗费的过程，因而生产经营过程中发生的费用，按经济内容分类，可划分为劳动对象方面的费用、劳动手段方面的费用和活劳动方面的费用三大类。这 3 类可以称为费用的三大要素。为了具体反映各种费用的构成和水平，还应在此基础上，将其进一步划分为 7 个要素。费用按经济内容进行分类形成的项目，在会计上称为费用要素。费用要素具体包括外购材料、外购燃料、外购动力、职工薪酬、折旧费、利息费用及不属于以上各要素费用的其他支出等。

1. 外购材料

外购材料是指企业为进行生产而消耗的一切由企业外部购入的原料及主要材料、半成品、辅助材料、半成品、包装物、修理用备件和低值易耗品等。

2. 外购燃料

外购燃料是指企业为进行生产经营而耗用的一切从外单位购进的各种固体、液体和气体燃料。

3. 外购动力

外购动力是指企业为进行生产而耗用的一切从外单位购入的各种动力，如供电局提供的电力等。

4. 人工费用

人工费用是指企业所有应计入制造成本和期间费用的职工工资、为职工交纳的各种保险、住房公积金、工会经费、职业教育经费及非货币福利等。

5. 折旧费

折旧费是指企业按一定的折旧方法计提的应计入产品成本和期间费用的折旧费。

6. 利息费用

利息费用是指企业借款利息支出减去利息收入后的金额。利息费用包括资本化利息和费用化利息两部分，这里的利息费用一般是指费用化利息支出。

7. 其他支出

其他支出是指不属于以上各项费用要素的支出，如办公费、差旅费、设计制图费、试验检验费等。

按经济内容分类的生产费用，说明了企业在生产过程中消耗了哪些性质的费用，消耗了多少，借此可以了解生产费用的构成，从而有利于加强生产费用的核算和管理。同时，又为企业核定流动资金定额和编制采购资金计划等提供了必要的核算资料。但是，这种分类不能说明各项费用的用途，因而不便于分析各种费用的支出是否节约、合理。

（二）成本项目

成本项目是按经济性质、经济用途或成本性态对成本支出进行分类所形成的项目。按照《企业产品成本核算制度（试行）》的规定，企业根据生产经营特点和产品成本管理要求，利用现代信息技术，既可以按照成本支出的经济性质设置成本项目，也可以按照成本支出的经济用途或成本性态设置成本项目。

1．按照成本支出的经济性质分类的成本项目

工业企业按照成本支出的经济性质，可以设置原材料、燃料和动力、职工薪酬、折旧和摊销、其他等成本项目。

① 原材料。这是指构成产品实体的原料、主要材料及有助于产品形成的辅助材料。

② 燃料和动力。这是指直接用于产品生产的外购的燃料和动力。

③ 职工薪酬。这是指直接参加产品生产的人员，以及企业生产部门为生产产品（提供劳务）而发生的管理人员的职工薪酬。

④ 折旧和摊销。这是指直接用于生产的固定资产计提的折旧和无形资产摊销。

⑤ 其他。这是指未能归入以上项目的停工损失、废品损失、环境成本等支出。

知识链接 1-2

各行业企业的成本项目

《企业产品成本核算制度（试行）》第四章“产品成本核算项目”规定：

企业根据生产经营特点和产品成本管理要求，利用现代信息技术，可以按照成本支出的经济性质设置成本项目，也可以按照成本支出的经济用途或成本性态设置成本项目。

工业企业按照成本支出的经济性质，可以设置原材料、燃料和动力、职工薪酬、折旧和摊销、其他等成本项目。

农业企业按照成本支出的经济性质，可以设置直接材料、直接人工、机械作业费、其他直接费、制造费用等成本项目。

商业企业按照成本支出的经济用途，可以设置进货成本、相关税费、采购费等成本项目。

建筑业企业按照成本支出的经济用途，可以设置人工费、材料费、机械使用费、其他直接费和间接费用等成本项目。施工企业将部分工程分包的，还可以设置分包成本项目。

房地产企业按照成本支出的经济用途，可以设置土地取得成本、前期工程费、建筑安装工程费、基础设施建设费、公共配套设施费、开发间接费等成本项目。

交通运输企业按照成本支出的经济用途和成本性态，可以设置营运费用、运输工具固定费用与非营运期间的费用等成本项目。

通信企业按照成本支出的经济性质，可以设置职工薪酬、折旧费、修理费、能源费、装移机工料费、码号资源占用费、频率占用费、信息源采集费、网间结算支出、无形资产摊销、软件维护费、低值易耗品摊销、租赁费等成本项目。

软件企业按照成本支出的经济性质，可以设置人工费、材料费、差旅费、折旧费、修理费、试验检验费、测试设备租赁费、外购软件与服务、自行开发无形资产摊销等成本项目。

餐饮企业按照成本支出的经济性质，可以设置人工费、材料费和间接费用。

旅游企业按照成本支出的经济性质，可以设置代收房费、餐费、交通费、文娱费、行李托运费、票务费、陪同费、劳务费、宣传费、保险费等成本项目。

2. 按照成本支出的经济用途分类的成本项目

成本支出按经济用途不同可以分为计入产品成本的费用和不计入产品成本的费用。不计入产品成本的费用，称为期间费用，包括销售费用、管理费用、财务费用、资产减值损失和公允价值变动损失；计入产品成本的费用按用途不同可进一步划分为直接材料、燃料及动力、直接人工和制造费用等项目。

① 直接材料是指产品生产过程中耗用的构成产品实体或有助于产品形成的各种材料。

② 燃料及动力是指产品生产过程中耗用的外购或自制的燃料和动力。

③ 直接人工是指直接从事产品生产的人员的职工薪酬。

④ 制造费用是指企业直接用于产品生产，但又不能直接计入产品成本及间接用于产品生产的各项费用。它具体包括以下支出。

- 生产部门发生的机物料消耗。
- 生产部门管理人员的职工薪酬。
- 产品生产用固定资产或生产场地的折旧费、租赁费等。
- 生产部门的办公费、水电费等。
- 季节性和修理期间的停工损失。
- 产品生产用的自行开发或外购的无形资产摊销。
- 与产品生产直接相关的税金。
- 有关资源的使用费。
- 弃置费用和排污费等有关环境保护和生态恢复支出。
- 为购进或生产产品发生的符合资本化条件的借款费用。
- 应分期计入产品成本的技术转让费，包括许可证费、设计费，以及为制造引进产品而支付的职工技术培训费。
- 企业按照规定可以计入产品成本的测试手段等支出。

3. 按照成本支出的成本性态分类的成本项目

全部成本按其成本总额和业务总量之间的依存关系分类可分为固定成本、变动成本和混合成本三大类。

① 固定成本是指在一定的范围内不随产品产量或销售量变动而变动的那部分成本。例如，生产成本中列入制造费用内不随产量变动的办公费、差旅费、折旧费、劳动保护费、管理人员薪金和租赁费等；销售费用中不受销量影响的销售人员薪金、广告费和折旧费等；管理费用不受产量或销量影响的企业管理人员薪酬、折旧费、租赁费、保险费等；财务费用中不受产量或销量影响，各期发生额稳定的利息支出等。

② 变动成本是指在一定条件下，成本总额随着业务量的变动而呈正比例变动的成本。它包括生产成本中直接用于产品制造的同产量成正比的原材料、燃料及动力、外部加工费、外购半成品、按产量法计提的折旧费和单纯计件工资形式下的生产工人工资；销售费用、管理费用和财务费用中那些同销售量成正比例的费用项目。

③ 混合成本是介于固定成本和变动成本之间，成本总额虽然受业务量变动的影响，但其变动幅度并不同业务量的变动保持严格比例的成本。

确定成本项目的目的，主要是为了提供更为细致的成本信息，以便加强成本管理。以上所列3个成本项目的分类，是我国企业为了适应全球会计核算制度的变革而做出的改革。在实际工作中，企业可根据生产特点和管理要求，对上述成本项目进行适当的调整。在规定或调整成本项目时，应该考虑3个问题：费用在管理上有无单独反映、控制和考核的需要；费用在产品成本中所占比重的大小；为某种费用专设成本项目所增加的核算工作量的大小。例如，我国能源比较紧张，有的企业耗费的燃料或动力较大，为了加强管理，可单设“燃料及动力”项目。同样，为了简化核算，也可以将若干成本项目进行合并。

三、成本核算的一般程序

成本核算的一般程序是指对企业在生产经营过程中发生的各项费用，按照成本核算的要求，逐步进行归集和分配，计算出各种产品的成本和期间费用的过程。它主要包括以下7个步骤。

（一）确定成本计算对象

成本计算对象是指生产费用的承担者，即费用归集、分配的对象。确定成本计算对象，就是要解决生产费用由谁来承担的问题。成本计算对象的确立，既是设置产品成本明细账，正确计算产品成本的前提，也是区别各种成本计算方法的主要标志。不同性质的企业，成本计算对象的确定是不相同的，可以是某种产品、某一生产步骤，也可以是某类产品或某批产品。至于选用什么作为成本计算对象，则取决于企业的生产特点和管理要求。因此，确定成本对象是成本核算的前提，成本对象不明确，成本核算便无从谈起。确定成本对象需要考虑的主要因素有：企业的生产经营特点、企业的成本管理要求、进行成本核算的效益性。

（二）确定成本计算期

成本计算期是指成本对象所归集的生产费用的期限，即企业要在多长时间里计算一次成本。或者说，是对所发生的生产费用计入相应的成本对象而规定的起止期。成本计算期的确定主要应考虑企业的生产经营特点。

小思考1-4　成本计算期同会计期间是否相同？为什么？

解析：成本计算期和会计核算期是不同的概念，成本计算期是指产品成本计算所确定的特定期限。会计期间又称会计分期,是指将企业川流不息的经营活动划分为若干个相等的区间，在连续反映的基础上，分期进行会计核算和编制会计报表，定期反映企业某一期间的经营活动和成果。不论成本计算是否定期，会计核算期总是按月进行的。这两者有时是不一致的。例如，在大量大批生产的情况下，由于产品生产的不间断性及品种的单一性，必然造成在每个月都有一部分产品完工，一部分产品正在生产中，为了能及时计算完工产品成本，并按期计算销售产品的盈利，就需要按月进行成本的计算。再如，在单件小批生产的情况下，不论生产周期的长短，往往都是一批产品全部一次投入，要求一次完工，整体对外出售，而且各批产品生产周期长短不一，为了能正确计算每一批产品的销售利润，只能等某一批产品完工后才能计算成本，这就使成本计算期具有不定期的性质，它同其生产周期是一致的。

（三）确定成本项目

确定成本项目的目的，主要是为了提供更为细致的成本信息，以便加强成本管理。成本项目一般分为原材料、燃料和动力、职工薪酬、折旧和摊销、制造费用等项目。在实际工作中，成本项目可视管理要求而进行增加或删除。

（四）设置成本账户

按照《企业会计准则——应用指南（2006)》的规定，一般工业性生产企业成本类账户主要有“基本生产成本”“辅助生产成本”“制造费用”等成本类会计科目。

1.“基本生产成本”科目

“基本生产成本”科目属于成本类科目。该科目用来核算企业进行工业生产，包括生产各种产品（包括产成品、自制半成品、提供劳务等）、自制工具、自制设备等所发生的各项费用。该科目的借方登记生产过程中发生的原材料、燃料和动力、职工薪酬、折旧和摊销等直接费用及分配转入的制造费用，贷方登记完工入库的产成品、自制半成品的实际成本；期末余额在借方，表示尚未完工的各项在产品成本。

2.“辅助生产成本”科目

“辅助生产成本”科目属于成本类科目，用以核算企业辅助生产车间为完成辅助生产而发生的一切耗费。该科目一般应按车间及产品或劳务的种类设置明细账，账内按照成本项目或费用项目设置专栏，进行明细核算，期末一般无余额。

3.“制造费用”科目

“制造费用”科目属于成本类科目，用以核算各生产单位（分厂、车间）为组织和管理生产所发生的各项费用及所发生的固定资产使用和维修费，包括工资和福利费、办公费、水电费、机物料消耗、劳动保护费、环境保护费、季节性和修理期间的停工损失等。制造费用应按不同的车间、部门设置明细账进行明细核算。除季节性生产或采用累计分配率法分配制造费用的企业外，本科目月末应无余额。

知识链接1-3

成本核算科目设置

按照《企业会计准则——应用指南(2006)》的规定,企业应设置“生产成本”和“制造费用”科目进行产品成本核算。“生产成本”科目下设置“基本生产成本”和“辅助生产成本”两个二级科目进行明细核算。在发生各项生产费用时,应按成本核算对象和成本项目分别归集。属于直接材料、直接人工等直接费用,直接记入“基本生产成本明细账”和“辅助生产成本明细账”中;属于企业辅助生产车间为生产产品提供的费用,应在“辅助生产成本明细账”中先行归集,月末根据受益对象再分配转入相关账户中去。基本生产车间发生的其他间接费用先在“制造费用”科目中归集,月末再按一定的分配方法分配计入各有关的产品成本。

但是,在实际工作中,会计科目的设置在不违反会计法律的前提下,可以根据企业管理的需要进行增加、合并等。例如,在大中型企业中,可设置“基本生产成本”和“辅助生产成本”两个总分类科目;在小型企业中,如果业务比较简单,也可以将“生产成本”和“制造费用”两个科目合并为“生产费用”科目。

需要注意的是,在本教材以后的叙述中,均以“基本生产成本”和“辅助生产成本”进行总分类核算,辅助生产车间不设置“制造费用”科目。

(五)归集和分配生产费用

归集和分配生产费用,就是按照已确定的成本计算对象将计入成本的费用进行归集。如果在归集中遇到几个成本计算对象共同耗用一种费用,则需分配。例如,生产甲、乙两种产品共耗用A材料10吨,每吨500元,则这5 000元材料就应采用合理的标准在甲、乙两种产品之间进行分配。在成本计算中对于共同费用的分摊计算是非常多的,分摊得是否合理往往决定了成本计算的正确与否。那么,如何做到合理分摊呢?关键是找到适当的分摊标准。

(六)完工产品与在产品之间的成本分配

在一个会计期间中,产品成本的流转可以用下列模型表示。

期初在产品成本+本期发生成本=期末在产品成本+本期完工产品成本

当期末既有完工产品又有在产品时,需要将上述模型中的“期初在产品成本+本期发生成本”在两者之间进行合理分配,以计算确定完工产品的成本。通常情况下,计算确定完工产品成本,一般是先确定期末在产品成本,而期末在产品数量的多少及其稳定程度对在产品成本的计算有着重要影响,由此形成了不同的方法。这些方法将在项目六加以介绍。

(七)汇总并结转完工产品成本

这是成本核算的最后一步,主要工作是计算出各成本对象(主要是本期完工产品)的总成本和单位成本。结转产品生产成本的会计分录是:借记“库存商品——某产品”科目,贷记“基本生产成本”科目。

成本计算的基本步骤如图 1-1 所示。

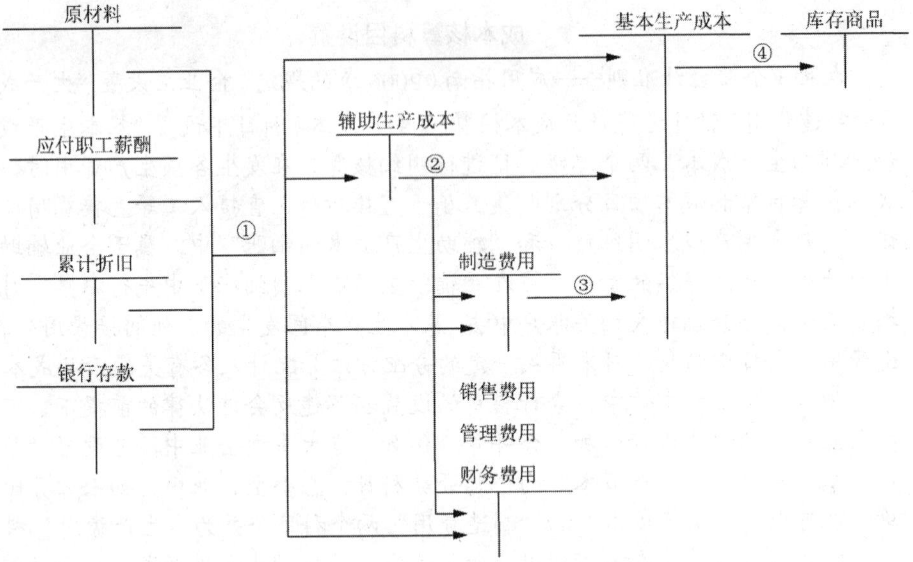

图 1-1　产品成本核算账务处理的基本程序

说明：① 各项要素费用的分配

② 辅助生产成本的分配

③ 制造费用的分配

④ 结转完工产品成本

项目小结

在会计学、管理学和经济学上，人们对成本的理解五花八门，也有着不同的成本概念。西方会计学认为，成本是为实现一定的目的所付出的价值牺牲。我国会计学界主要以马克思《资本论》中的有关论述来论证成本的含义。成本是生产经营过程中所耗费的生产资料价值和劳动者为自己劳动所创造的价值的货币表现，也就是企业在生产经营中所耗费的资金总和。我们把这种成本称为“理论成本”。随着商品经济的发展，理论成本同实际工作中所应用到的产品成本概念是有一定差别的。

成本会计是基于生产发展的需要而逐步形成和发展起来的，一般认为经历了早期成本会计、近代成本会计和现代成本会计 3 个阶段。

成本会计的职能，是指成本会计在经济管理中的功能。目前，理论界普遍认为成本会计具有成本预测、成本决策、成本计划、成本控制、成本核算、成本分析和成本考核 7 个方面。

成本会计工作的组织，主要包括设置成本会计机构，配备必要的成本会计人员，制定科学、合理的成本会计制度等。

为了完成成本核算的各项任务，充分发挥成本核算的作用，不断改善企业的生产经营管理，产品成本核算应做好六方面的工作：算管结合，算为管用；严格执行企业会计准则规定的成本计量要求；正确划分各种产品成本的界限；完善成本责任制度；做好成本核算的各项基础工作；选择适当的成本核算方法。

费用可以按不同的标准分类，其中最基本的是按费用的经济内容和经济用途分类。费用按经济内容分类称为费用要素，按经济用途分类称为成本项目。

成本核算的一般程序是指对企业在生产经营过程中发生的各项费用，按照成本核算的要求逐步进行归集和分配，计算出各种产品的成本和期间费用的过程。它主要包括 7 个步骤：确定成本计算对象；确定成本计算期；确定成本项目；设置成本账户；归集和分配成本；完工产品和在产品之间的成本分配；编制成本计算表并结转完工产品成本。

产品成本核算是通过设置和运用账户来进行的。为了按照用途归集各项成本，划清有关成本的界限，正确计算产品成本，应当设置“基本生产成本”“辅助生产成本”和“制造费用”等科目。

项目二

要素费用的归集和分配

职业能力目标

通过本项目的学习，了解要素费用归集的一般原则和程序；熟悉产品成本项目中直接材料费用、外购动力费用、职工薪酬、折旧费用及其他要素费用项目的核算，也就是要素费用计入产品成本和期间费用的方法；正确完成要素费用的归集和分配，提供真实准确的成本信息。

典型工作任务

材料费用的归集和分配；外购动力费用的归集和分配；职工薪酬的归集和分配；折旧费用的归集和分配；其他费用的归集和分配。

任务一 认知要素费用的归集和分配

任务引例

五君进餐三千三，需要合理来分摊。分配基础尤重要，贪吃贪喝款多担。

这首诗是一个故事，说得是三男两女5位在酒店进餐，共花费了3 300元。每人各出多少钱？最简单的办法是按人头分摊，每人掏钱660元。A君觉得这样不合适，提议按体重分摊。B君瘦骨嶙峋，体重不足40公斤，窃喜；C君身高体肥，体重90公斤，不悦，坚决反对，并说“我这人有良（粮）心，喝凉水都长肉，进食量却有限，大家已经看到了”；D君建议，干脆按吃饭前后的体重增加量来分配，有人说这样好，有人则反对，并指出某某一餐饭上了4次洗手间，说不定体重没有增加反而降低了；E君说：“咱们每人一盅汤、一份鹅掌、一碗饭，这属于直接材料成本，由各人来承担；两位女士各喝了两罐儿加多宝，由她们各自负担；三位爷们儿每人喝了三小瓶二锅头，也由他们各自负担；至于菜嘛，属于共同成本，可按每人下筷子的次数来分配。”其他各位由频频点头转而愕然。一人问道：“如何知道每人各夹了几次菜？”E君答曰：“大家抬头看，餐桌上方正好有一探头，请老板调出监控录像，统计一下便可。”其他诸位无言以对。

资料来源：乔彦君. 成本会计快记精讲[M]. 大连：东北财经大学出版社，2008.

职业判断与业务操作

按照受益原则，谁受益谁负担是分清费用归属的关键所在。一般来说，某受益对象直接耗用的费用，直接计入该受益对象；共同受益的费用，需要在各受益对象之间进行分配。显然，成本费用分配的难点所在如同该故事一样，就是如何合理分配共同成本。“三千三”是指待分配成本，分配基础多种多样，关键是一定要合理，以体现“多吃、多喝、款多担”（受益原则）这样一个基本原则。特别需要强调的是，通用分配模式在其后的不同项目经常出现，只是有时需要给定一些具体称谓，或者出现一些变种而已。

如前所述，要素费用一般包括外购材料、外购燃料、外购动力、职工薪酬、折旧费、利息费用、税金及不属于以上各要素费用的其他支出。企业发生的各种要素费用应该按其发生的部门（或地点）和用途进行合理的分配。

一、要素费用归集的一般原则

（一）基本生产车间要素费用的归集

基本生产部门发生的费用按用途可分为直接用于产品生产的费用和用于生产部门组织

及管理生产的费用（包括间接用于产品生产的费用）两部分。

1．直接用于产品生产并专门设有成本项目的费用

直接用于产品生产并专门设有成本项目的费用主要包括构成产品实体的原材料或从事产品生产工人的薪酬费用，应记入“基本生产成本”总账和该种产品的基本生产成本明细账的“直接材料”或“直接人工”成本项目。

2．用于生产部门组织及管理生产的费用

用于生产部门组织及管理生产的费用大多属于间接用于产品生产的费用。由于这些费用发生次数多、金额小，每次发生后如果按受益对象进行分配，会计核算的工作量非常大。基于这些费用性质相同，为了简化费用日常分配工作，一般平时将发生的间接费用记入“制造费用”总账和所属明细账进行归集，月末汇总后按一定的标准分配记入“基本生产成本”总账和该种产品的基本生产成本明细账的“制造费用”成本项目。

（二）辅助生产部门发生的费用

对于辅助生产部门发生的各种费用，也可按用途分为直接用于辅助产品生产（或劳务）的费用和用于辅助生产部门组织及管理生产的费用两部分。对辅助生产费用有以下两种处理方法。

1．设置有“辅助生产成本”和“制造费用”账户的核算

如果辅助生产对外提供商品产品，而且辅助生产车间规模较大，辅助产品或劳务较多，那么应该视同基本生产进行会计处理。即，直接用于辅助产品生产（或劳务）的费用，应记入“辅助生产成本”总账和相应产品或劳务的明细账的“直接材料”或“直接人工”成本项目；用于辅助生产部门组织及管理生产的费用则先记入“制造费用”总账和所属明细账进行归集；月末分配记入“辅助生产成本”总账和所属明细账的“制造费用”成本项目。

2．只设置“辅助生产成本”账户，不设置“制造费用”账户的核算

如果辅助生产不对外提供商品产品，而且辅助生产车间规模较小，辅助产品或劳务单一，为了简化核算工作，用于辅助生产部门组织及管理生产的费用不设“制造费用”科目，而直接全部记入“辅助生产成本”总账和相应的明细账。

（三）其他费用

① 在生产经营过程中发生的用于产品销售的费用、行政管理部门发生的费用，以及筹集资金发生的费用，应分别记入“销售费用”“管理费用”“财务费用”总账和所属明细账，作为期间费用转入“本年利润” 账户，冲减当期损益。

② 在建工程、无形资产研发的各项费用，应记入固定资产、无形资产成本或计入当期损益。

二、要素费用的分配程序

如果某生产车间只生产一种产品，可以直接计入该种产品成本明细账的相关成本项目；对该生产车间生产几种产品而共同耗用的间接计入费用，应该选择适当的分配方法分配。

1. 选择恰当的分配标准

所谓分配方法恰当，就是指所选择的分配标准要同分配对象有比较密切的联系，资料比较容易取得，计算比较简便。常见的分配标准有：成果类，如产品的产量、体积、重量、产值等；消耗类，如生产工时、生产工资、机器工时、原材料消耗量等；定额类，如定额消耗量、定额费用等。

2. 计算费用分配率

分配间接计入费用的计算公式，可以概括为：

$$费用分配率=\frac{待分配费用总额}{分配标准总额}$$

3. 计算某受益对象应负担的费用

计算某受益对象应负担的费用的公式为：

$$某受益对象应分配的费用=该对象的分配标准额\times 费用分配率$$

通过上述要素费用的分配和归集，在“基本生产成本”总账科目和所属各种产品成本明细账的各个成本项目中，就归集了应由本月基本生产各种产品负担的全部生产费用。将这些费用加上月初在产品成本，在完工产品和月末在产品之间进行分配，就可计算出各种完工产品和月末在产品的成本。

任务二 材料费用的归集和分配

任务引例

新源公司属于增值税一般纳税人，原材料采用实际成本核算，发出材料采用月末一次加权平均法计算发出材料的实际成本。6月初库存A材料1 000千克，单位成本15元/千克。本月发生业务如下。

① 7日购进A材料3 000千克，增值税发票上注明的材料价款为45 600元，运输费用为600元。

② 15日购进A材料4 000千克，增值税发票上注明的材料价款为62 000元，运输费用为820元。

③ 本月共计领用材料6 800千克，用于生产甲、乙两产品。甲产品投产400件，每件定额消耗量为7千克；乙产品投产500件，每件定额消耗量为8.2千克。

请问：你应该如何分配甲、乙两产品应负担的费用？

职业判断与业务操作

企业产品成本核算制度的规定，对于由两个或两个以上产品共同负担的费用，应按照受益原则进行分配。从案例资料来看，新源公司应该采用定额消耗量比例法进行分配甲、乙两产品共同负担的费用。其计算步骤如下。

1）计算本月发出材料的总成本。

2）按照定额消耗量比例法计算分配率。

3）分配甲、乙两产品各自应负担的费用。

4）编制分配材料的会计分录。

材料费用包括企业生产经营过程中耗用原材料（原料及主要材料）、辅助材料、设备配件、外购半成品、燃料、周转材料等发生的费用。企业在生产经营过程中耗用的各种材料，不论是外购材料还是自制材料，都应根据审核后的各种领、退料凭证，按照材料的具体用途归集，然后再采用适当的分配方法进行分配。

一、原材料费用的归集

（一）确定发出材料的数量

确定发出（消耗）材料的数量有两种方法：永续盘存制和实地盘存制。

① 永续盘存制是指每次收入、发出材料时，都根据有关收发材料的原始凭证（限额领料单、领料单、退料单等）将材料收入和发出的数量记入材料明细账，以便在材料明细账中能够随时计算出收入、发出和结存材料的数量。永续盘存制下材料消耗量计算公式为：

期末结存材料数量=期初结存材料数量+本期收入材料数量-本期消耗材料数量

② 实地盘存制是指每次材料收入时根据原始凭证将收入数量记入材料明细账，材料发出时不做记录，期末根据实地盘点确定结存数量以后，倒挤出发出材料的数量。实地盘存制下材料消耗量计算公式为：

本期消耗材料数量=期初结存材料数量+本期收入材料数量-期末结存材料数量

（二）确定发出材料的成本

实际工作中，有的企业按照实际成本计价组织材料的核算，有的企业按照计划成本计价组织材料的核算。无论采用哪种核算形式，生产经营过程中消耗的材料费用都应该是材料的实际成本。

1．实际成本计价下发出材料成本的确定

采用实际成本计价组织材料核算时，由于材料取得的时间与来源地不同，即使是同一品种、同一规格的材料，各批材料采购的实际成本也可能是不同的，因此产生了用什么价格来计算发出材料成本的问题。《企业会计准则第 1 号——存货》规定，企业应当用先进先出法、加权平均法或个别计价法确定发出存货的实际成本。

① 先进先出法假定先入库的材料先发出去，按先购入的各批材料的实际价格计价。此法适用于材料价格变动不大的企业。

② 加权平均法是以数量为权数计算材料的实际平均单价，消耗材料和结存材料的价格相同。此法适用于材料价格经常波动的企业。

③ 个别计价法是以实际取得的成本作为发出材料的成本。此法仅适用于单独保管的贵重材料及能分清批次并按批次分别入库、保管、领用的材料。

2. 计划成本计价下发出材料成本的确定

采用计划成本计价组织材料核算时，消耗材料仍应当是其实际成本。发出材料的实际成本是根据发出材料的计划成本同应分摊的材料成本差异求得的。应分摊的材料成本差异为超支差异时，同计划成本相加；应分摊的材料成本差异为节约差异时，同计划成本相减。

为保证发出材料成本计算的正确性，企业应合理地制定材料的计划成本，正确计算发出材料应分摊的材料成本差异，将消耗材料的计划成本调整为实际成本。

（三）材料费用归集的原则

发出材料成本计算出来后，企业应根据全部领、退料凭证汇总编制发出（耗用）材料汇总表，根据领料部门和用途及受益对象将材料费用分别归集在相应的账户下。

① 基本生产车间耗用的材料，按用途可分为直接用于产品生产的材料和一般耗用的材料。直接用于产品生产的材料，应记入“基本生产成本”总账和相应产品的基本生产成本明细账的“直接材料”成本项目；基本生产车间一般耗用的材料，则记入“制造费用”总账和所属明细账进行归集。

② 辅助生产车间耗用的材料，也可按用途分为直接用于辅助产品生产（或劳务）的材料和一般耗用材料两部分。直接用于辅助产品生产（或劳务提供）的材料，应记入“辅助生产成本”总账和相应产品或劳务的明细账的“直接材料”成本项目；用于辅助生产车间的一般耗用材料，先记入“制造费用”总账和所属明细账进行归集。如果辅助生产车间不对外提供商品产品且规模较小，辅助产品或劳务单一时，为了简化核算工作，可不设“制造费用”科目，耗用的材料全部记入“辅助生产成本”总账和相应的明细账。

③ 销售机构、行政管理部门耗用的材料，不计入产品成本，而应分别记入“销售费用”“管理费用”总账和所属明细账，作为期间费用转入“本年利润”账户，冲减当期损益。

④ 在建工程、无形资产研发耗用的材料，计入固定资产或无形资产成本。

二、原材料费用的分配

材料费用的分配是指为生产两种或两种以上的产品共同耗用的材料费用，在各个成本对象之间的分配。其分配标准可供选择的很多，如定额耗用量、生产量、产品的体积、产品的重量等。企业应根据耗用原材料的情况选择一定的标准进行分配。下面介绍几种分配方法。

（一）产品重量比例分配法

产品重量比例分配法是以产品重量为分配标准分配原材料费用的一种方法。这种方法一般在产品所耗用材料的多少同产品重量有直接关系的情况下采用。其计算程序如下。

1）以产成品重量为分配标准，计算原材料费用分配率。

$$\text{原材料费用分配率}=\frac{\text{各种产品共同耗用的材料费用总额}}{\text{各种产品的重量之和}}$$

2）计算各种产品应分配的原材料费用。

$$\text{某种产品应分配的原材料费用}=\text{该种产品的重量}\times\text{原材料费用分配率}$$

工作实例 2-1 华成有限责任公司 8 月份生产 A、B、C 三种产品。本月 3 种产品共同耗用甲材料 144 000 元，本月 3 种产品的重量分别为 1 200 千克、2 400 千克和 3 600 千克。

采用重量分配法分配直接材料费用，分配计算如下。

$$分配率=\frac{144\,000}{1\,200+2\,400+3\,600}=20（元/千克）$$

A 产品应负担的原材料费用 = 1 200 × 20 = 24 000（元）

B 产品应负担的原材料费用 = 2 400 × 20 = 48 000（元）

C 产品应负担的原材料费用 = 3 600 × 20 = 72 000（元）

重量分配法的分配标准为产品重量，当分配标准为产品产量或产品的面积、体积、长度等时，可以分别称之为产量分配法、面积分配法、体积分配法等。其计算公式与重量分配法类似。

（二）定额耗用量比例分配法

定额耗用量比例分配法是以原材料定额耗用量为分配标准分配原材料费用的一种方法。其计算程序如下。

1）计算各种产品原材料的定额耗用量。

2）以原材料定额耗用量为分配标准，计算原材料费用分配率。

3）计算各种产品应分配的原材料费用。

其计算公式为：

$$某种产品的定额消耗用量=该种产品的实际产量\times 产品的单位消耗定额$$

$$材料费用分配率=\frac{应分配材料费用合计}{全部产品的定额耗用量}$$

$$某种产品应负担的材料费用=该种产品定额耗用量\times 分配率$$

工作实例 2-2 某企业生产甲、乙两种产品，共同耗用原材料 1 330 千克，每千克单价 10 元。本月产量及定额资料如下。

（1）甲产品生产 200 件，单位消耗定额 5 千克。

（2）乙产品生产 100 件，单位消耗定额 4 千克。

采用定额耗用量比例分配法进行分配如下。

甲产品的定额消耗用量 = 200 × 5 = 1 000（千克）

乙产品的定额消耗用量 = 100 × 4 = 400（千克）

$$分配率=\frac{1\,330\times 10}{1\,000+400}=9.5（元/千克）$$

甲产品应负担的原材料费用 = 1 000 × 9.5 = 9 500（元）

乙产品应负担的原材料费用 = 400 × 9.5 = 3 800（元）

（三）定额费用比例分配法

原材料定额费用比例分配法是以原材料定额费用为分配标准分配原材料费用的一种方法。其计算程序如下。

1）计算各种产品原材料的定额费用。

2）以原材料定额费用为分配标准，计算原材料费用分配率。

3）计算各种产品应分配的原材料费用。

其计算公式为：

$$\text{某种产品的定额费用}=\text{该种产品的实际产量}\times\text{单位产品的原材料费用定额}$$

$$\text{材料费用分配率}=\frac{\text{应分配材料费用合计}}{\text{全部产品的定额费用之和}}$$

$$\text{某种产品应负担的材料费用}=\text{该种产品定额费用}\times\text{分配率}$$

工作实例 2-3 承工作实例 2-2 资料。

采用定额费用比例分配法计算如下。

甲产品的定额费用 $=200\times5\times10=10\,000$（元）

乙产品的定额费用 $=100\times4\times10=4\,000$（元）

分配率 $=\dfrac{1\,330\times10}{10\,000+4\,000}=0.95$（或 95%）

甲产品应负担的原材料费用 $=10\,000\times0.95=9\,500$（元）

乙产品应负担的原材料费用 $=4\,000\times0.95=3\,800$（元）

从上述计算过程中，可以看出费用分配率为 0.95，即材料实际成本为定额成本的 95%，比材料消耗定额低 5%，节约 700（14 000×5%）元。显然，采用定额费用比例分配法分配原材料费用可以简化分配工作，而且能够考核费用的计划完成情况。

小思考 2-1　比较上述两种分配方法，它们各有什么优缺点？

解析：在几种产品共同耗用一种材料的情况下，材料费用的分配应采用定额耗用量比例分配法。在几种产品共同耗用两种以上材料的情况下，材料费用的分配应采用定额费用比例分配法。

三、原材料费用分配的会计处理

在直接材料费用核算中，应当将直接计入和分配计入的原材料费用合并编制会计分录。进行账务处理的依据是发出（耗用）材料汇总表汇集的全部材料费用和材料费用分配表的材料费用分配结果。

工作实例 2-4 承工作实例 2-1，华成有限责任公司 8 月份根据发出材料汇总表，编制原材料费用分配表，如表 2-1 所示。

表 2-1　原材料费用分配表

2017 年 8 月　　　　元

应借科目		直接计入金额	分配计入			合　计
			产品产量	分配率	分配金额	
基本生产成本	A 产品	10 000	1 200		24 000	34 000
	B 产品	12 000	2 400		48 000	60 000
	C 产品	8 000	3 600		72 000	80 000
	小　计	30 000	7 200	20	144 000	174 000
辅助生产成本	供电车间	800				800
	供水车间	1 500				1 500
	小　计	2 300				2 300
制造费用		600				600
管理费用		400				400
销售费用		200				200
合　计		33 500			144 000	177 500

根据原材料费用分配表编制会计分录，然后据以登记有关总账户和明细账。

借：基本生产成本——A 产品——直接材料　　34 000

　　　　　　　　——B 产品——直接材料　　60 000

　　　　　　　　——C 产品——直接材料　　80 000

　　辅助生产成本——供电车间　　800

　　　　　　　　——供水车间　　1 500

　　制造费用　　600

　　管理费用　　400

　　销售费用　　200

　贷：原材料　　177 500

如果企业采用计划成本进行材料的日常核算，还应分摊发出材料应负担的材料成本差异，使计划成本还原为实际成本。

学中做 *2-1*　根据已学的原材料费用归集和分配知识，请你完成本任务引例的原材料费用分配，并编制会计分录。

四、周转材料的归集和分配

周转材料是指企业能够多次使用，逐渐转移其价值但仍保持原有形态，不确认为固定资产的材料，包括包装物、低值易耗品，以及企业（建造承包商）的钢模板、木模板、脚手架等。周转材料的价值转移方式与原材料不同，其价值是逐渐转移到产品成本或转化为期间费用的。周转材料价值的转移，会计上称为摊销。因为周转材料作为流动资产核算和管理，所以周转材料的核算与固定资产折旧的核算不同，会计上对其采用了相对简化的处理方法。包装物和低值易耗品通常采用一次摊销法或五五摊销法，企业（建造承包商）的钢模板、木模板、脚手架和其他周转材料等可以采用一次摊销法、五五摊销法或分次摊销法进行摊销。

企业设置“周转材料”科目，并可按周转材料的种类，分别按“在库”“在用”“摊销”进行明细核算。企业的包装物、低值易耗品，也可以单独设置“包装物”“低值易耗品”科目。

工作实例 2-5 东海公司对某些单位价值较低的生产工具采用一次摊销法摊销。其有关业务如下。

（1）本月购入工作服400套，增值税专用发票上注明的价款为120 000元，增值税税额为20 400元。价税款通过银行存款支付。

（2）某月将全部工作服下发到各部门。其中，产品生产工人280套，基本生产车间管理人员20套，辅助生产车间20套，行政管理人员80套。企业采用一次摊销法进行核算。

任务处理如下。

（1）购入工作服时

借：周转材料——工作服	120 000	
应交税费——应交增值税（进项税额）	20 400	
贷：银行存款		140 400

（2）领用工作服时

借：基本生产成本——某产品——直接材料	84 000	
辅助生产成本	6 000	
制造费用	6 000	
管理费用	24 000	
贷：周转材料——工作服		120 000

任务三 外购燃料和动力费用的归集和分配

任务引例

① 新源公司是一家新型材料生产企业，每月产品产量稳定，各月支付给电力公司的电费相差不大。该企业对外购动力费用的会计处理方法是：收到本月电力公司开具的增值税专用发票及相关付款凭证后，按照上月各受益单位耗电记录直接进行分配，借记各成本、费用科目，“应交税费——应交增值税（进项税额）”科目，贷记“银行存款”科目。

② 亚力公司是一家啤酒生产企业，每年11月到次年3月为淡季，其他月份为旺季，且各月产量相差较大，各月支付的电费相差也很大。该企业对外购动力费用的会计处理方法是：收到本月电力公司开具的增值税专用发票及相关付款凭证后，借记“应付账款”和“应交税费——应交增值税（进项税额）”科目，贷记“银行存款”科目；月末，按照本月各受益单位耗电记录进行分配，借记各成本、费用科目，贷记“应付账款”科目。

请你评价新源公司和亚力公司对外购动力费用的会计处理是否恰当。为什么？

通过案例可以看出，新源公司和亚力公司对外购动力费用的会计处理完全正确。新源公司每月产品产量稳定，各月支付的电费相差不大，可以不通过“应付账款”科目核算。这样，既减轻了工作量，又能保证各月成本费用分配的正确性。

亚力公司产品生产有淡季和旺季，且各月产量相差较大，各月支付的电费也相差很大。如果按照新源公司对外购动力费用的处理方法，必然导致各月成本相差较大，通过“应付账款”科目进行过渡，是一种明智的选择。

一、外购燃料费用的归集和分配

燃料实际也是材料，更是一项能源。在环境保护措施日益强化的今天，加强燃料管理，减少碳排放，留住青山绿水，是每一个企业应尽的责任。如果燃料费在产品成本中比重较大，可以和动力费用一起专设“燃料和动力”成本项目，且还应增设“燃料”账户，以便单独核算燃料的增、减变动和结存，以及燃料费用的分配情况；燃料费在产品成本中所占比重不大时，也可记入“原材料”账户。

燃料费用分配的程序和方法，与上述原材料费用分配的程序和方法相同。直接用于产品生产的燃料费用，应记入“基本生产成本”总账和所属明细账借方的“燃料及动力”成本项目。如果燃料分产品领用，应根据领退料凭证直接记入各该产品成本的“燃料及动力”成本项目；如果不能分产品领用，应采用适当的分配方法分配计入各有关产品成本的这一成本项目。分配标准一般有产品的重量、体积、所耗原材料的数量或费用，以及燃料的定额消耗量或定额费用。

车间管理消耗的燃料费用、辅助生产消耗的燃料费用、厂部进行生产经营管理消耗的燃料费用、进行产品销售消耗的燃料费用等，应分别记入“制造费用”“辅助生产成本”“管理费用”“销售费用”等账户。已领用的燃料总额，应记入“原材料”账户的贷方。

工作实例 2-6 某企业生产甲、乙两种产品，共同耗用燃料 18 000 元，按燃料定额费用比例分配燃料费。甲产品定额燃料费为 5 000 元，乙产品定额燃料费为 4 000 元。

燃料费用分配计算如下。

$$燃料费用分配率=\frac{18\,000}{5\,000+4\,000}=2$$

甲产品燃料费 $=5\,000\times2=10\,000$（元）

乙产品燃料费 $=4\,000\times2=8\,000$（元）

编制燃料费用分配表如表 2-2 所示。

表 2-2 燃料费用分配表

2017 年 6 月　　　　元

应借科目		成本或费用项目	直接计入	分配计入			合计
				定额费用	分配率	分配金额	
基本生产成本	甲产品	燃料及动力		5 000		10 000	10 000
	乙产品	燃料及动力		4 000		8 000	8 000
	小计			9 000	2	18 000	18 000

（续表）

应借科目		成本或费用项目	直接计入	分配计入			合计
				定额费用	分配率	分配金额	
辅助生产成本	运输车间	燃料及动力	1 000				1 000
制造费用		基本生产车间	600				600
管理费用			500				500
销售费用			600				600
合计			2 700			18 000	20 700

根据燃料费用分配表编制会计分录如下。

借：基本生产成本——甲产品——燃料及动力　　10 000
　　　　　　　　——乙产品——燃料及动力　　8 000
　　辅助生产成本——运输车间　　1 000
　　制造费用　　600
　　管理费用　　500
　　销售费用　　600
　　贷：原材料　　20 700

二、外购动力费用的归集和分配

外购动力费用是指企业从外部单位购入电力、蒸汽、热力等所支付的费用，应按照耗用的部门（或地点）及用途进行归集和分配。

（一）外购动力费用的归集

1．基本生产车间耗用的动力

基本生产车间耗用的动力按用途可分为直接用于产品生产工艺的动力用电和车间一般照明用电。

① 直接用于产品生产工艺的动力用电属于直接燃料和动力，应记入“基本生产成本”总账和相应产品的基本生产成本明细账的“燃料及动力”成本项目。

② 基本生产车间照明等用电，则先记入“制造费用”总账和所属明细账进行归集，月末分配记入“基本生产成本”总账和相应产品的基本生产成本明细账的“制造费用”成本项目。

2．辅助生产车间耗用的动力

对于辅助生产部门耗用的动力，也可按用途分为直接用于辅助产品生产（或劳务）工艺的动力用电和照明用电两部分。

① 直接用于辅助产品生产工艺的动力用电，应记入“辅助生产成本”总账和相应产品或劳务的明细账的“燃料及动力”成本项目；用于辅助生产车间的照明用电先记入“制造费用”总账和所属明细账进行归集，月末分配记入“辅助生产成本”总账和所属明细账的“制造费用”成本项目。这种处理方法同基本生产类似。

② 如果辅助生产不对外提供商品产品且辅助生产车间规模较小，辅助产品或劳务单一，

则为了简化核算工作，可不设辅助生产的“制造费用”科目，辅助生产车间耗用的所有电力直接全部记入“辅助生产成本”总账和相应的明细账。

3．其他部门耗用的动力

① 销售机构、行政管理部门耗用的动力，不计入产品成本，而应分别记入“销售费用”“管理费用”总账和所属明细账，作为期间费用转入“本年利润”账户，冲减当期损益。

② 在建工程、无形资产研发耗用的动力，计入固定资产或无形资产成本。

（二）外购动力费用的分配

企业各车间、部门通常都装有动力仪表。在有仪表记录的情况下，应根据仪表所示耗电量和单价计算应分配的外购动力费用。但是，车间内的生产工艺动力用电，一般无法按产品分别安装电表，因而生产工艺动力用电的费用属于间接计入费用，需要在各种产品之间进行分配。分配动力费用的标准通常有：生产工时、机器工时、机器功率时数和定额耗电量等。下面仅以生产工时分配法为例说明动力费用的分配。

生产工时分配法是以各种产品实际耗用的生产工时为标准来分配外购动力费用的方法。其计算公式为：

$$\text{费用分配率}=\frac{\text{各种产品共同耗用的动力费用}}{\text{各种产品的生产工时之和}}$$

$$\text{某种产品应分配费用}=\text{该种产品实际生产工时}\times\text{费用分配率}$$

工作实例 2-7 华成公司生产 A、B、C 三种产品。8 月份 3 种产品共同消耗外购电力费用 60 000 元，实际生产工时分别为 15 000 小时、8 000 小时和 17 000 小时。采用生产工时分配法分配外购电力费。

编制外购电力费用分配表如表 2-3 所示。

表 2-3 外购电力费用分配表

2017 年 8 月 元

产品名称	生产工时/小时	费用分配率	应分配金额
A 产品	15 000		22 500
B 产品	8 000		12 000
C 产品	17 000		25 500
合计	40 000	1.5	60 000

（三）外购动力分配的会计处理

外购动力费用分配的会计处理是依据有关付款凭证（应付账款凭证）和动力费用分配表进行的。生产工艺用动力一般同生产工艺用燃料一样，设置“燃料及动力”成本项目单独进行核算。直接用于产品生产的动力费用，应记入“基本生产成本”总账和所属明细账的“燃料及动力”项目；直接用于辅助生产的动力费用，应记入“辅助生产成本”总账和所属明细账；用于车间管理的动力费用，记入“制造费用”账户；用于销售机构的动力费用，记入“销售费用”账户。外购动力费用总额应根据有关的转账凭证或付款凭证记入“应付账款”或“银行存款”账户的贷方。

工作实例 2-8 西海公司各月外购动力费用相差较大，会计上要通过“应付账款”科目进行核算。6 月份发生同外购动力有关的经济业务如下。

（1）10 日，收到银行转来的供电公司开具的增值税专用发票，上月应付电费 90 000 元，增值税为 15 300 元。经审核无误后予以转账支付。

（2）30 日，各部门汇总本月耗电 86 800 度，每度电单价 1 元。

根据电表计量结果编制外购动力费用分配表如表 2-4 所示。

表 2-4 外购动力费用分配表

2017 年 6 月

元

应借科目		费用项目	用电度数	金额	生产工时	分配率	合计
基本生产成本	A 产品	燃料及动力			3 600		36 000
	B 产品	燃料及动力			3 000		30 000
	小计		66 000	66 000	6 600	10	66 000
辅助生产成本	机修车间	水电费	10 000	10 000			10 000
	运输车间	水电费	5 000	5 000			5 000
	小计		15 000	15 000			15 000
制造费用		水电费	800	800			800
管理费用		水电费	5 000	5 000			5 000
合计			86 800	86 800			86 800

根据外购动力费用分配表编制会计分录如下。

（1）支付电费时

借：应付账款——电力公司　　90 000

　　应交税费——应交增值税（进项税额）　　15 300

　　贷：银行存款　　105 300

（2）根据“外购动力分配表”分配费用时

借：基本生产成本——甲产品——燃料及动力　　36 000

　　　　　　　　——乙产品——燃料及动力　　30 000

　　辅助生产成本——机修车间　　10 000

　　　　　　　　——运输车间　　5 000

　　制造费用　　800

　　管理费用　　5 000

　　贷：应付账款——电力公司　　86 800

小思考 2-2 通过上例可以看出，西海公司 6 月份的“应付账款——电力公司”余额出现借方余额。这是为什么？

解析： 外购动力费用有两种核算方法。一种是支付外购动力费用时按其用途借记有关成本、费用账户，贷记“银行存款”。由于外购动力费用一般不是在每月月末支付的，因此采用这种方法记入的动力费用是上月付款日至本月付款日这一期间的动力费用。这会影响动力费用核算的准确性。另一种就是通过“应付账款”账户核算，即在付款时先借记“应付账款”账户，贷记“银行存款”，月末再分配动力费用。在实际工作中多数企业采用这种方法。这种方法“应付账款”账户借方所记本月所付动力费用同贷方所记本月应付动力费用往往不等，从而出现月末余额。如果是借方余额，表示本月支付款大于应付的动力费用，可以冲抵下月应付费用；如果是贷方余额，表示本月应付的动力费用大于支付款，可以在下月支付。

任务四 职工薪酬的归集和分配

任务引例

某企业第1小组是流水线作业，采用集体计件工资制度。本月发生业务的有关资料如下。

① 本月加工完成A产品2 000件。其中，合格品1 900件，料废品80件，工废品20件。每件产品的计件工资为8元。

② 第1小组共有3位工人，级别分别为六级工、五级工和四级工。他们的日工资分别为120元、100元和80元；出勤天数分别为20天、22天和25天。

请你计算分配每人应得的计件工资。

职业判断与业务操作

计件工资是根据工作班组产量记录登记的产量，乘以规定的计件单价计算的工资。这里的产量包括质量验收合格的产品数量，以及由于材料质量原因导致的料废品数量，但不包括由于工作操作失误导致的工废品数量。工废品数量不但不能计算计件工资，有的还应由工人赔偿损失。在集体计件工资下，一般以班组为计算对象，先按班组产量和计件单价计算出班组计件工资总额，再根据班组成员的工资标准和实际工时比例进行分配，从而计算出班级成员个人应得的工资。

其计算步骤如下。

1）计算该班组应得计件工资总额。

2）以班组成员的日工资乘以工作天数，计算出每人的标准工资并汇总。

3）以计件工资总额除以标准工资总额，计算出分配率。

4）以每人的标准工资额乘以分配率计算出每人应得的计件工资。

一、职工薪酬的归集

（一）职工薪酬的组成

职工薪酬是指企业为获得职工提供的服务或解除劳动关系而给予的各种形式的报酬或补偿。职工薪酬包括短期薪酬、离职后福利、辞退福利和其他长期职工福利。企业提供给职工配偶、子女、受赡养人、已故员工遗属及其他受益人等的福利，也属于职工薪酬。

这里的职工，是指同企业订立劳动合同的所有人员，含全职、兼职和临时职工，也包括虽未与企业订立劳动合同但由企业正式任命的人员。未与企业订立劳动合同或未由其正式任命，但向企业所提供服务同职工所提供服务类似的人员，也属于职工的范畴，包括通过企业与劳务中介公司签订用工合同而向企业提供服务的人员。

职工薪酬的内容主要包括以下几项。

1. 短期薪酬

短期薪酬是指企业在职工提供相关服务的年度报告期间结束后12个月内需要全部予以支付的职工薪酬，因解除同职工的劳动关系给予的补偿除外。短期薪酬具体包括：职工工资、奖金、津贴和补贴，职工福利费，医疗保险费、工伤保险费和生育保险费等社会保险费，住房公积金，工会经费和职工教育经费，短期带薪缺勤，短期利润分享计划，非货币性福利及其他短期薪酬。其中：

① 职工工资、奖金、津贴和补贴。这是指按照国家统计局的规定构成工资总额的计时工资、计件工资、支付给职工的超额劳动报酬和增收节支的劳动报酬、为了补偿职工特殊或额外的劳动消耗和因其他特殊原因支付给职工的津贴，以及为了保证职工工资水平不受物价影响支付给职工的物价补贴等。

② 职工福利费。这是指企业为职工提供的福利，包括职工的医药费、内设医院医护人员的工资、医务经费、职工因公负伤外地就医的路费、职工生活困难补助，以及按照国家规定开支的其他职工福利支出等。

③ 医疗保险金、工伤保险费和生育保险费等社会保险费。这是指企业按照国家规定的基准和比例计算，向社会保险经办机构交纳的医疗保险金、工伤保险费和生育保险费。养老保险和失业保险属于离职后福利，不属于短期薪酬。

④ 住房公积金。这是指企业按照国家《住房公积金管理条例》规定的基准和比例计算，向住房公积金管理机构交存的住房公积金。

⑤ 工会经费和职工教育经费。这是指企业为了改善职工文化生活，提高职工业务素质，用于开展工会活动和职工教育及职业技能培训，根据国家规定的基准和比例，从成本费用中提取的金额。

⑥ 短期带薪缺勤。这是指企业支付工资或提供补偿的职工缺勤，包括年休假、病假、短期伤残、婚假、产假、丧假、探亲假等。

⑦ 利润分享计划。这是指因职工提供服务而同职工达成的基于利润或其他经营成果提供薪酬的协议。

⑧ 非货币福利。这是指企业以自产产品或外购商品发放给职工作为福利，将自己拥有的资产无偿提供给职工使用，为职工无偿提供医疗保健服务等。

2. 离职后福利

离职后福利是指企业为获得职工提供的服务而在职工退休或同企业解除劳动关系后，提供的各种形式的报酬和福利。短期薪酬和辞退福利除外。

3. 辞退福利

辞退福利是指企业在职工劳动合同到期之前解除同职工的劳动关系，或者为鼓励职工自愿接受裁减而给予职工的补偿。

4．其他长期职工福利

其他长期职工福利是指除短期薪酬、离职后福利、辞退福利之外所有的职工薪酬，包括长期带薪缺勤、长期残疾福利、长期利润分享计划等。

（二）职工薪酬核算的原始记录

要正确核算产品成本中的人工费用，首先要完善人工费用核算的基础工作，建立完整、正确的原始记录，主要包括工资卡、考勤记录、产量和工时记录等。

1．工资卡

为了便于掌握企业职工增减变动情况，企业的劳资部门要按职工人数设置工资卡片，详细记载职工的姓名、职务、工资等级、工资标准、转移工作单位日期、原单位工资发放截止日期和本企业开始计算工资的日期等。

2．考勤记录

考勤记录是登记职工出勤和缺勤情况的记录，是计算职工工资的重要原始记录。考勤记录一般有考勤簿、考勤卡和打卡机等 3 种。

3．产量记录

产量记录是登记班组或工人出勤时间内完成产品产量、质量和生产产品耗用工时数量的原始记录。产量记录是统计产量和工时、计算计件工资的依据，也是监督生产计划完成情况和考核劳动生产率的依据。产量记录的格式和登记程序，在不同的行业、不同生产类型和不同劳动组织的企业各不相同，制造企业采用的产量记录一般有工作通知单、工序进程单、工作班产量记录、个人工作台账等。

4．各种代支代扣款通知单

在实际工作中，为了减少现金收付工作，方便职工，企业在向职工发放工资时，会扣除职工应交的住房公积金、社会保险费、水电费和应交纳的个人所得税等代扣款项。这些代扣、代发款的原始记录，应由企业有关部门在发放工资之前送交财会部门，以便计算职工的工资净额。

（三）职工薪酬的计算和结算

在各项应付职工薪酬的计算中，生产工人的工资计算最复杂。目前，生产工人工资的计算主要有两种方式：一是按计时工资计算，另一种按计件工资计算。

1．计时工资

计时工资是按工资标准和工作时间支付给职工个人的工资。在实行计时工资的企业，职工的计时工资一般采用月薪制，即工资标准是按月计算的。

采用月薪制，无论各月日历天数是多少，职工每月的全勤工资相同。如果发生因病、因事或旷工缺勤，将缺勤工资从全勤工资中扣除。其计算公式为：

应付工资=月标准工资＋奖金＋津贴补贴－缺勤工资

缺勤工资=缺勤天数×日工资率＋病假天数×日工资率×病假扣发率

式中，日工资率是指平均每日工资额。其目前有以下两种计算方法。

① 按每月固定 30 天计算。采用这种方法，连续缺勤时间内的节假日也算缺勤，照扣工资。

② 每月都按 21 天计算（即按全年 365 天减去 104 个双休日和 11 个法定节假日后再除以 12 个月，计算得 21 天）。采用这种方法，连续缺勤时间内的节假日不算缺勤，不扣工资。

工作实例 2-9 某工人月标准工资为 3 600 元。其 6 月份考勤情况为：病假 2 天，事假 1 天，星期休假 8 天，法定节假日 1 天，该月日历天数为 31 天，实际出勤 19 天。该职工病、事假期间没有法定休假日和节假日，其病假工资按标准工资的 90%计发。

该职工 6 月份计时工资计算如下。

（1）按 30 天计算日工资率，按缺勤天数扣除缺勤工资。

日工资率=3 600÷30=120（元/天）

计时工资=3 600-（120×1+120×2×10%）=3 456（元）

（2）按 30 天计算日工资率，按出勤天数计算月工资。

计时工资=120×（19+9）+120×2×90%=3 576（元）

（3）按 21 天计算日工资率，按缺勤天数扣除缺勤工资。

日工资率=3 600÷21=171.43（元/天）

计时工资=3 600-（171.43×1+171.43×2×10%）=3 120（元）

（4）按 21 天计算日工资率，按出勤天数计算月工资。

计时工资=171.43×19+171.43×2×90%=3 565.74（元）

4 种方法计算结果有一定的差异，企业可自行选择确定一种方法，一经确定不得任意改变。

小思考 2-3 通过上例可以看出，采用出勤法和缺勤法计算应付工资，有时会发生较大差异。为什么？

解析： 在实际工作中，由于各月实际法定工作天数和月平均法定工作天数往往是不同的，这就造成采用不同的方法计算应付工资有时会发生较大差异，所以企业采用某种工资计算方法应保持相对稳定性，不能随意变换。

2. 计件工资

计件工资是根据产量记录中产品的产量乘以规定的计件单价计算的应付工资。对于废品，应区分料废品和工废品，料废品工资照付，工废品不但不能支付工资，有的还应根据具体情况由生产工人赔偿损失。

计件工资的计算分为个人计件和集体计件两种。

（1）个人计件工资的计算

个人计件工资的计算公式为：

应付计件工资=（合格品数量+料废品数量）×计件单价

工作实例 2-10 某工人本月加工完成甲产品 100 件，其中合格品 93 件，料废品 4 件，工废品 3 件，计件单价为 18 元；乙产品为 90 件，其中合格品 85 件，料废品 2 件，工废品 3 件，计件单价为 14 元。

该工人计件工资 =（93 + 4）× 18 +（85 + 2）× 14 = 2 964（元）

（2）集体计件工资的计算

集体计件工资一般以班组为计算对象，先按班组产量和计件单价计算出班组计件工资总额，再根据班组成员的工资标准和实际工时比例进行分配，从而计算出班级成员个人应得的工资。

工作实例 2-11 某企业第 1 小组是流水线作业，采用集体计件工资制度。有关资料如下。

（1）本月加工完成 A 产品 1 571 件。其中，合格品 1 500 件，料废品 68 件，工废品 3 件，计件单价为 8 元。

（2）第 1 小组有 3 位工人，级别分别为六级工、五级工和四级工。有关日工资率和出勤天数如表 2-5 所示。

任务处理如下：

（1）计算第 1 小组集体计件工资

集体计件工资 =（1 500 + 68）× 8 = 12 544（元）

（2）计算分配每人工资额，如表 2-5 所示。

表 2-5 集体计件工资分配表

2017 年 6 月

元

姓 名	等 级	日工资率	出勤日数	标准工资额	分配率	应付工资
王 维	6	150	24	3 600		4 845.24
魏大力	5	120	26	3 120		4 199.21
孙建国	4	100	26	2 600		3 499.55
合 计	—	—	—	9 320	1.345 9	12 544

学中做 2-2 根据已学的人工费用计算的知识，完本任务引例的计件工资分配。

3. 应付职工薪酬的结算

企业采用不同的职工薪酬结算制度计算出应付给职工的薪酬总额后，需要按其用途和发生地点进行汇总。企业应付给职工的薪酬额，分别按所生产的产品进行归类汇总。因为有些产品要经过不同的车间或工序才能完成，所以对直接人工费用也应按车间或工序分户汇总。然后，再按所生产的产品汇总，以汇总各车间或工序生产各种产品应付的工资。最后，将生产该产品的各车间或工序的生产工人工资按产品类别做进一步汇总，即可将本月各产品生产所耗用的直接工资费用归集在一起。企业应付给管理人员的薪酬，按车间、部门进行归集。

企业对职工的薪酬结算是通过应付职工薪酬结算单进行的。

应付职工薪酬结算单是职工薪酬结算的原始凭证，一般按车间或部门根据考勤记录、工资标准等分别编制职工薪酬卡，每一职工每年设置一张，用以反映企业同每一职工的薪酬结算情况。职工薪酬结算单通常是一式三份：一份交劳资部门备查；一份送交银行进行批处理；一份经职工签章后，作为薪酬结算和付款的原始凭证。其一般格式如表 2-6 所示。

表 2-6　应付职工薪酬结算单

车间：　　　　　　　　　　年　　月　　　　　　　　　　元

工号	姓名	标准工资	计件工资	奖金	津贴补贴		应扣缺勤工资				应付薪酬	代扣款项			实发薪酬	领款人签章
					津贴	补贴	事假		病假			住房公积金	保险费	小计		
							天数	金额	天数	金额						

职工薪酬结算汇总表是为了总括反映整个企业职工薪酬的结算情况，由财会部门按月根据各车间、部门编制的职工薪酬结算单汇总编制的。它既可以提供按工资类别反映的应付职工薪酬总额，又可以提供按车间、部门反映的全厂应付职工薪酬总额，各种代扣代缴总额和实发薪酬总额。职工薪酬结算汇总表是人工费用计入成本费用的依据。职工薪酬结算汇总表的一般格式如表 2-7 所示。

表 2-7　职工薪酬结算汇总表

2017 年 6 月　　　　　　　　　　元

车间部门		计时工资	计件工资	奖金	工资性津贴		应扣工资		应付工资	代扣款项			实发工资
					夜班津贴	副食补贴	事假工资	病假工资		房租	水电	小计	
一车间	生产工人	50 600		6 000		600	300		56 900	300	240	540	56 360
	管理人员	10 000		2 800		680			13 480	280	300	580	12 900
	合　计	60 600		8 800		1 280	300		70 380	580	540	1 120	69 260
二车间	生产工人	14 680		1 200		150			16 030	330	70	400	15 630
	管理人员	8 000		600		200			8 800	1 000	300	1 300	7 500
	合　计	22 680		1 800		350			24 830	1 330	370	1 700	23 130
机修车间		11 188		2 105		260			13 553	368	70	438	13 115
销售机构人员		4 300		220		45			4 565	62	48	110	4 455
企业管理人员		5 800		170		45			6 015	80	43	123	5 892
合　计		104 568		13 095		1 980	300		119 343	2 420	1 071	3 491	115 852

（四）职工薪酬的归集

《企业会计准则——职工薪酬》规定，企业应当在职工为其提供服务的会计期间，将应付的职工薪酬确认为负债，除因解除同职工的劳动关系给予的补偿外，应当根据职工提供服务的受益对象，分别按下列情况处理。

① 应由生产产品、提供劳务负担的职工薪酬，计入产品成本或劳务成本。

② 应由在建工程、无形资产负担的职工薪酬，计入建造固定资产或无形资产成本。

③ 上述①和②之外的其他职工薪酬，计入当期损益。

根据职工薪酬准则规定，企业算出的职工薪酬总额应按职工提供服务的受益对象进行归集，如表2-8所示。

表2-8 企业应付职工薪酬应计入的会计科目一览表

受益对象	应计入的会计科目
基本生产人员薪酬	基本生产成本
辅助生产人员薪酬	辅助生产成本
基本生产部门管理人员的薪酬	制造费用
企业行政管理部门人员的薪酬	管理费用
销售部门人员的薪酬	销售费用
专项工程人员的薪酬	在建工程
研发人员的薪酬	研发支出
福利部门人员的薪酬	应付职工薪酬——福利费

对于除职工薪酬以外的职工福利费、“五险一金”、工会经费和职工教育经费等其他人工费用，国家规定了计提基础和计提比例的，应当按照国家规定的标准计提；没有规定计提基础和计提比例的，企业应当根据历史经验数据和实际情况合理预计，按照职工提供服务的受益对象，计入相关资产的成本或计入当期损益。

二、职工薪酬的分配

采用计件工资形式支付的产品生产工人薪酬，一般可以直接计入所生产产品的成本，不需要在各成本核算对象之间进行分配。采用计时工资形式支付的薪酬，如果生产车间（班组）或工人只生产一种产品，可以将职工薪酬直接计入该种产品成本；如果生产多种产品，则需要选用合理的分配方法，在各成本核算对象（各种产品）之间进行分配。

职工薪酬的分配方法可以选择实际生产工时比例分配，这种方法能够将产品分配的工资费用同劳动生产率联系起来，因此较为合理。但如果取得实际生产工时数据比较困难，在产品工时定额制定比较准确的情况下，也可以按产品的定额工时比例分配职工薪酬。其计算公式如下。

$$\text{职工薪酬分配率}=\frac{\text{应分配的职工薪酬}}{\text{各种产品的生产工时（或定额工时）之和}}$$

某种产品应分配的职工薪酬=该种产品实际生产工时（或定额工时）×费用分配率

工作实例2-12 承表2-7，企业2017年6月第一车间生产甲、乙两种产品，第二车间生产丙产品。甲、乙产品的计时工资共计56 900元，甲产品的生产工时为30 000小时，乙产品的生产工时为20 000小时。

按生产工时比例分配计算如下。

$$\text{职工薪酬分配率}=\frac{56\,900}{30\,000+20\,000}=1.138\text{（元/小时）}$$

甲产品分配职工薪酬=30 000×1.138=34 140（元）

乙产品分配职工薪酬=20 000×1.138=22 760（元）

三、职工薪酬分配的会计处理

会计部门应根据计算出的职工工资编制职工薪酬结算单、职工薪酬结算汇总表作为进行账务处理的依据；对于职工福利费、“五险一金”、工会经费和职工教育经费等，则可编制其他人工费用分配（提取）表进行账务处理。

工作实例 2-13 承表 2-7，企业 8 月份根据各车间、部门的职工薪酬结算单，按人员类别和工资性质分别汇总后，编制的工资结算汇总表如表 2-9 所示。

表 2-9 工资结算汇总表

2017 年 6 月

应贷账户 / 应借账户	应付职工薪酬		
	定额工时/小时	分 配 率	金额/元
基本生产成本——甲产品	30 000		34 140
基本生产成本——乙产品	20 000		22 760
小 计	50 000	1.138	56 900
基本生产成本——丙产品			16 030
辅助生产成本——机修车间			13 553
制造费用——一车间			13 480
制造费用——二车间			8 800
销售费用			4 565
管理费用			6 015
合 计			119 343

编制会计分录如下。

借：基本生产成本——甲产品——直接人工 34 140
——乙产品——直接人工 22 760
——丙产品 16 030
辅助生产成本——机修车间 13 553
制造费用——一车间 13 480
——二车间 8 800
销售费用 4 565
管理费用 6 015
贷：应付职工薪酬——职工薪酬 119 343

任务五 折旧费及其他费用的归集和分配

任务引例

某企业 5 月初固定资产总值 5 500 万元。其中，不需用的固定资产 200 万元。本月购买固定资产 300 万元，已交付使用。本月报废一台固定资产，原始价值 120 万元，已提折旧

88万元。企业会计人员按照年综合折旧率6%计算本月折旧如下。

月折旧额 =（5 500−200 + 300−120）× 6% ÷ 12 = 27.4（万元）

请问：该企业的固定资产折旧计算是否正确？

职业判断与业务操作

该企业的固定资产折旧计算不正确，理由如下。

① 按照企业会计准则的规定，固定资产折旧不能采用综合折旧率计算的，必须采用分类折旧率或个别折旧率计算。

② 本月增加的固定资产不计提折旧，本月减少的固定资产仍提折旧。

③ 不需用的固定资产也要计提折旧，计提的折旧费记入“管理费用”科目。

一、折旧费用的归集与分配

（一）固定资产折旧的计算

1. 固定资产折旧的计提范围

折旧是指在固定资产使用寿命内，按照确定的方法对应计折旧额进行系统分摊。《企业会计准则——固定资产》中规定除已提足折旧仍继续使用的固定资产和单独计价入账的土地外，企业应当对所有固定资产计提折旧。已达到预定可使用状态但尚未办理竣工决算的固定资产，应当按照估计价值确定其成本，并计提折旧；待办理竣工决算后，再按实际成本调整原来的暂估价值，但不需要调整原已计提的折旧额。

2. 计提折旧的起止时间

根据《企业会计准则——固定资产》规定，固定资产应当按月计提折旧，当月增加的固定资产，当月不计提折旧，从下月起计提折旧；当月减少的固定资产，当月仍计提折旧，从下月起不计提折旧。

固定资产提足折旧后，不论能否继续使用，均不再计提折旧；提前报废的固定资产，也不再补提折旧。提足折旧，是指已经提足该项固定资产的应计折旧额。应计折旧额，是指应当计提折旧的固定资产的原价扣除其预计净残值后的金额。已计提减值准备的固定资产，还应当扣除已计提的固定资产减值准备累计金额。

3. 固定资产折旧的计提方法

可选用的折旧方法包括年限平均法、工作量法、双倍余额递减法和年数总和法等。不同的折旧方法计算出的某一会计期间的折旧费用存在着一定的差异，从而会影响到该会计期间的产品成本及固定资产的账面净值，因而企业应当根据同固定资产有关的经济利益的预期实现方式，合理选择固定资产折旧方法。同一企业，由于固定资产的用途、性能不同，所以可以采用不同的折旧计算方法。固定资产的折旧方法一经确定，不得随意变更。

（二）折旧费用的归集

固定资产应当按月计提折旧，并根据用途计入相关资产的成本或当期损益。

① 基本生产车间固定资产的折旧费用，作为间接费用先按使用地点归集于制造费用中，

月末随同其他制造费用一起分配计入产品成本。

② 辅助生产部门固定资产的折旧费用同基本生产车间一样，也应计入辅助生产部门的制造费用，月末随同其他制造费用一起分配计入相应的辅助生产成本。如果辅助生产部门不单独核算制造费用，则其固定资产折旧费用直接计入辅助生产成本。

③ 企业行政管理部门和专设销售机构固定资产的折旧费用，分别计入管理费用和销售费用。

（三）折旧费用的分配

折旧费用的分配是通过编制折旧费用分配表进行的。每月月末，财会部门根据固定资产的使用部门编制折旧费用分配表并据此编制会计分录，登记有关总账及所属明细账。

工作实例 2-14 某公司 2017 年 6 月的折旧费用分配表如表 2-10 所示。

表 2-10 折旧费用分配表

2017 年 6 月

元

车间部门	5 月固定资产折旧额	6 月增加固定资产折旧额	6 月减少固定资产折旧额	本月固定资产折旧额
基本生产车间	90 000	30 000	20 000	100 000
行政管理部门	28 000	2 000		30 000
专设销售机构	7 000	3 000		10 000
合计	125 000	35 000	20 000	140 000

编制会计分录如下。

借：制造费用——基本生产车间　　100 000
　　管理费用　　30 000
　　销售费用　　10 000
　　贷：累计折旧　　140 000

二、利息费用的核算

利息费用是属于经营管理费用中的财务费用，一般按季支付季末结算或到期还本时一并支付付息。采用预提利息费用的办法分月按计划预提，实际支付时冲减应付利息。

每月预提利息时，应借记“财务费用”总账科目及所属明细账的“利息支出”费用项目，贷记“应付利息”科目。

季末实际支付利息费用时，应借记“应付利息”科目，贷记“银行存款”科目。

三、税金的核算

（一）印花税

对于印花税，如果购买印花税票金额较小，购买时可以直接借记“税金及附加”，贷记“银行存款”科目；如果印花税票是一次购买，分期使用，并且金额较大时，可作为预付账款处理。购买印花税票时，借记“预付账款”科目，贷记“银行存款”科目；分月摊销时，借记“税金及附加”科目，贷记“预付账款”科目。需要指出，对印花税的核算不通过“应交税费”科目。

小思考 2-4　在会计处理上，哪些税金不通过“应交税费”科目核算？

解析：目前，不通过应交税费中核算的只有印花税、耕地占用税。

（二）房产税、车船税、土地使用税

计提房产税、车船税、土地使用税等税金时，借记“税金及附加”科目，贷记“应交税费”科目；在交纳税金时，借记“应交税费——房产税”“车船税”“土地使用税”科目，贷记“银行存款”科目。

四、其他费用的核算

其他费用是指除前面所述各要素费用以外的费用，包括邮电费、租赁费、印刷费、图书资料报刊订阅费、排污费、差旅费等。企业应在发生时，按照发生的车间、部门和用途进行归集和分配。

① 属于基本生产车间发生的，应记入“制造费用”总账及所属明细账的有关项目。

② 属于辅助生产车间发生的，应记入“辅助生产成本”总账及所属明细账的有关项目。

③ 属于行政管理部门发生的，应记入“管理费用”总账及所属明细账的有关项目。

④ 属于销售机构发生的，应记入“销售费用”总账及所属明细账的有关项目。

项 目 小 结

企业在生产经营过程中会发生各种耗费，这些耗费有的构成产品成本，有的则作为期间费用直接计入当期损益。本项目的主要内容按费用要素讲述各种耗费的归集、分配和会计处理，具体分为材料费用、外购动力费用、职工薪酬、折旧费用及利息、税金和其他费用的归集与分配。

① 材料费用的归集与分配是指企业定期根据各种领退料凭证，按照材料的领用部门及用途进行归类，将材料费用分配记入有关账户的过程。

② 外购动力费用的归集和分配是根据计量结果及动力价格计算外购动力费用并按动力耗用的部门和用途不同分配记入有关账户的过程。

③ 职工薪酬的归集和分配是将企业为获得职工提供的服务而给予的各种形式的报酬，根据职工提供服务的受益对象分配记入有关账户的过程。

④ 固定资产使用寿命内，按照确定的方法对应计折旧额进行系统分摊。折旧费用的归集和分配是按固定资产的用途将折旧额分月记入各有关账户的过程。

⑤ 利息、税金和其他费用的归集及分配也会影响到产品成本和当期损益的计算，企业应根据其发生的具体情况分配计入产品成本或当期损益。

项目三

辅助生产费用的归集和分配

职业能力目标

通过本项目的学习，理解辅助生产、辅助生产车间和辅助生产费用等概念；熟悉辅助生产费用归集的账户设置和核算程序，正确归集会计期间发生的辅助生产费用；掌握辅助生产费用分配的各种方法及其运用。

典型工作任务

辅助生产费用的归集；直接分配法；一次交互分配法；代数分配法；计划成本分配法；顺序分配法。

任务一 辅助生产费用的归集

任务引例

中原有限责任公司是生产小型电机的企业，除了生产电机的几个基本生产车间外，还设有维修车间和运输车间两个辅助生产部门。修理车间主要为产品生产车间；维修车间及行政管理部门提供修理服务；运输车间为企业提供接送员工、采购材料及送货服务等。两个辅助生产车间共同的特点是只为企业内部提供服务，不提供外部服务。该企业成本会计人员设置“生产成本——辅助生产成本”和“制造费用”两个账户分别归集并分配辅助生产车间发生的机物料消耗、人工费、折旧费等各项费用。你认为这样设置账户科学吗?

职业判断与业务操作

在实际工作中，辅助生产费用核算的账户设置有两种方法。

① 同时设置“辅助生产成本”账户和“制造费用”账户。在这种方法下，企业辅助生产车间发生的制造费用先在“制造费用”账户归集，月末根据该车间或部门“制造费用”明细账，借方所归集的费用分配转入“生产成本——辅助生产成本”(或“辅助生产成本”)账户相关项目中。这种账户设置主要适用于企业辅助生产车间规模大，能独立提供产品或劳务，管理上要求提供辅助生产车间的制造费用预算执行情况的企业。

② 直接设置“辅助生产成本”账户，不设置“制造费用”账户。这种账户设置适用于辅助生产车间或部门规模较小、产品或劳务单一、制造费用很少，而且辅助生产或者部门不对外单位提供产品或劳务，不需要按规定的成本项目计算产品成本。

可以看出，中原有限责任公司两个辅助生产车间都不对外提供服务，业务性质单纯，采用第②种方法设置账户比较科学合理。

一、辅助生产及辅助生产费用

工业企业的生产按生产职能的不同可分为基本生产和辅助生产。基本生产以直接生产各种对外销售的产品为主要任务；辅助生产是指为基本生产车间和企业管理部门及其他部门等单位服务而进行的产品生产和劳务供应。其中，有的辅助生产只生产一种产品或提供一种劳务，如供电、供水、供气、供风、运输等；有的则生产多种产品或提供多种劳务，如从事工具、模具、修理用备件的制造，以及机器设备的修理等。辅助生产提供的产品和劳务，有的也对外销售，但主要是为本企业服务。

工业企业的辅助生产单位，即辅助生产车间，辅助生产车间在产品生产和劳务供应过程中所耗费的各种生产费用是以产品或劳务为对象来归集的。这些生产费用构成了辅助生产产品和劳务的成本，即辅助生产成本。但对于耗用这些产品或劳务的基本生产车间和企业管理部门及其他部门来说，辅助生产车间所提供的产品或劳务又是一种费用，即辅助生产费用。

辅助生产费用的高低，对于基本生产产品成本和经营管理费用的水平有很大的影响。同时，只有辅助生产产品和劳务的成本确定以后，才能计算基本生产成本和经营管理费用。因此，及时、准确地进行辅助生产费用的核算，对于企业降低辅助生产费用的开支，加强辅助生产成本的成本管理；对于正确、及时地计算企业基本生产产品的成本，以及节约费用、降低成本，都有着重要的意义。

二、辅助生产费用核算的账户设置及程序

（一）“辅助生产成本”账户

“辅助生产成本”账户核算企业辅助生产车间为完成辅助生产而发生的一切耗费，包括辅助生产车间发生的材料费、动力费、职工薪酬、折旧费、办公费、水电费、劳动保护费等，还包括在辅助生产车间相互提供劳务的情况下，各受益的辅助生产车间从供应劳务的辅助生产车间分配转入的劳务成本。“辅助生产成本”账户一般应按车间及产品或劳务的种类设置明细账，账内按照成本项目或费用项目设置专栏，进行明细核算，期末一般无余额。

（二）核算程序

在不设置“制造费用”账户核算辅助生产车间费用的情况下，辅助生产费用的核算程序如下。

1）辅助生产车间或部门发生的各项费用，应直接记入或间接记入“辅助生产成本”明细账户的费用项目专栏。

2）月度终了，汇总计算辅助生产车间发生的生产费用。

3）将辅助生产费用在各受益对象按照一定的分配标准进行分配，并分别记入“基本生产成本”“管理费用”“销售费用”“其他业务成本”“在建工程”“周转材料”等账户。

三、辅助生产费用的归集

辅助生产费用的归集是指对各辅助生产车间发生的各项生产费用进行会计处理，并将辅助生产费用登记在“辅助生产成本”明细账户中，最终计算出本期借方发生额。

工作实例 3-1 某企业设有机修和运输两个辅助生产车间，主要为本企业基本生产车间和行政管理部门等服务。由于辅助生产车间规模较小，产品或劳务单一，制造费用很少，所以在会计上不单设“制造费用”账户核算辅助生产车间发生的制造费用，而直接登记在辅助生产成本明细账中。2017 年 8 月机修、运输车间发生的生产费用资料如下。

（1）根据原材料费用分配表，机修车间分配原材料费用 3 000 元，运输车间分配原材料费用 2 000 元。

（2）根据外购动力费用分配表，机修车间应分配动力费用 1 200 元，运输车间 800 元。

（3）根据职工薪酬分配表，机修车间职工薪酬 11 400 元，运输车间职工薪酬 5 700 元。

（4）根据折旧费用分配表，机修车间本月应提取折旧费 6 000 元，运输车间应提取折旧费 4 000 元。

（5）根据社会保险费分配表，提取养老保险费 1 500 元。其中，机修车间 1 000 元，运输车间 500 元。

（6）本月用银行存款支付其他费用为：机修车间办公费 160 元、劳动保护费 140 元、其他费用 100 元；运输车间办公费 200 元、劳动保护费 120 元、其他费用 180 元。

根据以上资料，编制会计分录如下：

（1）借：辅助生产成本——机修车间　　3 000
　　　　　　　　　　——运输车间　　2 000
　　贷：原材料　　5 000

（2）借：辅助生产成本——机修车间　　1 200
　　　　　　　　　　——运输车间　　800
　　贷：应付账款　　2 000

（3）借：辅助生产成本——机修车间　　11 400
　　　　　　　　　　——运输车间　　5 700
　　贷：应付职工薪酬　　17 100

（4）借：辅助生产成本——机修车间　　6 000
　　　　　　　　　　——运输车间　　4 000
　　贷：累计折旧　　10 000

（5）借：辅助生产成本——机修车间　　1 000
　　　　　　　　　　——运输车间　　500
　　贷：应付职工薪酬　　1 500

（6）借：辅助生产成本——机修车间　　400
　　　　　　　　　　——运输车间　　500
　　贷：银行存款　　900

（7）根据上述资料，登记辅助生产成本明细账，如表 3-1 和表 3-2 所示。

表 3-1　辅助生产成本明细账

辅助车间：机修车间　　元

2017 年		凭证字号	摘　要	原材料	外购动力	职工薪酬	折旧费	劳保费	办公费	其他	合计
月	日										
8	31	（略）	原材料费用分配表	3 000							3 000
	31		动力费用分配表		1 200						1 200
	31		职工薪酬分配表			11 400					11 400
	31		折旧费用分配表				6 000				6 000
	31		社保费用分配表			1 000					1 000
	31		付款凭证					160	140	100	400
	31		合　计	3 000	1 200	12 400	6 000	160	140	100	23 000
			分配转出	3 000	1 200	12 400	6 000	160	140	100	23 000

表 3-2 辅助生产成本明细账

辅助车间：运输车间

元

2017年 月	日	凭证字号	摘 要	原材料	外购动力	职工薪酬	折旧费	劳保费	办公费	其他	合计
8	31	（略）	原材料费用分配表	2 000							2 000
	31		动力费用分配表		800						800
	31		职工薪酬分配表			5 700					5 700
	31		折旧费用分配表				4 000				4 000
	31		社保费用分配表			500					500
	31		付款凭证					200	120	180	500
	31		合 计	2 000	800	6 200	4 000	200	120	180	13 500
			分配转出	2 000	800	6 200	4 000	200	120	180	13 500

任务二 辅助生产费用的分配

任务引例

某企业有修理车间和运输队等两个部门，本月有关资料如下。

（1）修理车间本月提供修理服务 1 200 小时。其中，为产品生产车间提供 900 小时修理服务，为行政部门提供 100 小时修理服务，为运输队提供 200 小时修理服务，共发生费用 6 000 元。

（2）运输队本月运输总量 30 000 吨公里。其中，为供销科运输 26 000 吨公里，为修理车间运输 400 吨公里，为接送员工运输 3 600 吨公里，共发生运输费用 25 200 元。

月末，成本核算员小王将修理车间发生的 6 000 元费用按每小时 5 元的价格全部分配出去，将运输队发生的 25 200 元费用按每吨公里 0.84 元的价格也全部分配出去。但他把分配的结果登记到辅助生产成本明细账中时发现：修理车间明细账上又回来了 800 元，运输队明细账中也回来了 1 000 元。他把这两个费用按原先的劳务量又分配出去，但记账后发现两个辅助生产成本明细账中仍有余额，只是数字变小了点。他如此循环地分配了 10 次，辅助生产成本明细账中仍有余额。他彻底泄气了！第 2 天早晨，熬红了双眼的小王只好拿着账簿去问财务科长。科长一听，哈哈大笑，并拿出一本成本会计教材送给小王，说道："书到用时方恨少啊！小伙子，回去看看书吧！"

职业判断与业务操作

企业的辅助生产车间往往存在着相互交互提供劳务的问题，如果按照常规进行分配，必然出现上例中小王出现的情况。为了解决这个问题，成本会计中对辅助生产成本的分配列举了直接分配法、一次交互分配法、代数分配法、计划成本分配法和顺序分配法。每种方法都有不同的适用范围，在实际工作中应选择使用。一旦选用，不得随意变更。

一、辅助生产费用分配的特点

辅助生产车间提供产品和劳务，主要是为基本生产车间、企业管理部门等服务。但在提供产品和劳务的过程中，某些辅助生产车间之间也有相互提供产品和劳务的情况，如供电车间为修理车间提供电力，机修车间为供电车间修理设备。这样，为了计算修理的成本必须计算电力的成本；为了计算电力的成本又要计算修理的成本。因此，为了正确计算辅助生产产品和劳务的成本，在分配辅助生产费用时，还应在各辅助生产车间之间进行费用的交互分配。这就是辅助生产费用分配的特点。

按受益原则分配辅助生产费用时，基本计算公式为：

$$\text{辅助生产费用分配率}=\frac{\text{待分配的辅助生产费用}}{\text{负担费用的各受益对象的受益总量}}$$

$$\begin{array}{c}\text{某受益对象应负}\\\text{担的辅助生产费用}\end{array}=\begin{array}{c}\text{该受益对象}\\\text{的受益数量}\end{array}\times\begin{array}{c}\text{辅助生产}\\\text{费用分配率}\end{array}$$

二、辅助生产费用分配的方法

由于辅助生产之间存在着相互制约、相互影响的特点，使辅助生产费用的分配产生了困难，因此辅助生产费用的分配采用了一些特殊的分配方法，主要有直接分配法、一次交互分配法、代数分配法、计划成本分配法和顺序分配法等。

（一）直接分配法

直接分配法是指各辅助生产车间发生的费用直接分配给辅助生产车间以外的各受益对象，而不考虑各辅助生产车间之间相互提供产品或劳务情况的一种分配方法。

其分配原则是：对外不对内。其中，“外”指辅助生产车间以外的各受益对象；“内”指各辅助生产车间之间。

其计算公式为：

$$\begin{array}{c}\text{辅助生产}\\\text{费用分配率}\end{array}=\frac{\text{某辅助生产车间发生的费用}}{\text{辅助生产车间以外的各受益对象的受益总量}}$$

$$\begin{array}{c}\text{辅助生产车间以外的各受益}\\\text{对象应负担的辅助生产费用}\end{array}=\begin{array}{c}\text{该受益对象}\\\text{的受益量}\end{array}\times\begin{array}{c}\text{辅助生产}\\\text{费用分配率}\end{array}$$

工作实例3-2 接工作实例3-1资料，2017年5月各辅助生产车间发生的费用为：机修车间23 000元，运输车间13 500元。其供应对象和数量的有关资料如表3-3所示。

表3-3 辅助生产车间提供劳务量明细表

供应对象	机修车间/小时	运输车间/吨公里
机修车间		600
运输车间	200	
基本生产车间：		
A产品耗用	1 600	3 000
车间一般耗用	400	1 000
行政管理部门	300	1 400
合　计	2 500	6 000

根据上述资料，编制直接分配法下的辅助生产费用分配表，如表3-4所示。

表3-4 辅助生产费用分配表（直接分配法）

2017年5月

元

辅助生产名称			机 修	运 输	合 计
待分配费用			23 000	13 500	36 500
辅助生产车间以外受益对象的劳务总量			2 300	5 400	
费用分配率			10	2.5	
基本生产车间耗用	A产品耗用	数量	1 600	3 000	
		金额	16 000	7 500	23 500
	车间一般耗用	数量	400	1 000	
		金额	4 000	2 500	6 500
行政管理部门耗用		数量	300	1 400	
		金额	3 000	3 500	6 500
分配总额合计			23 000	13 500	36 500

根据辅助生产费用分配表，编制会计分录如下。

借：基本生产成本——A产品——制造费用　　23 500

　　制造费用　　6 500

　　管理费用　　6 500

　　贷：辅助生产成本——机修车间　　23 000

　　　　　　　　　　——运输车间　　13 500

采用直接分配法分配辅助生产费用，计算方法比较简单。但这一方法没有考虑各辅助生产车间之间相互提供劳务的情况，因而其分配结果的准确性不高，一般适宜在辅助生产车间内部相互提供产品或劳务不多、不进行费用的交互分配，对辅助生产成本和基本生产车间的产品成本影响不大的情况下采用。

（二）一次交互分配法

一次交互分配法对各辅助生产车间的成本费用进行两次分配：首先，根据各辅助生产车间、部门相互提供的产品或劳务的数量和交互分配前的单位成本（费用分配率），在各辅助生产车间之间进行一次交互分配，即对内分配；然后，将各辅助生产车间、部门交互分配后的实际费用（交互分配前的费用加上交互分配转入的费用，减去交互分配转出的费用），再按提供产品和劳务的数量及交互分配后的单位成本（费用分配率），在辅助生产车间、部门以外的各受益单位进行分配，即对外分配。

其分配原则是：先对内，后对外。

其计算公式为：

① 交互分配的计算公式为：

$$\text{交互分配费用分配率}=\frac{\text{某辅助生产车间发生的费用}}{\text{辅助生产车间提供的劳务总量}}$$

$$\text{某辅助生产车间应负担的辅助生产费用}=\text{该辅助生产车间受益的劳务数量}\times\text{交互分配费用分配率}$$

② 对外分配的计算公式为：

$$\text{辅助生产费用分配率}=\frac{\text{某辅助生产车间交互分配后的费用}}{\text{辅助生产车间以外的各受益对象的受益总量}}$$

$$\text{辅助生产车间以外的各受益对象应负担的辅助生产费用}=\text{该受益对象的受益数量}\times\text{辅助生产费用分配率}$$

其中，

$$\text{交互分配后的费用}=\text{辅助生产车间发生的费用}+\text{交互分配转入的费用}-\text{交互分配转出的费用}$$

工作实例 3-3 根据工作实例 3-2 资料，按一次交互分配法分配辅助生产费用，如表 3-5 所示。

表 3-5 辅助生产费用分配表（一次交互分配法）

2017 年 5 月　　元

项目			交互分配			对外分配		
			机修	运输	合计	机修	运输	合计
待分配费用			23 000	13 500	36 500	22 510	13 990	36 500
劳务数量			2 500	6 000		2 300	5 400	
费用分配率			9.2	2.25		9.787 0	2.590 7	
辅助生产车间耗用	机修车间	数量		600				
		金额		1 350	1 350			1 350
	运输车间	数量	200					
		金额	1 840		1 840			1 840
基本生产车间耗用	A 产品耗用	数量				1 600	3 000	
		金额				15 659.2	7 772.1	23 431.3
	车间一般耗用	数量				400	1 000	
		金额				3 914.8	2 590.7	6 505.5
行政管理部门耗用		数量				300	1 400	
		金额				2 936	3 627.2	6 563.2
分配金额合计						22 510	13 990	36 500

在辅助生产费用分配表中，对外分配的待分配费用计算结果如下。

机修车间：23 000 − 1 840 + 1 350 = 22 510（元）

运输车间：13 500 − 1 350 + 1 840 = 13 990（元）

对外分配的劳务数量计算结果如下。

机修车间：2 500 − 200 = 2 300（小时）

运输车间：6 000 − 600 = 5 400（吨公里）

根据辅助生产费用分配表，编制会计分录如下。

（1）交互分配的会计分录

借：辅助生产成本——机修车间　　1 350

　　　　　　　　——运输车间　　1 840

贷：辅助生产成本——运输车间　　1 350

　　　　　　　　——机修车间　　1 840

（2）对外分配的会计分录

借：基本生产成本——A产品——制造费用　　23 431.30

　　制造费用　　6 505.50

　　管理费用　　6 563.20

　　贷：辅助生产成本——机修车间　　22 510.00

　　　　　　　　　　——运输车间　　13 990.00

采用一次交互分配法分配辅助生产费用，在各辅助生产车间之间进行一次交互分配，提高了计算分配结果的准确性，但计算工作量比直接分配法有所增加。由于交互分配、对外分配的分配率（单位成本）不等，因此一次交互分配法计算的分配结果也不很准确。在各月辅助生产费用水平相差不大的情况下，为了简化计算工作，也可用上月的辅助生产单位成本作为本月交互分配的费用分配率。

（三）代数分配法

代数分配法是根据数学中解多元一次联立方程的原理，对辅助生产费用进行分配。采用这种方法，首先应计算出各辅助生产车间提供产品或劳务的实际单位成本，再依据各受益对象（包括各辅助生产单位之间相互提供产品或劳务）的受益数量或实际单位成本，计算确定各受益对象应负担的费用。

其分配原则是：按实际单位成本同时对全部受益对象分配费用。

其分配公式为：

$$\begin{matrix}\text{各受益对象应负}\\\text{担的辅助生产费用}\end{matrix}=\begin{matrix}\text{各该受益对象}\\\text{的受受数量}\end{matrix}\times\text{实际单位成本}$$

其中，劳务的实际单位成本根据列方程求得。方程式原理为：

$$\begin{matrix}\text{各受益对象应负}\\\text{担的辅助生产费用}\end{matrix}+\begin{matrix}\text{受益的}\\\text{劳务数量}\end{matrix}\times\begin{matrix}\text{受益劳务的}\\\text{实际单位成本}\end{matrix}=\begin{matrix}\text{提供的}\\\text{劳务总量}\end{matrix}\times\begin{matrix}\text{提供劳务的}\\\text{实际单位成本}\end{matrix}$$

工作实例 3-4　根据工作实例3-2的资料，按代数分配法分配辅助生产费用。

假定修理车间每小时的实际单位成本为 x，运输车间每吨公里的实际单位成本为 y，则可联立下列二元一次方程组

$$\begin{cases}23\,000+600y=2\,500x\\13\,500+200y=6\,000y\end{cases}$$

解之得

$$\begin{cases}x\approx 9.8185\\y\approx 2.5771\end{cases}$$

编制辅助生产费用分配表如表3-6所示。

表 3-6　辅助生产费用分配表（代数分配法）

2017 年 5 月　　元

<table>
<tr><td colspan="3">辅助生产车间名称</td><td>机修车间</td><td>运输车间</td><td>合计</td></tr>
<tr><td colspan="3">待分配费用</td><td>23 000</td><td>13 500</td><td>36 500</td></tr>
<tr><td colspan="3">劳务数量</td><td>2 500</td><td>6 000</td><td></td></tr>
<tr><td colspan="3">实际单位成本</td><td>9.818 5</td><td>2.577 1</td><td></td></tr>
<tr><td rowspan="4">辅助生产车间耗用</td><td rowspan="2">机修车间</td><td>数量</td><td></td><td>600</td><td></td></tr>
<tr><td>金额</td><td></td><td>1 546.26</td><td>1 546.26</td></tr>
<tr><td rowspan="2">运输车间</td><td>数量</td><td>200</td><td></td><td></td></tr>
<tr><td>金额</td><td>1 963.70</td><td></td><td>1 963.70</td></tr>
<tr><td rowspan="4">基本生产车间耗用</td><td rowspan="2">A 产品耗用</td><td>数量</td><td>1 600</td><td>3 000</td><td></td></tr>
<tr><td>金额</td><td>15 709.60</td><td>7 731.30</td><td>23 440.90</td></tr>
<tr><td rowspan="2">车间一般耗用</td><td>数量</td><td>400</td><td>1 000</td><td></td></tr>
<tr><td>金额</td><td>3 927.40</td><td>2 577.10</td><td>6 504.50</td></tr>
<tr><td colspan="2" rowspan="2">行政管理部门耗用</td><td>数量</td><td>300</td><td>1 400</td><td></td></tr>
<tr><td>金额</td><td>2 945.56※</td><td>3 609.04※</td><td>6 554.60</td></tr>
<tr><td colspan="3">分配金额合计</td><td>24 546.26</td><td>15 463.70</td><td>40 009.96</td></tr>
</table>

※ 尾差记入“管理费用”账户。

行政管理部门应分配的修理费用 = 23 000 + 1 546.26 − 1 963.7−15 709.6−3 927.4=2 945.56（元）

行政管理部门应分配的运输费用 = 13 500 + 1 963.7−1 546.26−7 731.3−2 577.1 = 3 609.04（元）

根据辅助生产费用分配表，编制会计分录如下。

借：辅助生产成本——机修车间　　1 546.26

　　　　　　　　——运输车间　　1 963.70

　　基本生产成本——A 产品——制造费用　　23 440.90

　　制造费用　　6 504.50

　　管理费用　　6 554.60

　　贷：辅助生产成本——机修车间　　24 546.26

　　　　　　　　　　——运输车间　　15 463.70

代数分配法是所有辅助生产费用分配方法中计算结果最准确的一种，但在辅助生产车间较多的企业中，计算工作比较繁琐复杂，因此，这种方法在已经实现电算化的企业中采用比较适宜。

（四）计划成本分配法

采用计划成本分配法分配辅助生产费用，分两步处理：第 1 步，各辅助生产车间按计划单位成本对全部受益对象进行费用分配；第 2 步，计算辅助生产实际成本同计划成本之间的差异，并将差异全部记入“管理费用”账户。

其分配原则是：按计划成本对全部受益对象分配费用；结转成本差异。

其计算公式为：

$$\text{各受益对象应负担的辅助生产费用}=\text{各该受益对象的受益数量}\times\text{单位计划成本}$$

$$\text{辅助生产车间成本差异}=\text{辅助生产车间发生的费用}+\text{交互分配转入的费用}-\text{按计划单位成本分配转出的总计划费用}$$

$$=\text{辅助生产车间实际总成本}-\text{辅助生产车间计划总成本}$$

工作实例 3-5 根据工作实例 3-2 资料，假设机修车间和运输车间的计划单位成本分别为 10 元/小时和 2.55 元/吨公里。

按计划成本分配法分配辅助生产费用，如表 3-7 所示。

表 3-7 辅助生产费用分配表（计划成本分配法）

2017 年 5 月　　元

项　目		机修车间		运输车间		合　计
		数　量	金　额	数　量	金　额	
待分配的费用和数量		2 500	23 000	6 000	13 500	36 500
计划单位成本			10		2.55	
辅助生产车间	机修车间			600	1 530	1 530
	运输车间	200	2 000			2 000
基本生产车间	A 产品耗用	1 600	16 000	3 000	7 650	23 650
	车间一般耗用	400	4 000	1 000	2 550	6 550
行政管理部门		300	3 000	1 400	3 570	6 570
按计划单位成本分配合计		25 000		15 300		40 300
辅助生产实际成本		24 530		15 500		40 030
成本差异		470（红字）		200		270（红字）

在辅助生产费用分配表中，辅助生产实际成本的计算过程如下。

机修车间实际成本：23 000 + 1 530 = 24 530（元）

运输车间实际成本：13 500 + 2 000 = 15 500（元）

辅助生产成本差异的计算过程如下。

机修车间成本差异：24 530－25 000 =－470（元）

运输车间成本差异：15 500－15 300 = 200（元）

根据辅助生产费用分配表，编制会计分录如下。

（1）按计划成本分配

借：辅助生产成本——机修车间	1 530
——运输车间	2 000
基本生产成本——A 产品——制造费用	23 650
制造费用	6 550
管理费用	6 570

贷：辅助生产成本——机修车间　　25 000

——运输车间　　15 300

（2）结转成本差异

借：管理费用　　270

贷：辅助生产成本——机修车间　　470

——运输车间　　200

采用计划成本分配法，各辅助生产车间提供产品或劳务的计划单位成本是事先计算确定的，只要统计出辅助生产车间向各受益对象提供的产品或劳务数量，便可依据计划单位成本进行费用分配，而不必等到各辅助生产车间本期实际成本的计算确定，从而加快了成本计算工作。按计划成本分配辅助生产费用，排除了辅助生产实际费用对各受益对象成本的影响，便于考核和分析各受益对象成本计划的执行情况。但采用这种分配方法，各辅助生产车间提供产品或劳务制定的计划单位成本必须比较准确，否则会影响各受益对象成本的准确计算。

（五）顺序分配法

顺序分配法是指各辅助生产车间之间的费用分配是按照受益多少的顺序依次排列，受益少的排在前，先将费用分配出去，受益多的排在后，后将费用分配出去。顺序分配法的辅助生产费用分配表的下线呈梯形，因而这种方法也称为梯形分配法。在上例中，机修车间受益费用较少，而运输车间受益费用较多，所以可以按照机修——运输的顺序排列，先分配机修费用，后分配运输费用。

工作实例 3-6 根据工作实例 3-2 资料，按顺序分配法分配辅助生产费用，如表 3-8 所示。

表 3-8 辅助生产费用分配表（顺序分配法）

2017 年 5 月　　元

分配顺序	辅助生产车间						基本生产				行政部门		分配金额合计
	机修车间			运输车间			A 产品		生产车间				
	数量	待分配费用	分配率	数量	待分配费用	分配率	数量	金额	数量	金额	数量	金额	
分配修理费	2 500	23 000		6 000	13 500								36 500
	2 500	-23 000	9.2	200	1 840		1 600	14 720	400	3 680	300	2 760	—
分配运输费				5 400	-15 340	2.84	3 000	8 520	1 000	2 840	1 400	3 980	—
分配金额合计								23 240		6 520		6 740	36 500

（1）分配机修费用

借：辅助生产成本——运输车间　　1 840

基本生产成本——A 产品　　14 720

制造费用　　3 680
管理费用　　2 760
贷：辅助生产成本——机修车间　　23 000

（2）分配运输费用

借：基本生产成本——A产品　　8 520
制造费用　　2 840
管理费用　　3 980
贷：辅助生产成本——运输车间　　15 340

采用这种方法，辅助生产费用既要分配给辅助生产以外的受益单位，又要分配给排列在后面的其他辅助生产车间、部门，因而增加了计算工作量，但较之交互分配法简化。由于是单向分配，即排列在前面的辅助生产车间不负担排列在后面的辅助生产车间的费用，因此分配的结果不够准确。这种方法只适用于各辅助生产车间之间相互受益程度有着明显顺序的企业。

项目小结

辅助生产是指为基本生产车间和企业管理部门及其他部门等单位服务而进行的产品生产和劳务供应。辅助生产车间因提供产品或劳务而发生的费用称为辅助生产费用。

① “辅助生产成本”账户核算辅助生产车间发生的各项费用，它一般应按车间及产品或劳务的种类设置明细账，账内按照成本项目或费用项目设置专栏，进行明细核算，期末一般无余额。

② 辅助生产费用的归集是指对各辅助生产车间发生的各项生产费用进行会计处理，并将辅助生产费用登记在“辅助生产成本”明细账户中，最终计算出本期借方发生额。

③ 辅助生产车间发生的费用应在基本生产车间、企业管理部门等各受益对象之间进行分配，分配方法主要有直接分配法、一次交互分配法、代数分配法、计划成本分配法和顺序分配法等，企业应根据辅助生产规模大小、发生费用的多少、定额管理水平高低、会计电算化等因素选择恰当的分配方法，正确分配辅助生产成本。

项目四

制造费用的归集和分配

职业能力目标

通过本项目的学习，熟悉制造费用的概念和内容；掌握制造费用的归集和分配方法；正确完成制造费用的归集和分配，提供真实准确的成本信息。

典型工作任务

制造费用的归集；制造费用的分配原理；生产工人工时比例法；生产工人工资比例法；机器工时比例法；年度计划分配率法。

任务一 制造费用的归集

任务引例

春明纸业股份有限公司是一家造纸企业，每生产1吨纸张需要300～400吨的水，同时又产生大量的废水。我国目前的环境保护法规定，企业需要进行污水处理，同时支付环境保护费。这些费用每年将近1 000多万元，企业会计人员将发生的环境治理和保护的费用均计入当期损益即“管理费用”科目。你认为这样处理正确吗？

职业判断与业务操作

按照财政部2006年颁布的《企业会计准则——基本准则》的规定，企业指企业根据环保部门的规定交纳的排污费用，以及超标准排污加收的排污费应该计入管理费用。财政部2013年颁布的《企业产品成本核算制度（试行）》第九条第二款规定：弃置费用和排污费等有关环境保护及生态恢复支出应该计入工业企业的制造费用。显然，两个法规对排污费的处理是存在差异的。但按照法规适用范围而言，企业《企业会计准则——基本准则》是解决共性问题，而《企业产品成本核算制度（试行）》是解决个性问题。因此，工业企业（包括制造业、采矿业、电力燃气及水的生产和供应业等行业）发生的环境保护费应记入“制造费用”科目进行核算。

一、制造费用的含义和内容

（一）制造费用的含义

制造费用是企业生产车间（部门）为生产产品和提供劳务而发生的，应该计入产品成本，但没有专设成本项目的各项生产费用。

① 制造费用大部分是间接用于产品生产的费用。例如，机物料消耗、车间生产用房屋和建筑物的折旧费、租赁费和保险费，车间生产用的照明费、取暖费、运输费、劳动保护费，以及季节性停工和生产用固定资产修理期间的停工损失等。

② 直接用于产品生产，但管理上不要求或核算上不便于单独核算，因而没有专设成本项目的费用。例如，机器设备的折旧费、租赁费和保险费，生产工具摊销，设计制图费和试验检验费等。

③ 车间用于组织和管理生产的费用。例如，车间管理用房屋和建筑物的折旧费、车间管理人员的薪酬、车间办公费、差旅费等。

（二）制造费用的内容

按照财政部2013年颁布的《产品成本核算制度（试行）》的规定，工业企业的制造费用包括以下支出。

① 生产部门发生的机物料消耗。

② 生产部门管理人员的职工薪酬。

③ 产品生产用固定资产或生产场地的折旧费、租赁费等。

④ 生产部门的办公费、水电费等。

⑤ 季节性和修理期间的停工损失。

⑥ 产品生产用的自行开发或外购的无形资产摊销。

⑦ 同产品生产直接相关的税金。

⑧ 有关资源的使用费。

⑨ 弃置费用和排污费等有关环境保护及生态恢复的支出。

⑩ 为购进或生产产品发生的符合资本化条件的借款费用。

⑪ 应分期计入产品成本的技术转让费，包括许可证费、设计费，以及为制造引进产品而支付的职工技术培训费。

⑫ 企业按照规定可以计入产品成本的测试手段等支出。

制造费用由于大多同产品的生产工艺没有直接关系，而且一般是间接计入费用的，所以不能或不便于按照产品制定定额。当制造费用发生时，只能按照车间、部门和费用项目先进行归集，月终时再采用一定的方法在各成本计算对象间进行分配，计入各成本计算对象的成本中。因此，正确归集和分配制造费用，对于产品成本计算及成本管理和控制具有非常重要的意义。

二、制造费用的账户设置

制造费用的归集和分配应通过“制造费用”账户进行。“制造费用”科目，核算企业生产车间（部门）为生产产品和提供劳务而发生的各项间接费用。生产车间发生的机物料消耗、管理人员的工资等职工薪酬、计提的固定资产折旧、支付的办公费和水电费，发生季节性的停工损失等记入本科目的借方，将制造费用分配计入有关的成本核算对象，记入本科目的贷方。季节性生产企业，制造费用全年实际发生额同分配额的差额（除其中属于为下一年开工生产做准备的可留待下一年分配外，其余部分按实际发生额同分配额的差额），计入基本生产成本。除季节性的生产企业外，本科目期末应无余额。本科目可按不同的生产车间、部门和费用项目进行明细核算。

小思考 4-1　制造费用账户月末一定没有余额吗？

解析：在生产工人工时、生产工人工资和机器工时比例分配法下，“制造费用”账户一般没有期末余额。如果使用按年度计划分配率分配法，实际发生的制造费用同按年度计划分配率分配转出的制造费用不一致，就会使“制造费用”账户有借方或贷方余额。借方余额表示超过计划的预付费用，属于待摊费用，为资产；贷方余额表示按照计划应付而未付的费用，属于预提费用，为负债。

三、制造费用的归集

为了分析和考核各生产车间及分厂制造费用预算的执行情况，应分别设置各生产车间和分厂制造费用明细分类账户，反映各生产车间制造费用的发生和分配情况。同时，在制造费用明细账户中按照费用的明细项目设置专栏。同行业的明细项目应力求统一，同时一旦确定了明细项目，就不宜经常改变。制造费用明细账如表 4-1 所示。

表 4-1 制造费用明细账

车间名称： 元

年		凭证号数	摘 要	费用名称								
月	日			材料费	职工薪酬	水电费	折旧费	机物料消耗	保险费	办公费	其 他	合 计

制造费用的归集，是按月进行的，并通过“制造费用”明细账户的借方归集由基本生产车间发生的各项间接生产费用。其具体表现如下。

① 基本生产车间发生的机物料消耗，借记“制造费用”科目，贷记“原材料”科目。

② 发生的车间管理人员的职工薪酬，借记“制造费用”科目，贷记“应付职工薪酬”等科目。

③ 车间计提的固定资产折旧，借记“制造费用”科目，贷记“累计折旧”科目；

④ 车间支付的办公费、水电费等，借记“制造费用”科目，贷记“银行存款”等科目；

⑤ 发生季节性和修理期间的停工损失，借记“制造费用”科目，贷记“原材料”“应付职工薪酬”“银行存款”等科目。

工作实例 4-1 菲德环保公司设有第一、第二两个基本生产车间，第一、第二生产车间的制造费用明细账如表 4-2 和表 4-3 所示。

表 4-2 制造费用明细账

车间：第一生产车间 元

2017 年		摘 要	机物料消耗	动力费	职工薪酬	折旧费	办公费	水电费	其他支出	小 计
月	日									
6	30	原材料费用分配表	2 100							2 100
	30	动力费用分配表		600						600
	30	应付职工薪酬分配表			12 000					12 000
	30	折旧费用分配表				2 200				2 200
	30	辅助生产费用分配表						3 140		3 140
	30	付款凭证					160		220	380
	30	合 计	2 100	600	12 000	2 200	160	3 140	220	20 420
		分配转出	2 100	600	12 000	2 200	160	3 140	220	20 420

表 4-3 制造费用明细账

车间：第二生产车间 元

2017 年		摘 要	机物料消耗	动力费	职工薪酬	折旧费	办公费	水电费	其他支出	小 计
月	日									
6	30	原材料费用分配表	1 100							1 100
	30	动力费用分配表		200						200
	30	应付职工薪酬分配表			11 000					11 000

（续表）

2017年		摘 要	机物料消耗	动力费	职工薪酬	折旧费	办公费	水电费	其他支出	小 计
月	日									
	30	折旧费用分配表				1 800				1 800
	30	辅助生产费用分配表						2 110		2 110
	30	付款凭证					90		280	370
	30	合 计	1 100	200	11 000	1 800	90	2 110	280	16 580
		分配转出	1 100	200	11 000	1 800	90	2 110	280	16 580

2017年6月制造费用归集的账务处理如下。

（1）根据原材料费用分配表，第一生产车间应负担的机物料消耗费用为 2 100元，第二生产车间为 1 100元。其会计分录如下。

借：制造费用——第一生产车间　　2 100

　　　　　　——第二生产车间　　1 100

　贷：原材料　　3 200

（2）根据动力费用分配表，第一生产车间一般性耗用外购动力费用为 600元，第二生产车间为 200元。其会计分录如下。

借：制造费用——第一生产车间　　600

　　　　　　——第二生产车间　　200

　贷：应付账款　　800

（3）根据应付职工薪酬分配表，第一生产车间管理人员工资为 13 000元，第二生产车间为 11 000元。其会计分录如下。

借：制造费用——第一生产车间　　12 000

　　　　　　——第二生产车间　　11 000

　贷：应付职工薪酬　　23 000

（4）根据固定资产折旧费用分配表，本月第一生产车间应提取折旧费 2 200元，第二生产车间 1 800元。其会计分录如下。

借：制造费用——第一生产车间　　2 200

　　　　　　——第二生产车间　　1 800

　贷：累计折旧　　4 000

（5）根据辅助生产费用分配表，本月应负担水电费第一生产车间为 3 140元，第二生产车间为 2 110元。其会计分录如下。

借：制造费用——第一生产车间　　3 140

　　　　　　——第二生产车间　　2 110

　贷：辅助生产成本　　5 250

（6）本月用银行存款支付其他费用为：第一生产车间办公费 160元，劳动保护费 120元，其他支出 100元；第二生产车间办公费 90元，劳动保护费 100元，其他支出 180元。

其会计分录如下。

借：制造费用——第一生产车间　　380

——第二生产车间　　370

贷：银行存款　　750

任务二 制造费用的分配

任务引例

日新电器公司是一家电器生产企业，主要生产特种照明设备（如机场、商场、娱乐场所等的照明设备）和普通照明设备，如日光灯、节能灯、感应灯等。车间发生的制造费用一直采用生产工人工资比例法进行分配。随着科学技术的进步，照明设备的科技含量不断提高，同一车间生产的产品价格差距很大。崔薇在会计专业毕业后应聘到该企业担任成本核算岗位，她仔细阅读会计历史数据，现场考察照明设备生产工艺后，向财务经理提出，特种照明设备采用订单生产，批量小，人手多，自动化水平不高；而普通照明设备是全新的自动化生产线，大批生产，操作人员少。因此，应改变制造费用分配方法，将原来的按生产工人工资比例法改为机器生产工时比例法。

职业判断与业务操作

财务经理应该采纳成本会计核算员崔薇的建议。特种照明设备生产批量小，自动化水平不高，主要是劳动密集型产品生产，采用生产工人工资比例法进行分配比较合理；普通照明设备是全新的自动化生产线，大批生产，操作人员少，仪器仪表记录准确，制造费用采用机器生产工时比例法分配更加合理。

一、制造费用分配的标准

如果某生产单位只生产一种产品或只提供一种劳务，那么该生产单位归集的制造费用全部由该产品或劳务负担，计入该产品或劳务的成本，不存在分配的问题；如果某生产单位生产多种产品或提供多种劳务，归集的制造费用就应采用适当的分配方法转入该车间、部门的各种产品或劳务的成本中。由于各车间制造费用水平不同，所以制造费用应该按照各车间分别进行分配，而不得将各车间的制造费用统一起来在整个企业范围内进行分配，也就是说制造费用的分配一般应按生产车间或部门进行。

制造费用分配的关键是要选择合适的分配标准。一般情况下，应选择同制造费用有密切联系，资料比较容易取得，易于正确计量的分配标准。企业应根据各生产车间和分厂组织及管理生产活动的特点、性质，选择合理的分配标准和恰当的分配方法。

制造费用分配标准的选择应遵循的原则如下。

① 相关性原则。即被选择的分配标准应该是各分配对象所共同相关的主要因素，以便各分配对象都能分配到这种费用，避免发生遗漏现象。

② 受益原则。被选择的分配标准应当和被分配的费用之间存在因果关系，即发生的制造费用，谁受益谁负担，多受益多负担，少受益少负担。这样可以使得费用在各受益对象之间能得到合理的分配。

③ 相对稳定性原则。由于制造费用是一种混合费用，任何一种分配标准都不可能同制造费用保持正比例或反比例关系，所以任何分配标准的选择都具有主观随意性。选择不同的分配标准将产生不同的分配结果，因此，分配标准一经选用，不得随意变更，以便同各期成本进行比较。

二、制造费用分配的方法

分配制造费用的方法很多，通常采用的方法有：生产工人工时比例法、生产工人工资比例法、机器工时比例法和年度计划分配率法等。企业具体采用哪种分配方法，由企业自行决定。分配方法一经确定，不得随意变更，如果需变更，应当在会计报表附注中予以说明。

（一）生产工人工时比例法

生产工人工时比例法是指按照各种产品所用生产工人实际工时数的比例分配制造费用的方法。这种方法能够将劳动生产率同产品负担的费用水平联系起来，使分配结果较为合理。

其计算公式为：

$$\text{制造费用分配率}=\frac{\text{本期发生的实际制造费用}}{\text{该车间生产工人工时数量}}$$

$$\text{某产品应负担制造费用}=\text{制造费用分配率}\times\text{该产品生产工人工时}$$

工作实例 4-2 承工作实例 4-1，菲德环保公司第一基本生产车间生产甲、乙两种产品，本月份甲产品生产工人工时 15 000 小时，乙产品生产工人工时 5 000 小时，制造费用为 20 420 元。

按该生产工人工时比例分配制造费用，计算分配如下。

$$\text{制造费用分配率}=\frac{20\,420}{15\,000+5\,000}=1.021\text{（元/小时）}$$

$$\text{甲产品负担的制造费用}=1.021\times15\,000=15\,315\text{（元）}$$

$$\text{乙产品负担的制造费用}=1.021\times5\,000=5\,105\text{（元）}$$

编制制造费用分配表如表 4-4 所示。

表 4-4 制造费用分配表

车间：第一基本生产车间　　　　2017 年 6 月　　　　元

借方账户	生产工人工时	分配率	分配金额
基本生产成本——甲产品	15 000		15 315
——乙产品	5 000		5 105
合计	20 000	1.021	20 420

根据制造费用分配表，编制会计分录如下。

借：基本生产成本——甲产品——制造费用　　　　15 315

——乙产品——制造费用　　　　5 105

贷：制造费用——第一生产车间　　　　20 420

（二）生产工人工资比例法

生产工人工资比例法是指按照计入各种产品成本的生产工人实际工资的比例分配制造费用的方法。由于工资成本分配表可以直接提供生产工人工资资料，因此采用这种分配方法核算工作比较简便。它适用于各种产品生产的机械化程度相差不大的产品。

这种方法以各种（批、类）产品所耗用的生产工人工资成本作为标准进行制造费用的分配。其计算公式为：

$$制造费用分配率=\frac{本期发生的实际制造费用}{该车间生产工人工资总额}$$

$$某产品负担的制造费用=\text{制造费用分配率}\times\text{该产品生产工人工资}$$

工作实例 4-3 承工作实例 4-1，菲德环保公司第二基本生产车间生产 A、B 两种产品。本月份甲产品生产工人工资为 8 000 元，乙产品生产工人工资为 4 500 元，制造费用为 16 580 元。

按该生产工人工资比例分配制造费用，计算分配如下。

$$制造费用分配率=\frac{16\,580}{8\,000+4\,500}=1.3264$$

A 产品负担的制造费用 = 1.326 4 × 8 000 = 11 611.20（元）

B 产品负担的制造费用 = 1.326 4 × 4 500 = 5 968.80（元）

编制制造费用分配表如表 4-5 所示。

表 4-5　制造费用分配表

车间：第二基本生产车间　　　　2017 年 6 月　　　　元

借方账户	生产工人工资	分配率	分配金额
基本生产成本——A 产品	8 000		11 611.20
——B 产品	4 500		5 968.80
合计	12 000	1.326 4	16 580.00

根据制造费用分配表，编制会计分录如下。

借：基本生产成本——A 产品——制造费用　　　　11 611.20

——B 产品——制造费用　　　　5 968.80

贷：制造费用——第二生产车间　　　　16 580

（三）机器工时比例法

机器工时比例法是指按照生产各种产品所用机器设备运转时间的比例分配制造费用的方法。这种方法适用于产品生产的机械化程度较高的车间，因为在这种车间中，折旧费用、修理费用的大小同机器运转的时间有密切的联系。采用这种方法，必须具备各种产品所用机器工时的原始记录，以保证工时的准确性。该方法的计算程序、原理与生产工时比例法基本相同。其计算公式为：

$$\text{制造费用分配率}=\frac{\text{本期发生的制造费用总额}}{\text{该机器生产工时总数}}$$

$$\text{某产品负担的制造费用}=\text{制造费用分配率}\times\text{该产品所用机器工时数}$$

（四）年度计划分配率法

年度计划分配率法是指按照年度开始前确定的全年度适用的计划分配率分配制造费用的方法。采用这种方法，不管各月实际发生的制造费用是多少，每月各种产品成本中的制造费用都按年度计划确定的计划分配率来分配，“制造费用”余额等到年末再调整。但是，年度内如果发现全年制造费用的实际数同计划数有较大差额，应及时调整计划分配率。假定以定额工时作为分配标准，其计算公式为：

年度计划分配率=年度制造费用计划总额÷年度各种产品计划产量的定额工时总数

某月某产品应负担的制造费用=该月该产品实际产量的定额工时数×年度计划分配率

通过上式可以发现，分配给本期某产品的制造费用采用的是年度计划分配率，而没有使用实际分配率。因此，在这种分配方法下，“制造费用”科目平时各月份可能有余额，余额可能在借方，也可能在贷方。这个差异平时一般不调整，除非出现差异异常。年末，将其制造费用余额分配结转到“基本生产成本”科目的借方，如果实际发生的制造费用大于按年度计划分配率分配的制造费用，用蓝字结转；反之，用红字结转。这种方法适用于季节性生产的企业。

小思考 4-2 如果某车间生产两个产品，年末该车间制造费用账户有借方余额，应如何分配给本车间生产的产品？

解析： 年末制造费用账户有借方余额，表示实际发生的制造费用大于按计划分配的费用。如果车间有两种产品，每种产品应分配负担的“制造费用”账户余额=按年度计划分配率分配某种产品已负担的制造费用÷年度制造费用计划总额×“制造费用”账户借方余额，然后将其制造费用余额分配结转到“基本生产成本”科目的借方。

工作实例 4-4 黄河工厂一车间 2017 年全年制造费用预算为 446 600 元。全年各种产品计划产量为：甲产品 3 200 件，乙产品 12 000 件，丙产品 2 000 件；单位产品工时定额为：甲产品 6 小时，乙产品 4 小时，丙产品 7 小时。2017 年 1 月实际发生制造费用 31 000 元，1 月份实际产量为：甲产品 720 件，乙产品 1 000 件，丙产品 150 件。

要求：

（1）计算 2017 年制造费用计划分配率。

（2）分配 2017 年 1 月份的制造费用。

（3）计算 2017 年 1 月制造费用的余额。

根据题意，计算如下。

全年定额总工时=3 200×6+12 000×4+2 000×7=81 200（小时）

$$制造费用计划分配率=\frac{446\,600}{81\,200}=5.5（元/小时）$$

1月份，分配制造费用如下。

甲产品应分配 720×6×5.5=23 760（元）

乙产品应分配 1 000×4×5.5=22 000（元）

丙产品应分配 150×7×5.5=5 775（元）

会计分录为：

借：基本生产成本——甲产品——制造费用　　23 760
　　　　　　　　——乙产品——制造费用　　22 000
　　　　　　　　——丙产品——制造费用　　5 775
　贷：制造费用　　51 535

1月份实际制造费用 31 000元，已分配 51 535元，贷方差额为 20 535元，保留在“制造费用”账户中，需要通过以后各月发生的制造费用进行调整。

按年度计划分配率分配法分配制造费用，计算过程比较简便，也有利于成本费用的日常控制。但是计划分配率的确定必须接近实际，如果计划分配率同实际分配率差异较大，就会影响产品成本计算的正确性。在季节性生产企业，由于生产的淡季和旺季月产量差异较大，一般应采用按年度计划分配率分配法分配制造费用，以便成本考核和分析。

项 目 小 结

制造费用是企业生产车间（部门）为生产产品和提供劳务而发生的各项间接费用，包括各个生产车间发生的机物料消耗、生产车间（部门）管理人员的工资和福利费等职工薪酬、折旧费、办公费、水电费、季节性停工损失等。

制造费用属于应计入产品成本但不专设成本项目的各项成本，一般是间接计入成本。制造费用应按费用发生的生产车间、部门和费用项目先进行归集，月终时再采用一定的方法在各成本计算对象间进行分配，计入各成本计算对象的成本中。制造费用的归集和分配应通过“制造费用”账户进行。除季节性的生产性企业外，本科目期末应无余额。本科目可按不同的生产车间、部门和费用项目进行明细核算。

如果某生产单位只生产一种产品或只提供一种劳务，那么该生产单位归集的制造费用全部由该产品负担，计入该产品的成本；如果生产多种产品或提供多种劳务，归集的制造费用就应采用适当的分配方法转入该车间、部门的各种产品或劳务的成本中。企业应当根据制造费用的性质，合理选择分配方法。通常采用的方法有：生产工人工时比例法、生产工人工资比例法、机器工时比例法和年度计划分配率法等。企业具体采用哪种分配方法，由企业自行决定。分配方法一经确定，不得随意变更，如果需要变更，应当在会计报表附注中予以说明。

项目五

生产损失的核算

职业能力目标

通过本项目的学习，了解废品损失和停工损失的内容，熟悉废品损失和停工损失的账户设置和核算原理，掌握废品损失和停工损失的核算方法。

典型工作任务

废品损失的核算；停工损失的核算。

任务一 废品损失的核算

任务引例

甲企业是一家工业企业，主要生产 A产品，本月生产 A产品的单位成本 150元。现发生以下业务。

① 在生产过程中发现废品 20件，预计单位修复费用 200元。

② 产品入库后发现废品 10件，预计单位修复费用 30元，回收的废品残料价值共计 60元。

③ 经过质量检验部门鉴定不需要返修，可以降价出售的不合格品 4件。

④ 由于保管不善而损坏的产品 5件。

请你确认甲企业本月的废品数量和废品损失各是多少。

职业判断与业务操作

① 甲企业本月的废品数量 30件，包括在生产过程中发现的废品 20件和产品入库后发现的废品 10件。经质量检验部门鉴定不需要返修，可以降价出售的不合格品和保管不善而损坏的产品不属于废品。

② 甲企业应确认的废品损失为 4 240元，包括在生产过程中发现的废品 4 000元和产品入库后发现的废品修复费用 240元。

一、废品损失及其处理程序

（一）废品损失的定义和范围

1．废品

生产中的废品，是指不符合规定的技术标准，不能按照原定用途使用，或者需要加工修理后才能使用的在产品、半成品或产成品。不论是在生产过程中发现的废品，还是入库后发现的废品，都应包括在内。

废品分为可修复废品和不可修复废品两种。可修复废品，是指经过修理可以使用，而且所花费的修复费用在经济上合算（必须同时具备这两个条件）；不可修复废品，是指不能修复，或者所花费的修复费用在经济上不合算（只需具备一个条件）。

2．废品损失

在管理上要求单独反映和控制废品损失的工业企业中，在进行成本核算时，还应进行废品损失的核算。

正确组织废品损失的核算，对于改进生产技术，提高产品质量，降低产品成本，都具有重要意义。

废品损失是指在生产过程中发现的和入库后发现的不可修复废品的生产成本，以及可修复废品的修复费用扣除回收的废品残料价值和应由过失单位或个人赔偿以后的损失。经过质量检验部门鉴定不需要返修，可以降价出售的不合格品的成本与合格品的成本相同，其降价损失应在计算销售损益时体现，不应作为废品损失处理。产成品入库后，由于保管不善等原因而损坏变质的损失，属于管理上的问题，应作为管理费用处理，也不作为废品损失处理。实行包退、包修、包换的“三包”企业，在产品出售以后出现废品所发生的一切损失，应计入销售费用，不包括在废品损失内。

（二）废品损失的处理程序

质量检验部门发现废品时，应该填制废品通知单，列明废品的种类、数量、产生废品的原因和过失人等。废品分为工废和料废两类：工废是由于工人操作上的原因造成的废品，属于操作工人的责任；料废是由于送来的加工原材料或半成品的质量不符合要求所造成的废品，不属于操作工人的责任。成本会计人员应该会同检验人员对废品通知单所列废品产生的原因和过失人等项目加强审核，只有经过审核的废品通知单，才能作为废品损失核算的依据。

（三）设置“废品损失”科目

为了单独核算废品损失，在会计科目应设置“废品损失”科目，在成本项目中应增设“废品损失”项目。

“废品损失”科目是为了归集和分配废品损失而设立的。该科目应按车间设立明细账，账内按产品品种分设专户，并按成本项目分设专栏或专行，进行明细核算。不可修复废品的生产成本和可修复废品的修复费用都应在“废品损失”科目的借方进行归集。

转出不可修复废品的生产成本时，借记“废品损失”科目，贷记“基本生产成本”科目；支付可修复废品修复费用时，借记“废品损失”科目，贷记“原材料”“应付职工薪酬”“制造费用”等科目；确认废品残料的回收价值和应收的赔款时，借记“原材料”“其他应收款”等科目，贷记“废品损失”科目。如果“废品损失”科目借方发生额大于贷方发生额的差额，就是废品损失，应分配转由本月同种产品的成本负担，借记“基本生产成本”科目，贷记“废品损失”科目。通过上述归集和分配，“废品损失”科目月末没有余额。

二、不可修复废品损失的核算

进行不可修复废品损失的核算，先应计算截至报废时已经发生的废品生产成本，然后扣除残值和应收赔款，计算出废品损失。不可修复废品损失的生产成本，可按废品所耗实际费用计算，也可按废品所耗定额费用计算。

（一）废品损失按所耗实际费用计算

在采用按废品所耗实际费用计算的方法时，由于废品报废以前发生的各项费用是同合格产品一起计算的，因此要将废品报废以前同合格产品计算在一起的各项费用，采用适当的分配方法在合格品和废品之间进行分配，计算出废品的实际成本，从“基本生产成本”科目的贷方转入“废品损失”科目的借方。

如果废品是在产品完工以后才被发现的，这时单位废品负担的各项生产费用应同单位合格产品完全相同，可按合格品产量和废品的数量比例分配各项生产费用。可以看出，废品损失按所耗实际费用计算符合实际，但核算工作量较大。

工作实例 5-1 某工业企业生产 A 产品 200 件，在生产过程中发现其中 2 件为不可修复废品。有关资料如下。

（1）该产品成本明细账所记合格品和废品共同发生的生产费用为：原材料费用 250 000 元，直接人工费用 49 400 元，制造费用 39 975 元，合计总成本 339 375 元。

（2）原材料是在生产开始时一次投入的。

（3）其他费用按生产工时比例分配。生产工时为：合格品 3 210 小时，废品 40 小时。

（4）废品回收的残料价值 300 元，已交仓库验收。

（5）应由过失人赔偿 500 元，款项尚未收到。

根据上述资料，应编制不可修复废品损失计算表如表 5-1 所示。

表 5-1 不可修复废品损失计算表

（按实际成本计算）

车间：×车间　　产品：A 产品　　2017 年 6 月 12 日　　元

项　目	数量/件	原材料	生产工时/小时	直接人工	制造费用	合　计
合格品和废品生产费用	200	250 000	3 250	49 400	39 975	339 375
费用分配率		1 250		15.2	12.3	
废品生产成本	2	2 500	40	608	492	3 600
减：残料价值		300				300
过失人赔偿				500		500
废品损失		2 200		108	492	2 800

根据不可修复废品损失计算表，应编制下列会计分录。

（1）转出废品损失的生产成本时

借：废品损失——A 产品　　3 600

　　贷：基本生产成本——A 产品——原材料　　2 500

　　　　　　　　　　　　　　　——直接人工　　492

　　　　　　　　　　　　　　　——制造费用　　608

（2）回收废品残料价值时

借：原材料　　300

　　贷：废品损失——A 产品　　300

（3）确认应收赔偿款时

借：其他应收款　　500

　　贷：废品损失——A 产品　　500

（4）结转废品净损失时

借：基本生产成本——A 产品——废品损失　　2 800

　　贷：废品损失——A 产品　　2 800

小思考 5-1　企业发生了废品损失，是否影响合格品的总成本和单位成本？

解析：废品净损失一般应由本月同种产品完工的产成品成本负担，所以废品损失的发生会使产成品单位成本升高。

（二）废品损失按所耗定额费用计算

在采用按废品所耗定额费用计算的方法时，废品的生产是按照废品的数量和各项费用定额计算的，而同实际费用无关。其他的会在计处理与废品损失按所耗实际费用计算相同。

工作实例 5-2　某工业企业生产 B 产品的过程中，产生 50 件为不可修复废品，按其所耗定额费用计算废品的生产成本。有关资料如下。

（1）原材料费用定额 200 元。

（2）已完成的定额工时 400 小时。

（3）每小时的职工薪酬 8 元，制造费用 12 元。

（4）废品回收的残料价值 1 100 元，已交仓库验收。

（5）应由过失人赔偿 1 200 元，款项尚未收到。

根据上述资料，应编制不可修复废品损失计算表如表 5-2 所示。

表 5-2　不可修复废品损失计算表

（按定额成本计算）

车间：×车间　　　　产品：B 产品　　　　2017 年 6 月 18 日　　　　元

项　目	数量/件	原 材 料	生产工时/小时	职工薪酬	制造费用	合　计
单位产品定额费用		200		8	12	
废品生产成本	50	10 000	400	3 200	4 800	18 000
减：残料价值		1 100				1 100
过失人赔偿				1 200		
废品损失		8 900		2 000	4 800	15 700

按废品的定额费用计算废品的定额成本，由于费用定额事先确定，不仅计算工作比较简便，而且还可以使计入产品成本的废品损失数额不受废品实际费用水平高低的影响。也就是说，废品损失只受废品数量差异（量差）的影响，不受废品成本差异（价差）的影响，从而有利于废品损失和产品成本的分析及考核。但是，采用这一方法计算废品损失生产成本，必须具备准确的消耗定额和费用定额的资料。

三、可修复废品损失的核算

可修复废品在返修之前发生的生产费用，不是废品损失，不必计算其生产成本，而应留在“基本生产成本”科目和所属有关产品成本明细账中，不必转出。

可修复废品的修复费用包括材料费用、人工费用和制造费用等。材料费用一般可以根据有关领料凭证直接确定；人工费用有的可以直接认定，有的需要根据修复废品实际消耗的工时和小时工资率计算确定；应负担的制造费用不能直接确定，一般可以根据修复废品实际消耗的工时和小时费用率计算确定。返修发生的各种费用，应根据前述各种费用分配表，记入“废品损失”科目的借方。确认废品残料的回收价值和应收的赔款时，借记“原材料”“其他应收款”等科目，贷记“废品损失”科目。废品修复费用减去残值和赔款后的净损失，应分配转由本月同种产品的成本负担，借记“基本生产成本”科目，贷记“废品损失”科目。通过上述归集和分配，“废品损失”科目月末没有余额。

工作实例 5-3 某工业企业在生产 C 产品的过程中，产生 10 件可修复废品，已修复验收入库。有关资料如下。

（1）根据本月耗用材料汇总表提供的资料，修复 C 产品领用材料实际成本 400 元。

（2）根据本月直接人工费用分配表提供的资料，修复 C 产品实际耗用 200 小时。

（3）每小时的直接人工 9.6 元，制造费用 10 元。

（4）按企业规定，应由过失人赔偿 1 500 元，款项尚未收到。

根据上述资料，任务处理如下。

（1）支付修复费用时

借：废品损失——C 产品	4 320	
贷：原材料		400
应付职工薪酬		1 920
制造费用		2 000

（2）确认应收赔偿款时

借：其他应收款	1 500	
贷：废品损失——C 产品		1 500

（3）结转废品净损失时

借：基本生产成本——C 产品——废品损失	2 820	
贷：废品损失——C 产品		2 820

任务二 停工损失的核算

任务引例

威力化工公司是一家生产洗涤用品的生产企业，4 月份发生以下业务。

① 4 月，在本市举办一个国际性的会议，按照地方人民政府的要求企业停工 7 天以减少环境污染。停工期间生产车间每天发生的职工薪酬、折旧和摊销及其他费用等 6 000 元。

② 由于电力故障停工 1 天。

③ 由于机器设备大修理停工 3 天。

请你确认威力化工公司本月的停工损失。

职业判断与业务操作

① 因在本市举办一个国际性的会议而迫使企业停工属于非正常停工，其停工期间的损失应记入“营业外支出”科目；由于电力故障停工1天不计算停工损失；由于机器设备大修理停工属于正常性停工，发生的损失记入“基本生产成本”科目。

② 本月应确定停工损失10天，每天损失6 000元，共计60 000元。其中，记入“营业外支出”科目42 000元，记入“基本生产成本”科目18 000元。

一、停工损失的定义及范围

在管理上要求单独反映和控制停工损失的工业企业中，在进行成本核算时，还应进行停工损失的核算。

停工损失是指在生产车间或车间内某个班组在停工期间发生的各项费用，包括停工期间发生的原材料费用、人工费用和制造费用等。应由过失单位和保险公司负担的赔款，应从停工损失中扣除。不满一个工作日的停工，一般不计算停工损失。

企业的停工可以分为正常停工和非正常停工。正常停工包括季节性停工、正常生产周期内的修理期间的停工、计划内减产停工等；非正常停工包括原材料或工具等短缺停工、设备故障停工、电力中断停工、自然灾害停工等。季节性停工、修理期间的正常停工费用在产品成本核算范围内，应计入产品成本；非正常停工费用应计入企业当期损益（营业外支出）。

二、停工损失的核算

在停工时，车间应该填写停工报告单，并在考勤记录中进行登记。会计部门和车间核算人员应对停工报告单所列停工范围、时数及其原因、过失单位或个人等事项进行审核，只有经过审核的停工报告单才能作为停工损失核算的依据。

停工损失可单独核算，也可直接反映在“制造费用”和“营业外支出”等科目中。辅助生产一般不单独核算停工损失。

① 单独核算停工损失的企业，应设置“停工损失”科目，在成本项目中增设“停工损失”项目，根据停工报告单和各种费用分配表、分配汇总表等有关凭证，将停工期间内发生的应列入停工损失的费用记入“停工损失”科目的借方进行归集；应由过失人员或保险公司负责的赔款，应从该科目的贷方转入“其他应收款”等科目的借方。期末，将停工净损失从该科目贷方转出，属于自然灾害的部分转入“营业外支出”科目的借方；应由本月产品成本负担的部分，则转入“基本生产成本”科目的借方；在停工的车间生产多种产品时，还要采用合理的分配标准，分配记入该车间各产品成本明细账的“停工损失”成本项目。“停工损失”科目月末应无余额。

② 不单独核算停工损失的企业，不设立“停工损失”科目，直接反映在“制造费用”和“营业外支出”等科目中。辅助生产一般不单独核算停工损失。

工作实例5-4 某工业企业加工车间本月停工5天，有关资料如下。

（1）停工期间应支付生产工人职工薪酬8 000元，应负担的制造费用6 000元。

（2）经查明，加工车间停工 5 天的主要原因是由于工人责任事故导致的，经质量检验部门认定，应由责任人赔偿5 000元，其余列入损失。

根据上述资料，任务处理如下。

（1）确认停工损失时

借：停工损失——加工车间　　14 000

　　贷：应付职工薪酬　　8 000

　　　　制造费用　　6 000

（2）确认应收赔偿款时

借：其他应收款　　5 000

　　贷：废品损失——C产品　　5 000

（3）结转停工净损失时

借：营业外支出　　9 000

　　贷：停工损失——加工车间　　9 000

项 目 小 结

废品损失是指在生产过程中发现的和入库后发现的不可修复废品的生活成本，以及可修复废品的修复费用，扣除回收的废品残料价值和应由过失单位或个人赔偿以后的损失。经过质量检验部门鉴定不需要返修，可以降价出售的不合格品的成本与合格品的成本相同。其降价损失，应在计算销售损益时体现，不应作为废品损失处理。产成品入库后，由于保管不善等原因而损坏变质的损失，属于管理上的问题，应作为管理费用处理，也不作为废品损失处理。实行包退、包修、包换“三包”的企业，在产品护手以后出现的废品所发生的一切损失，应计入销售费用，不包括在废品损失内。为了单独核算废品损失，在会计科目应设置“废品损失”科目，在成本项目中应增设“废品损失”项目。不可修复废品损失的核算，先应计算截至报废时已经发生的废品生产成本，然后扣除残值和应收赔款，计算出废品损失；不可修复废品损失的生产成本，可按废品所耗实际费用计算，也可按废品所耗定额费用计算。可修复废品在返修之前发生的生产费用，不是废品损失，不必计算其生产成本，而应留在“基本生产成本”科目和所属有关产品成本明细账中，不必转出。

停工损失是指在生产车间或车间内某个班组在停工期间发生的各项费用，包括停工期间发生的原材料费用、人工费用和制造费用等。应由过失单位和保险公司负担的赔款，应从停工损失中扣除。不满一个工作日的停工，一般不计算停工损失。企业的停工可以分为正常停工和非正常停工。单独核算停工损失的企业，应设置“停工损失”科目，在成本项目中增设“停工损失”项目，“停工损失”科目月末应无余额；不单独核算停工损失的企业，不设立“停工损失”科目，直接反映在“制造费用”和“营业外支出”等科目中。辅助生产一般不单独核算停工损失。

项目六

生产费用在完工产品和在产品之间的归集与分配

职业能力目标

通过本项目的学习，了解在产品收发结存核算及其同完工产品成本计算之间的联系，熟悉影响生产费用在完工产品和月末在产品之间分配的因素，掌握生产费用在完工产品和月末在产品之间分配的主要方法。

典型工作任务

在产品数量的确定；在产品同完工产品数量的关系；不计算在产品成本法；在产品按固定成本计价法；在产品按所耗直接材料成本计算法；在产品按定额成本计价法；在产品按完工产品成本计算法；约当产量比例法；定额比例法。

任务一 在产品数量的核算

任务引例

江淮汽车股份有限公司是一家制造汽车的大型企业，产品生产分步骤完成。第一车间是发动机车间，本月完工发动机 20 000 台，在产品 1 000 台；第二车间是汽车底盘生产车间，本月完工 21 000 个，在产品 1 050 个；第三车间为汽车装配车间，本月组装完成 18 600 辆，在产品 500 辆。

请你分别计算确定广义在产品和狭义在产品、广义完工产品和狭义完工产品的数量，并指出它们之间是如何对应的？

职业判断与业务操作

广义在产品是就整个企业来说的，是指从产品投产开始至尚未制成最终产品入库的一切产品；狭义在产品仅指正在各生产单位或车间加工的产品。

广义完工产品不仅包括本步骤或本车间生产完成的产品，也包括最后步骤生产完成的产品；狭义完工产品仅指最后步骤或成品车间生产完成的产品，即产成品。

显然，狭义完工产品同广义在产品匹配，广义完工产品同狭义在产品匹配，两者不可混淆。

根据该理论，我们可以得出江淮汽车股份有限公司各车间在产品和完工产品的数量，如表 6-1 所示。

表 6-1　各车间在产品与完工产品数量关系

车 间 名 称	狭义完工产品	广义在产品	广义完工产品	狭义在产品
发动机车间/台	18 600	2 400	20 000	1 000
底盘生产车间/个	18 600	3 450	21 000	1 050
装配车间/辆	18 600	500	18 600	500

一、在产品与完工产品之间的关系

（一）在产品的含义

简单地说，在产品就是尚未加工完成的产品，包括广义在产品和狭义在产品。

① 广义在产品是指从投产开始至尚未制成最终产品入库的一切产品，包括正在加工过程中的在制品、已完成一个或几个生产步骤还需继续加工的半成品、已完工但尚未入库的完工产品、正在返修或等待返修的废品等。广义在产品是就整个企业来说的。例如，某汽车生产企业，一车间生产汽车底盘，二车间生产发动机，三车间生产轮胎，四车间进行汽车装配。相对于汽车而言，前 3 个车间生产的完工产品和在产品都是广义的在产品。

② 狭义在产品仅指正在各生产单位或车间加工中的产品。本项目所讲的在产品是指广义在产品。

（二）完工产品的含义

在产品完成生产过程，验收入库以后，就成为完工产品。由于在产品有广义和狭义的区别，完工产品也有广义和狭义的不同：狭义完工产品仅指最后步骤或成品车间生产完成的产品，即产成品；广义完工产品不仅包括本步骤或本车间生产完成的产品，也包括最后步骤生产完成的产品。本项目所说的完工产品是指广义完工产品。

小思考 6-1　根据前面的任务引例，你是否已经理解了广义在产品和狭义在产品、广义完工产品和狭义完工产品之间的数量关系？

解析：狭义在产品是某生产步骤未实际加工完毕的“真实”在产品；广义在产品是在最后一个步骤未完工的本步骤半成品，包括狭义在产品和本步骤已完工最终步骤未完工的半成品。

（三）在产品数量和完工产品数量的关系

我们在基础会计中学习了中国古代的“四柱清册”，其计算公式为“旧管＋新收－开除＝实在”。从这个公式中，可以演变出下列公式。

期初结存＋本期收入＝本期减少＋期末库存

结合成本会计的特点，可以将在产品和完工产品之间的关系表述如下。

期初在产品数量＋本期投产量＝本期完工产品数量＋期末在产品数量

显然，在产量一定的情况下，在产品和完工产品数量存在此消彼长的关系。因此，正确计算在产品数量，确定在产品成本，是确定完工产品成本的关键。

二、在产品数量的核算

在产品数量的核算的主要内容包括两方面：一是做好在产品收入、发出和结存的核算；二是做好在产品定期和不定期的清查盘点，核实数量，查明盈亏的原因和责任。

（一）在产品收发结存数量的日常核算

在产品收发结存数量的日常核算，通常是借助于在产品台账进行的。台账又称在产品收发结存账（见表 6-2），可以分车间、班组并按零部件的名称、类别、批别分别设置，用以反映和记录车间、班组的在产品收入、发出和结存的情况；还可以结合生产的类型和管理的要求，进一步按照加工工序、工艺流程来组织在产品的数量核算。各车间应认真做好在产品的验收、计量和交接工作，根据在产品内部转移凭证、领料凭证、产品检验凭证和产品交库凭证等进行登记，以便随时掌握在产品的增减动态和生产进度，加强生产管理。该账既可以由车间核算人员登记，也可以由各班组登记，并由车间核算人员审核汇总。

表 6-2　在产品收发结存账

产品名称：甲产品　　　　车间名称：一车间　　　　件

2017 年		摘要	收入		发出			结存	
月	日		凭证号	数量	凭证号	合格品	废品	完工	未完工
6	1	结存							200
6	3	收入	3102	80	3201	100		10	170
……									
6	30	合计		1 100		790	10	180	120

（二）在产品清查的核算

为了核实在产品的数量，使账面数量同实物量相符，还必须对在产品进行定期或不定期的清查盘点，将清查盘点的数量如实记录下来，编制在产品清查报告表，根据报告表上的数据调整账面记录。

1. 在产品盘盈或盘亏时

① 在产品盘盈时，按实际成本或定额成本借记“基本生产成本”科目，贷记“待处理财产损溢”科目。

② 在产品盘亏或毁损时按实际成本或定额成本借记“待处理财产损溢”科目，贷记“基本生产成本”科目。按照《营业税改征增值税试点实施办法》的规定，如果在产品发生非正常损失，其耗用的购进货物、加工修理劳务和交通运输服务应负担的增值税进项税额不得从销项税额中抵扣，借记“待处理财产损溢”科目，贷记“应交税费——应交增值税（进项税额转出）”账户。

2. 在产品盘盈或盘亏处理时

经报批准转销时，应根据不同的原因和责任，分别予以处理。

① 对于盘亏部分应区分原因，借记“原材料”“其他应收款”“管理费用”“营业外支出”等科目，贷记“待处理财产损溢”科目。

② 对于盘盈部分报批转销时，应借记“待处理财产损溢”科目，贷记“管理费用”“营业外收入”等科目。

三、完工产品成本和在产品成本计算的模式

企业在生产产品过程中所发生的各项费用，在经过分配后都汇集在“基本生产成本”明细账和各种产品成本计算单中。这些费用的总和减去交库的废品价值后，就是本月发生的生产费用。如果月初、月末没有在产品，本月发生的生产费用就等于本月产成品的成本；如果月初、月末有在产品，则本月发生的生产费用加上月初在产品成本之后，还必须在完工产品和月末在产品之间进行分配，才能计算出本月完工产品成本。月初在产品成本、本月生产费用、本月完工产品成本和月末在产品成本之间的关系可用下式表示。

月初在产品成本 + 本月生产费用 = 本月完工产品成本 + 月末在产品成本

月初在产品成本可以从月初会计账簿记录中取得，它实际上是上期核算在产品和产成品成本的结果；本月发生的生产费用可以通过前面讲述的费用归集分配方法得出。这样，等式的左边就是一个已知数。等式右边的两个指标一般有以下 3 种计算模式。

① 顺算法。所谓顺算法就是先计算完工产品成本，然后将生产费用合计减去完工产品成本，其余额就是月末在产品成本。

② 逆算法。所谓顺算法就是先计算月末在产品成本，将生产费用合计减去月末在产品成本，其余额就是完工产品成本。

③ 同时计算法。所谓同时计算法，就是采用适当的分配标准计算共同的分配率，同时计算出完工产品成本和月末在产品成本。

在实际工作中，人们习惯采用逆算法和同时计算法，而不采用顺算法，这主要是为了消除计算误差对各期成本的影响。

小思考 6-2　本期发生的生产费用一定要在完工产品和月末在产品之间进行分配吗？

解析：月末，企业生产的产品有 3种情况。第一，产品已全部完工，基本生产成本明细账中归集的生产费用（如果有月初在产品，还包括月初在产品费用）之和就是该完工产品的成本；第二，如果当月全部产品都没有完工，基本生产成本明细账中归集的生产费用之和就是该种在产品的成本；第三，如果既有完工产品又有在产品，基本生产成本明细账中归集的生产费用之和应在完工产品和月末在产品之间采用适当的分配方法，进行生产费用的归集和分配，以计算完工产品和月末在产品的成本。前面两种情况，生产费用不用在完工产品和月末在产品之间进行分配，第 3种情况本期发生的生产费用一定要在完工产品和月末在产品之间进行分配。

任务二　生产费用在完工产品和在产品之间的分配

任务引例

放暑假了，在校友的帮助下，徐君到一家工厂实习。这家企业大批量生产 A、B两种产品。她仔细阅读了企业以前月份的成本核算资料后发现：

① A 产品月初在产品数量和月末在产品数量悬殊较大，而且产品耗用的材料费用、人工费用及制造费用相差不多。

② B 产品生产比较均衡，月初在产品数量和月末在产品数量相差不大，产品耗用的材料费用占的比重在 70%左右，而人工费用及制造费用各月相差不多。

③ 企业在计算分配 A、B 两种产品完工产品成本和月末在产品成本时，都是将本月发生的生产费用合计数直接除以完工产品和在产品产量，计算出单价后，分别乘以完工产品和在产品产量，即计算出完工产品成本和月末在产品成本。

徐君很困惑：实际会计处理怎么同教材上所介绍的成本分配方法大相径庭！带着疑问，在咨询企业会计人员时，得知成本会计的人手不够，为了简化成本核算，采用了简单的计算方法。

你认为这家企业的做法正确吗？应该如何处理？

职业判断与业务操作

很显然，这个企业的成本核算和管理比较混乱，不符合现代企业精细管理的理念。按照财政部颁布的《企业产品成本核算制度（试行）》的规定，A 产品月初在产品数量和月末在产品数量悬殊较大，而且产品耗用的材料费用、人工费用及制造费用相差不多，应该采用约当产量法分配计算完工产品成本和月末在产品成本；B产品生产比较均衡，月初在产品数量和月末在产品数量相差不大，产品耗用的材料费用占的比重在 70%左右，而人工费用及制造费用各月相差不多，可以选用在产品按所耗直接材料计价法。

每月月末，当月基本生产成本明细账中按照成本项目归集了该种产品的本月生产成本以后，如果产品已经全部完工，生产成本明细账中归集的月初在产品成本与本月发生的生产成本之和，就是该种完工产品成本；如果产品全部没有完工，生产成本明细账中归集的月初在产品成本同本月发生的生产成本之和，就是该种在产品的成本。如果月末既有完工产品又有在产品，生产成本明细账中归集的月初在产品成本同本月发生的生产成本之和，应当在完工产品和月末在产品之间采用适当的方法进行分配和归集，以计算完工产品成本和月末在产品成本。

企业应当根据在产品数量的多少、各月在产品数量变化的大小、各项成本比重的大小，以及定额管理基础的好坏等具体条件，采用适当的分配方法将生产成本在完工产品和在产品之间进行分配。常用的分配方法有：不计算在产品成本法、在产品按固定成本计价法、在产品按所耗直接材料成本计算法、在产品按定额成本计价法、在产品按完工产品成本计算法、约当产量比例法和定额比例法等。

一、不计算在产品成本法

不计算在产品成本法是指虽然月末有结存在产品，但月末在产品数量很少，价值较低，并且各月份在产品数量比较稳定，从而可对月末在产品忽略不计的一种方法。这是因为月初和月末在产品很少，月初在产品成本和月末在产品成本之差就更小，另外，各月份在产品数量相差也不大，是否计算分配在产品成本对完工产品成本的影响不大。

因此，为了简化成本计算工作，根据会计质量要求的重要性，可以不计算月末在产品成本，本月发生的生产费用全部视为完工产品成本，本月发生的生产耗费全部由完工产品负担。例如，自来水厂、面粉加工厂、熟食生产企业、采掘企业等可采用此法。

二、在产品按固定成本计价法

在产品按固定成本计价法是指各月在产品成本按固定金额计价的一种方法。这种方法适用于各月末在产品结存数量较少，或者虽然在产品结存数量较多，但各月末在产品数量稳定、起伏不大的产品。

采用这种方法是因为月初、月末在产品成本的差额不大，对计算完工产品成本的影响不大，基于简化核算的考虑，同时为了反映在产品占用的资金，各月在产品成本一般按年初固定成本计算。但是，在采用该方法时，必须于每年年末对在产品进行实际盘存，重新核实年末在产品成本，以免在产品的账面成本同实际成本相差太大，影响成本计算的正确性。例如，炼铁企业和化工企业的产品，由于高炉和化学反应装置的容积固定，在产品数量较稳定，就可采用该方法。

三、在产品按所耗原材料成本计算法

在产品按所耗原材料成本计算法就是月末在产品只计算所耗的原材料费用，不计算直接人工和制造费用等加工费，产品的加工费全部由完工产品负担。这种方法适用于各月在产品数量较多，月末在产品数量变化较大，且原材料费用在产品成本中所占比重较大的产品。例如，纺织、造纸、酿酒等生产工业的产品，原材料费用比重较大，都可以采用这种方法。这是因为，各月末在产品数量较大，在产品数量变化也较大的产品，不能采用前述第一、二种费用分配方法，而必须具体计算每月的在产品成本，以有利于对在产品资金的控制。同时，由于该种产品原材料费用在产品成本中的比重较大，而直接人工等加工费在产品成本中的比重较小，在产品成本中的加工费用及月初、月末在产品加工费用的差额不大，因此为了简化成本核算，在产品可以不计算加工费用，只考虑其原材料费用。这时，该产品的全部生产费用（包括月初在产品的原材料费用）减去按所耗用原材料费用计算的在产品成本，就是该完工产品的成本。

$$\text{单位产品原材料成本}=\frac{\text{月初原材料费用}+\text{本月发生的原材料费用}}{\text{完工产品数量}+\text{月末在产品产量}}$$

$$\text{月末在产品成本}=\text{月末在产品数量}\times\text{单位产品原材料成本}$$

$$\text{完工产品某项目实际成本}=\text{月初在产品材料费用}+\text{本月生产费用}-\text{月末在产品成本}$$

上述计算公式是假定原材料费用在生产开始时一次投入的，如果原材料是按生产进度投入的，则公式中的“月末在产品数量”应按约当产量的要求换算为“月末在产品约当产量”。关于约当产量的计算将在约当产量法中介绍。

工作实例 6-1 假定某工业企业 A 产品的月末在产品只计算原材料费用。A 产品月初原材料费用为 5 000 元；本月发生原材料费用 35 000 元，本月发生职工薪酬 3 300 元和制造费用 3 600 元，本月完工 A 产品 3 000 件，月末在产品 1 000 件，材料在生产开始时一次投入，材料费用按完工产品和月末在产品数量比例分配。

其具体分配计算如下。

$$\text{原材料费用分配率}=\frac{5\,000+35\,000}{3\,000+1\,000}=10$$

月末在产品原材料费用 = 1 000 × 10 = 10 000（元）

本月完工产品成本 =（5 000 + 35 000 + 6 900）- 10 000 = 36 900（元）

编制基本生产成本明细账如表 6-3 所示。

表 6-3 基本生产成本明细账

产品：A 产品　　　　元

2017 年		摘要	成本项目			合计
月	日		原材料	职工薪酬	制造费用	
6	1	月初在产品成本	5 000			5 000
	30	本月生产费用	35 000	3 300	3 600	41 900
	30	生产费用合计	40 000	3 300	3 600	46 900
	30	结转完工产品成本	30 000	3 300	3 600	36 900
	30	单位成本	10	1.1	1.2	12.3
	30	月末在产品成本	10 000			10 000

会计分录如下。

借：库存商品——A 产品　　36 900

　　贷：基本生产成本——A 产品　　36 900

四、在产品按完工产品成本计算法

这种方法是将在产品视同完工产品计算，分配生产费用。这种方法适用于月末在产品已接近完工，或者产品已加工完毕但尚未验收或包装入库的产品。因为在这种情况下，在产品已接近完工，为了简化产品成本计算工作，将在产品视同完工产品，按两者数量比例分配生产费用。

工作实例 6-2 假定B产品月初在产品费用和本月发生费用如表6-4所示。本月完工产品900件，月末在产品100件，在产品已接近完工。

采用月末在产品按完工产品计算法，其计算分配结果如表6-4所示。

表6-4 基本生产成本明细账

产品名称：B产品　　元

2017年		摘　要	成本项目			合　计
月	日		原材料	职工薪酬	制造费用	
6	1	月初在产品费用	4 800	2 600	3 800	11 200
	30	本月生产费用	9 600	7 000	8 000	24 600
	30	合　计	14 400	9 600	11 800	35 800
	30	完工产品成本	12 960	8 640	10 620	32 220
	30	单位成本	14.4	9.6	11.8	35.8
	30	月末在产品成本	1 440	960	1 180	3 580

会计分录如下。

借：库存商品——B产品　　32 220

　　贷：基本生产成本——B产品　　32 220

五、在产品成本按定额成本计价法

这种分配方法是指按照预先制定的定额成本计算月末在产品成本，即月末在产品成本按其数量和单位定额成本计算。产品的月初在产品费用加本月生产费用，减去月末在产品的定额成本，其余额为完工产品成本。显然，每月生产费用脱离定额的差异，全部由完工产品负担。这种方法适用于定额管理基础较好，各项消耗定额比较准确、稳定，而且各月在产品数量变动不大的产品。

采用这种方法，应根据各种在产品有关定额资料，以及在产品月末结存数量，计算各种月末在产品的定额成本。

在产品定额成本的计算公式为：

在产品直接材料定额成本＝在产品数量×单位材料定额

在产品直接人工定额成本＝在产品数量×单位人工定额

在产品制造费用定额成本＝在产品数量×单位制造费用定额

工作实例 6-3 某工业企业生产C产品，采用在产品按定额成本计价法分配完工产品和在产品费用。月初在产品定额成本为20 000元（其中原材料12 000元，职工薪酬3 000

元，制造费用 5 000 元），本月所耗原材料费用为 45 000 元，职工薪酬费用为 21 000 元，制造费用 18 000 元。完工产品数量为 400 件，月末在产品 200 件。原材料在生产开始时一次投入。单位在产品定额资料为：原材料定额 60 元，职工薪酬定额 30 元，制造费用定额 20 元。

完工产品和月末在产品费用分配计算如下。

在产品原材料定额成本＝200×60＝12 000（元）

在产品直接人工定额成本＝200×30＝6 000（元）

在产品制造费用定额成本＝200×20＝4 000（元）

月末在产品定额成本＝12 000＋6 000＋4 000＝22 000（元）

完工产品成本＝20 000＋45 000＋21 000＋18 000－22 000＝82 000（元）

企业的基本生产成本明细账如表 6-5 所示。

表 6-5　基本生产成本明细账

产品：C 产品　　元

2017 年		摘　要	成本项目			合　计
月	日		原材料	职工薪酬	制造费用	
6	1	月初在产品成本	12 000	3 000	5 000	20 000
	30	本月生产费用	45 000	21 000	18 000	84 000
	30	生产费用合计	57 000	24 000	23 000	104 000
	30	结转完工产品成本	45 000	18 000	19 000	82 000
	30	单位在产品定额成本	60	30	20	110
	30	月末在产品定额成本	12 000	6 000	4 000	22 000

会计分录如下。

借：库存商品——C 产品　　82 000

　　贷：基本生产成本——C 产品　　82 000

六、定额比例法

定额比例法是产品的生产费用按完工产品和月末在产品的定额消耗量或定额费用的比例，分配计算完工产品和月末在产品成本的一种方法。这种方法适用于各项消耗定额比较健全、稳定，定额管理基础比较好，各月末在产品数量变化较大的产品。

定额比例法分配费用同在产品按定额成本计价的区别在于，在产品按定额成本计价，其实际成本同定额成本的差异全部由完工产品成本负担；而采用定额比例法分配的情况下，产品实际成本脱离定额成本的差异，按完工产品和月末在产品的定额消耗量或定额成本的比例分摊。因此，按定额比例法划分完工产品和在产品的总成本，可以减少由于月初、月末在产品数量波动对完工产品成本准确性的影响。

采用定额比例法划分完工产品成本和月末在产品成本时，实际成本的分配率可以根据月初在产品和本月投产产品的定额资料计算，也可以根据本月完工和月末在产品的定额资料计算。不论以哪种定额为标准进行划分，都必须区分成本项目进行。直接材料成本可以按材料的定额消耗量或定额成本进行划分；直接人工和制造费用可以按照工时及定额消耗量（即定额工时）进行划分。各成本项目费用分配率和分配额的计算公式为：

$$\text{分配率}=\frac{\text{月初在产品费用}+\text{本月生产费用}}{\text{本月完工产品定额耗用量或定额成本}+\text{月末在产品定额耗用量或定额成本}}$$

完工产品某项目实际成本＝该项目费用分配率×完工产品该项目定额消耗量或定额成本

月末在产品某项目实际成本＝该项目费用分配率×月末在产品该项目定额消耗量或定额成本

工作实例 6-4 假定 C 产品月初在产品成本和本月发生费用如表 6-6 所示。本月完工产品 1 800 件，定额原材料 8 000 元，定额工时 11 000 小时；月末在产品 200 件，定额原材料 2 000 元，定额工时 4 000 小时。在完工产品和月末在产品之间，原材料费用按定额费用比例分配，其他各项费用按定额工时比例分配。

根据上述资料，分配计算如表 6-6 所示。

表 6-6 基本生产成本明细账

产品名称：C 产品　　元

2017 年		摘 要		成 本 项 目			合 计
月	日			原 材 料	职工薪酬	制造费用	
6	1	月初在产品成本		1 800	600	400	2 800
	30	本月生产费用		8 600	3 000	2 000	13 600
	30	生产费用累计		10 400	3 600	2 400	16 400
	30	费用分配率		1.04	0.24	0.16	—
	30	完工产品成本	定额	8 000	11 000 小时	11 000 小时	
	30		实际	8 320	2 640	1 760	12 720
	30	月末在产品成本	定额	2 000	4 000 小时	4 000 小时	
	30		实际	2 080	960	640	3 680

会计分录如下。

借：库存商品——C 产品　　12 720

　　贷：基本生产成本——C 产品　　12 720

七、约当产量比例法

（一）约当产量比例法的含义和适用范围

约当产量是指月末在产品数量按其完工程度或投料程度折算为相当于完工产品的数量。按完工产品产量和月末在产品约当产量的比例分配计算完工产品成本与月末在产品成本的方法，称为约当产量比例法。由于约当产量比例法只要在正确统计月末在产品结存数量和正确估计月末在产品完工程度的前提下，就可以比较客观简便地划分完工产品和月末在产品的成本，因此适用范围较广。它特别适用于月末在产品数量较大，各月末在产品数量变化也较大，产品成本中直接材料成本、直接人工成本和制造费用的比重相差不多的产品。

（二）约当产量的计算

原材料费用项目约当产量的确定，取决于产品生产过程中的投料情况，即：

原材料项目在产品约当产量=在产品数量×投料程度

如果材料是在生产开始时一次投入的，则投料程度为100%。此时，原材料费可按完工产品和在产品的数量平均分配。如果原材料是在生产过程中分次或陆续投入的，则应采用一定的方法估算投料程度。

其他成本项目约当产量的确定，取决于加工程度，即：

其他成本项目在产品约当产量=在产品数量×完工程度

因此，在约当产量比例法下，完工产品和月末在产品应分配的各项加工费用，一般不能按照它们的数量比例直接分配，而是要按约当产量进行比例分配。其计算公式为：

$$费用分配率=\frac{期初在产品成本+本期生产费用}{完工产品产量+期末在产品约当产量}$$

完工产品成本=完工产品产量×费用分配率

月末在产品费用=在产品约当产量×费用分配率

工作实例 6-5 某企业生产D产品，月初在产品成本中原材料费用为2 400元，职工薪酬费用为1 600元，制造费用为850元；本月发生的原材料费用为6 050元，职工薪酬费用为3 020元，制造费用为3 000元；本月完工产品80件，月末在产品50件，原材料属于在生产开始时一次投入，在产品的完工程度为60%。

（1）原材料费用的分配

在产品原材料费用的约当产量=50×100%=50（件）

$$单位产品的原材料费用=\frac{2\,400+6\,050}{80+50}=65（元）$$

完工产品应负担的原材料费用=80×65=5 200（元）

月末在产品应负担的原材料费用=50×65=3 250（元）

（2）职工薪酬费用的分配

在产品职工薪酬费用的约当产量=50×60%=30（件）

$$职工薪酬分配率=\frac{1\,600+3\,020}{80+30}=42$$

完工产品应负担的职工薪酬费用=80×42=3 360（元）

月末在产品应负担的职工薪酬费用=30×42=1 260（元）

（3）制造费用的分配

在产品制造费用的约当产量=50×60%=30（件）

$$制造费用分配率=\frac{850+3\,000}{80+30}=35$$

完工产品应负担的制造费用=80×35=2 800（元）

月末在产品应负担的制造费用=30×35=1 050（元）

企业的基本生产成本明细账如表 6-7 所示。

表 6-7　基本生产成本明细账

产品名称：D 产品　　　　元

2017 年		摘　要	成本项目			合　计
月	日		原材料	职工薪酬	制造费用	
6	1	月初在产品成本	2 400	1 600	850	4 850
	30	本月生产费用	6 050	3 020	3 000	12 070
	30	生产费用累计	8 450	4 620	3 850	16 920
	30	约当产量	130	110	110	—
	30	费用分配率（单位成本）	65	42	35	142
	30	完工产品成本	5 200	3 360	2 800	11 360
	30	月末在产品成本	3 250	1 260	1 050	5 560

编制的会计分录如下。

借：库存商品——D 产品　　　　11 360

　　贷：基本生产成本——D 产品　　　　11 360

（三）投料程度的确定

在运用约当产量比例法时，中心问题就是计算确定在产品的投料程度和加工程度。有时，人们出于简单考虑，一般都按 50%来计算。因为产品在不同工序加工时，在产品加工程度有的在小于 50%，有的大于 50%，如果采用折中的办法，一般按 50%作为在产品完工程度来进行计算是有一定道理的。这样计算从理论上讲说得通，而在实际工作中情况是千差万别的，需要具体准确的计算。下面先介绍投料程度的确定方法。

① 原材料在生产开始时一次投入的，在产品的投料程度为 100%。即完工产品和在产品一次投料的情况下，不管后面的加工程度如何，在分配材料份额时是相等的。

② 原材料在生产过程中是陆续、均衡的投入的，可以按照各工序的累计材料定额占完工产品材料定额的比率计算。其计算公式为：

$$\text{某道工序上的在产品投料程度}=\frac{\text{前面各道工序的累计材料定额}+\text{本道工序材料定额}\times 50\%}{\text{完工产品材料定额}}\times 100\%$$

公式中本工序（即在产品所在工序）材料定额乘以 50%，是因为该工序中各件在产品的投料程度不同，为了简化投料程度的测算工作，在本工序中一律按平均完工率 50%计算。

工作实例 6-6　某企业生产的 E 产品依次经过三道工序加工，原材料在各工序生产过程中陆续均衡投入。E 产品单位产品原材料消耗定额为 2 000 元。其中，第一工序投入 1 000 元，第二工序投入 600 元，第三工序投入 400 元。本月 E 产品月末在产品为 300 件。其中，第一工序 120 件，第二工序 100 件，第三工序 80 件。

其月末在产品投料程度和约当产量的计算结果如表 6-8 所示。

表 6-8 在产品投料程度及约当产量计算表

产品：E 产品　　　　2017 年 5 月

工　序	各工序投料定额/元	投料程度	在产品数量/件	约当产量/件
一	1 000	$\frac{1\,000\times50\%}{2\,000}\times100\%=25\%$	120	120×25% = 30
二	600	$\frac{1\,000+600\times50\%}{2\,000}\times100\%=65\%$	100	100×65% = 65
三	400	$\frac{1\,000+600+400\times50\%}{2\,000}\times100\%=90\%$	80	80×90% = 72
合　计	2 000		300	167

③ 原材料分次投入，并在各加工工序开始时一次投入。其计算公式为：

$$某道工序上的在产品投料程度=\frac{前面各道工序的累计材料定额+本道工序材料定额}{完工产品材料定额}\times100\%$$

工作实例 6-7 设 F 产品的生产由两道工序制成，其原材料分次投入，分别在两个工序开始时一次投入。

关于 F 产品的原材料消耗定额和在产品数量资料，以及投料程度的计算，约当产量的计算及其结果如表 6-9 所示。

表 6-9 在产品约当产量计算表

工序	原材料消耗定额/千克	在产品数量/件	在产品投料程度	在产品约当产量/件
一	600	1 100	$\frac{600}{1\,000}\times100\%=60\%$	1 100×60% = 660
二	400	500	$\frac{600+400}{1\,000}\times100\%=100\%$	500×100% = 500
合计	1 000	1 600	—	1 160

如果 F 产品本月完工 5 000 件，月初在产品直接材料成本和本月发生的直接材料费用累计为 61 600 元，那么，原材料成本分配可计算如下。

$$原材料成本分配率=\frac{61\,600}{5\,000+1160}=10$$

完工产品应负担的原材料费用 = 5 000 × 10 = 50 000（元）

月末在产品应负担的原材料费用 = 1 160 × 10 = 11 600（元）

（四）加工程度的确定

当企业生产进度比较均衡，各道工序在产品加工数量相差很大时，全部在产品加工程度都可以按 50%平均计算，否则各道工序在产品加工程度应按工序分别测定。在分别测定在产品加工程度时，应根据它所经各工序的累计工时定额和完工产品工时定额的比例进行测算。在产品加工程度的计算公式为：

$$某道工序上的在产品加工程度=\frac{前面各道工序的累计材料定额+本道工序工时定额\times50\%}{完工产品工时定额}\times100\%$$

公式中本道工序（即在产品所在工序）工时定额乘以 50%，是因为该工序中各件在产品的完工程度不同，为了简化完工程度的测算工作，在本道工序中一律按平均完工率的 50% 计算。在产品从上一道工序转入下一道工序时，因上一道工序已经完工，所以前面各道工序的工时定额应按 100%计算。

工作实例 6–8 某企业生产 F 产品，其单件工时定额为 50 小时，经两道工序制成。其中第 1 道工序的工时定额为 20 小时，第 2 道工序工时定额为 30 小时。

其加工程度计算如下。

$$第1道工序在产品的加工程度=\frac{20\times50\%}{50}\times100\%=20\%$$

$$第2道工序在产品的加工程度=\frac{20+30\times50\%}{50}\times100\%=70\%$$

如果 F 产品本月完工 600 件，第 1 道和第 2 道工序的在产品数量分别为 200 件、100 件。月初在产品和本月发生的制造费用共计 142 000 元，按上述确定的在产品加工程度，对费用分配计算如下。

第 1 道工序在产品的约当产量 = 200 × 20% = 40（件）

第 2 道工序在产品的约当产量 = 100 × 70% = 70（件）

$$费用分配率=\frac{142\,000}{600+40+70}=200$$

完工产品应负担的制造费用 = 600 × 200 = 120 000（元）

月末在产品应负担的制造费用 =（40 + 70）× 200 = 22 000（元）

项目小结

月初在产品成本、本月生产费用、本月完工产品成本和月末在产品成本之间的关系为：月初在产品成本＋本月生产费用 = 本月完工产品成本＋月末在产品成本。等式左边是一个已知数；等式右边的两个指标计算，可以采用顺算法、逆算法、同时计算法等 3 种方法。无论采用哪一种计算方法，都必须正确组织在产品收发结存的核算，取得在产品动态和结存的数量资料。

每月月末，当月基本生产成本明细账中按照成本项目归集了该种产品的本月生产成本以后，如果产品已经全部完工，生产成本明细账中归集的月初在产品成本与本月发生的生产成本之和，就是该种完工产品成本；如果产品全部没有完工，生产成本明细账中归集的月初在产品成本与本月发生的生产成本之和，就是该种在产品的成本；如果月末既有完工产品又有在产品，生产成本明细账中归集的月初在产品成本与本月发生的生产成本之和，应当在完工产品和月末在产品之间采用适当的方法进行分配和归集，以计算完工产品成本和月末在产品成本。

企业应当根据在产品数量的多少、各月在产品数量变化的大小、各项成本比重的大小，以及定额管理基础的好坏等具体条件，采用适当的分配方法将生产成本在完工产品和在产品之间进行分配。常用的分配方法有：不计算在产品成本法、在产品按固定成本计价法、在产品按所耗直接材料成本计价法、约当产量比例法、在产品按定额成本计价法、定额比例法等。

项目七

认知产品成本计算方法

职业能力目标

通过本项目的学习，了解企业的生产类型及其特点，熟悉企业生产按不同标志进行分类，理解和掌握企业生产类型和成本管理要求对产品成本计算方法的影响，了解产品成本计算方法的种类及基本方法和辅助方法的划分。

典型工作任务

企业生产按不同标准的分类；生产类型特点对成本计算方法的影响；成本管理要求对成本计算方法的影响；产品成本计算的基本方法；产品成本计算的辅助方法。

任务一 生产类型特点及成本管理要求对成本计算方法的影响

任务引例

江城发电厂是一家现代火力发电的大型企业，其生产工艺过程包括燃料车间→锅炉车间（包括脱硝、脱硫、电除尘等设备）→汽机车间→热工车间→化学车间→电气车间等多个生产步骤。产品生产是一个封闭式的多步骤生产。此外，企业的生产按生产组织划分属于大量生产。

请根据发电厂的生产类型和生产特点，确定正确的成本计算方法。

职业判断与业务操作

成本会计制度规定：对于单步骤大量生产或多步骤大量生产而不要求按步骤计算成本的，应该以全厂或某一封闭式生产的某种产品为成本计算对象，按照品种法计算产品成本。显然，发电厂就属于大量生产且是一个封闭式的多步骤生产，企业无法划分各个步骤的生产成本，因此，会计上选用品种法是恰当的。

一、工业企业生产的主要类型

（一）企业的生产按工艺过程的划分

生产工艺过程是指从原材料投入到产品的产出顺序所经过的各个生产阶段。它以生产过程是否可以间断为基本特征。工业企业的生产，按照生产过程是否能间断，划分为单步骤生产和多步骤生产两种类型。

1. 单步骤生产

单步骤生产也称为简单生产，是指生产工艺过程不能间断，或者由于工作场地的限制，不便于分散在几个不同地点进行的生产。其特点是生产工艺简单、生产周期短，没有自制半成品，生产一般只能由一个车间或一个企业整体完成，而不能由几个车间协作进行。例如，发电、采掘、供水、煤气生产等。

2. 多步骤生产

多步骤生产也称为复杂生产，是指生产工艺过程由若干个可以间断的、分散在不同地点、分别在不同时间进行的生产步骤所组成的生产。其特点是生产工艺复杂、生产周期长，生产可以在不同的时间、地点进行；生产可以由一个企业单独进行，也可以由几个车间或企业协作进行。多步骤生产按其产品加工方式的不同和各个生产步骤的内在联系可以分为连续式多步骤生产和装配式多步骤生产两种类型。

① 连续式多步骤生产是指原材料投入生产后，要依次经过各生产步骤的连续加工才能形成产成品的生产，如冶金、纺织、造纸等生产。这类生产的各个生产步骤（或车间）具有先后顺序的依存关系，即上一步骤完工的产品要转入下一步骤作为加工对象继续加工，

这样依次转移，直到最后步骤才生产出产成品。

② 装配式多步骤生产是指先将各种原材料平行地投入到各个生产车间，制成零件或部件，然后再将各种零件和部件装配为产成品的生产，如自行车、汽车、家用电器、钟表等生产。这类产品生产的各个生产步骤一般具有相对的独立性。

（二）企业的生产按生产组织的特点划分

生产组织是指企业保证生产过程各个环节、各项因素相互协调的产品生产方式。它体现出企业生产专业化和生产过程重复程度的高低。工业企业的生产，按照生产组织的特点，可以分为大量生产、成批生产和单件生产 3 种类型。

1. 大量生产

大量生产是指企业不断地重复制造相同产品的生产。在这种生产类型的企业或车间中，产品的品种较少，每种产品的数量很大，生产比较稳定。例如，采掘、发电、化肥、酿酒、造纸、纺织等生产。

2. 成批生产

成批生产指企业按照预先规定的产品批别和数量进行的生产。在这种生产类型的企业或车间中，产品的品种比较多，而且各种产品的生产往往成批地重复进行，生产具有一定的重复性。例如，服装、制鞋、某些机械制造等就是这种类型的生产。成批生产按照产品批量的大小，又可以分为大批生产和小批生产。大批生产的性质接近大量生产，小批生产的性质接近单件生产。

3. 单件生产

单件生产指企业按照购买单位订单的要求，生产个别的、性质特殊的产品。在这种生产类型的企业或车间中，产品的品种虽然很多，但却很少重复生产。例如，重型机械和船舶制造等。

上述 3 种划分方法对生产类型的划分不是相互独立的，所划分的各种生产类型之间，既有差异性又有关联性，综合起来看，生产的类型表现为如图 7-1 所示的几种形态。

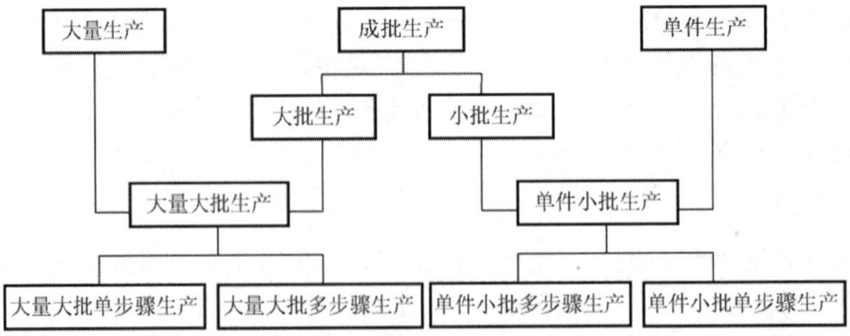

图 7-1　产品生产类型示意

二、成本计算方法的组成因素

成本计算方法是指在一定时期内，生产产品所发生的生产费用对象化到各产品上，计算出各产品总成本和单位成本的方法。它包含成本计算对象、成本计算期和成本分配等 3 个要素。

（一）成本计算对象

成本计算对象是指计算“谁”的成本，它是承担成本的客体，也就是生产费用归集和分配的承担者。成本对象有多种形式，可以是某种产品、某批产品、某类产品。成本计算对象是成本计算方法的最主要因素，决定着成本明细账的设置，是归集和分配生产费用，正确计算产品成本的必要条件。

（二）成本计算期

成本计算期是指生产费用计入产品成本的时期，简单地说，就是多长时间计算一次成本。企业的成本计算期可以同会计报告期一致，也可以同产品的生产周期一致，选择怎样的成本计算期受生产类型的特点决定。

（三）成本分配

成本分配是指生产费用在完工产品和在产品之间所进行的划分。之所以提出成本分配问题，是因为产品在生产中经过一定期间的加工，有一部分已经完工，还有一部分处于在产品状态。

三、生产类型特点对成本计算方法的影响

产品成本是在生产过程中形成的，企业的生产过程实质上是生产工艺过程和生产组织方式的有机结合。因此，生产类型的特点在很大程度上影响着成本的计算方法。

（一）生产类型对成本计算对象的影响

1. 不同的生产技术过程，决定不同的成本计算对象

在单步骤生产企业，由于工艺过程不能间断，具有高度的连续性和重复性，其成本计算对象只能是最后生产出的产品，即以产品品种作为成本计算对象；在连续式多步骤生产企业，由于产品生产过程可以间断，可以分散在不同地点进行，客观上具备了按各生产步骤计算半成品成本的条件，所以其成本计算对象是各加工步骤的成品和最终生产的各种产成品；在装配式多步骤生产企业，在工艺技术过程上都是先平行加工零部件，然后再组装为最终产品，由于零部件（半成品）没有独立的经济意义，因此不需要按步骤计算半成品成本，而以最终的各种产品作为成本计算对象。

2. 不同的生产组织特点，对成本计算对象的影响

在大量生产的情况下，一种或多种产品连续不断地重复生产，由于同样的投入，不断产出相同的产品，只能按产品品种作为成本计算对象；大批生产，往往集中投料，生产一批零部件供几批产品耗用，零部件生产的批别和数量同产品生产的批别和所领零部件的数量往往不一致，就不能按产品批别计算成本，只能按产品品种作为成本计算对象；单件小批生产，由于产品生产是按订单或批别组织的，这就要求计算每张订单或每批产品的成本，所以按产品订单或批别作为成本计算对象。

（二）生产类型对生产费用计入产品成本程序的影响

产品的生产类型不同，生产费用计入产品成本的程序也有所不同。在大量生产单一产品的情况下，成本计算对象只有一个，产品生产所发生的全部生产费用可以直接计入该产品成本；在单件小批生产的情况下，由于产品的品种、批别较多，产品生产所发生的生产费用，如果能确定为生产某一产品所发生，应直接计入该批产品成本，如果不能直接计入，则应先归集后按一定标准分配计入各有关批别产品成本；在大量大批多步骤生产情况下，生产费用计入产品成本的过程，往往就是计算各步骤半成品成本并随其实物转移而逐步结转的过程，产品在各加工步骤的生产费用，累积成完工产品成本，如果管理上不需要计算各步骤半成品成本，也可将完工产品在各步骤加工所发生的费用组合成完工产品成本。

（三）生产类型对成本计算期的影响

企业的生产类型特点不同，对产品成本计算的要求不同，产品成本的计算期也就有所区别。

在大量大批生产的情况下，一种产品连续不断或经常重复地生产出来，每月都有一部分产品完工，为了计算损益的需要，只能定期按月计算产品成本；在单件小批生产的情况下，各张订单或各批产品的生产周期不相同，而且批量小，生产不重复或很少重复，一般要等到一张订单所列产品或一批产品全部完工之后才能计算成本，因此，单件、小批生产的产品成本计算具有不定期性，通常以产品的生产周期为成本计算期，同会计报告期往往不一致。

（四）生产类型对产品成本在完工产品和在产品之间的划分的影响

① 在大量单步骤生产的情况下，一般没有或很少有在产品，没有或不需要计算在产品成本。基本生产成本明细账中归集的生产费用，就是完工产品成本。

② 在单件、小批生产的情况下，由于成本计算期同产品生产周期一致，产品成本计算要等到产品完工后才进行。如果产品没完工，归集在基本生产成本明细账中的生产费用，全部是在产品成本；如果产品完工，归集在基本生产明细账中的生产费用，全部是完工产品成本。因此，一般不需要将生产费用在完工产品和在产品之间进行分配。

③ 在大量大批多步骤生产的情况下，产品生产周期长，且同成本计算期不一致。由于产品生产大都是跨月不断地进行，在计算产品成本时，总有一定量的完工产品和在产品，因此归集在基本生产明细账中的生产费用，必须采用适当的分配方法在完工产品和在产品之间进行分配。

四、成本管理要求对成本计算方法的影响

（一）成本管理要求对成本计算对象的影响

成本计算对象受生产类型特点影响，可能是产品品种、产品批别和产品生产步骤 3 种中的一种或两种。但在实际中，成本计算对象不是由产品生产类型唯一确定的，通常情况下，要确定成本计算对象不仅要考虑生产类型的特点，还要同时考虑成本管理的要求。

对于大量大批单步骤生产，工艺过程单一、品种少，管理上较单纯，所以对象较明确；

对于大量大批多步骤生产，工艺过程复杂，为加强各步骤的成本管理，就有必要按生产步骤计算成本。但如果企业规模小，单件产品生产周期较短，管理上不要求按生产步骤计算成本，则只按产品品种计算即可。当然，在特定的管理模式下，大量大批生产类型的成本计算对象也可以是批别。对于单件小批单步骤生产，因为单件同小批相近，所以归为同类，从管理要求看，有必要分析考核件别或批别的产品成本水平，又不必考虑多步管理，因此按批别计算产品成本。对于单件小批多步骤生产，管理上一般不要求分步计算成本，所以也以批别为成本计算对象。

（二）成本管理要求对成本计算期的影响

在生产类型特点影响下，有两种成本计算期：一种是定期按月计算，另一种是不定期计算。从成本管理要求看，首先应考虑定期按月计算成本，其次考虑的是尽量做到成本计算期同会计报告期、生产周期一致，最后才考虑不定期计算成本。由此影响所确定的成本计算期同生产类型特点影响的结果基本一致。

（三）管理要求对成本计算程序的影响

管理要求对成本计算程序的影响主要是对多步骤生产类型。因为单步骤生产情况下，无论是大量大批生产，还是单件小批生产，以产品品种或产品批别为对象归集和分配生产费用比较明确；而多步骤生产情况下，除按产品品种或产品批别归集和分配生产费用外，还要考虑是否按生产步骤归集和分配生产费用——如果管理上要求分步计算产品成本，则必须同时以两个对象归集和分配生产费用。

（四）管理要求对成本分配的影响

一定时期的生产费用是否在完工产品和在产品之间进行分配，不仅要看生产上是否有在产品或在产品的多少，更要看管理上的要求。如果管理方面规定必须计算在产品成本，则进行成本分配，否则就不进行分配。

生产类型和管理要求对成本计算方法的各因素影响主要体现在对成本计算对象的确定上。它制约着成本计算期、生产费用在完工产品和在产品分配的计算，从而决定着成本计算的基本方法。以成本计算对象为主要标志的成本计算方法及其生产类型和管理要求的关系，如表7-1所示。

表 7-1　生产类型及成本管理要求对成本计算方法的影响

<table>
<tr><th colspan="2">生产类型</th><th rowspan="2">成本管理要求</th><th rowspan="2">成本计算对象</th><th rowspan="2">成本计算方法</th></tr>
<tr><th>生产组织特点</th><th>生产工艺特点</th></tr>
<tr><td rowspan="2">大量大批生产</td><td>单步骤生产</td><td></td><td rowspan="2">产品品种</td><td rowspan="2">品种法</td></tr>
<tr><td>多步骤生产</td><td>管理上不要求
分步计算成本</td></tr>
<tr><td rowspan="2">单件小批生产</td><td>单步骤生产</td><td></td><td rowspan="2">产品批别</td><td rowspan="2">分批法</td></tr>
<tr><td>多步骤生产</td><td>管理上不要求
分步计算成本</td></tr>
<tr><td>大量大批生产</td><td>多步骤生产</td><td>管理上要求分步计算
各步骤半成品成本</td><td>生产步骤</td><td>分步法</td></tr>
</table>

任务二 产品成本的计算方法

任务引例

某家用电器公司主要生产家用小家电，如电饭锅、吸尘器、电水壶等。产品生产组织特点是大量大批生产，生产工艺过程是多步骤生产且管理上需要分步骤计算产品成本，企业采用了分步法计算产品成本。由于电饭锅、吸尘器、电水壶等小家电的生产外形基本一致，往往是容量大小不同，所以该企业采用先计算电饭锅、吸尘器、电水壶等产品的产成品成本，然后采用系数法将产成品总成本在各个不同容量的小家电中进行分配，最终计算出各种产品的成本。

你认为该企业的成本计算方法正确吗？企业能够同时选用几种成本计算方法？

职业判断与业务操作

产品成本计算的基本方法有品种法、分批法、分步法，辅助方法有分类法、定额法等。在实际工作中，一个企业往往有若干个生产单位（分厂、车间），各个生产单位的生产特点和管理要求并不一定相同；同一个生产单位所生产的各种产品的生产特点和管理要求也不一定相同。因此，在一个企业或企业的生产单位中，往往同时采用多种成本计算方法。一个企业或企业的生产单位（分厂、车间），除了可能同时应用几种成本计算方法以外，在计算某种产品成本时，还可以以一种成本计算方法为主，结合采用几种成本计算方法。

一、成本计算的基本方法

为适应不同类型生产特点和成本管理要求，在产品成本计算工作中有产品的品种、批别、生产步骤 3 种不同的成本计算对象，因而产品成本计算的基本方法就有品种法、分批法和分步法 3 种。

（一）品种法

品种法是以产品品种为成本计算对象归集生产费用，计算产品成本的成本计算方法，适用于大量大批的单步骤生产或管理上不要求分步骤计算成本的多步骤生产企业。品种法的成本计算期同会计报告期一致，但同产品的生产周期不一致，通常有月末在产品，需要在完工产品和月末在产品之间分配生产费用。

（二）分批法

分批法是指以产品批别（或客户订单）为成本计算对象归集生产费用，计算产品成本的成本计算方法，适用于单件小批生产的企业。分批法的成本计算期同生产周期一致，一般不存在期末在产品，不需要将生产费用在完工产品和在产品之间进行分配。

（三）分步法

分步法是指以产品品种及其所经过的各生产步骤为成本计算对象归集生产费用，计算产品成本的成本计算方法，适用于管理上要求分步骤计算成本的大量大批多步骤生产企业。与品种法相同，分步法的成本计算期同会计报告期一致，但同产品的生产周期不一致，通常有月末在产品，需要在完工产品和月末在产品之间分配生产费用。

二、成本计算的辅助方法

除以上产品成本计算基本方法外，在实际工作中还有一些辅助的成本计算方法，如分类法和定额法。

（一）分类法

在产品品种、规格繁多的企业中，为了解决成本核算对象的分类问题，产生了产品成本计算的分类法。分类法的成本核算对象是产品的类别，需要运用品种法等基本方法的原理计算出各类产品的实际总成本，再求得类内各种品种（各种规格）产品的实际总成本和单位成本。

（二）定额法

在定额管理基础工作比较好的企业，可以将成本核算同成本控制结合起来，采用定额法计算产品成本。定额法将符合定额管理的费用和脱离定额的差异分别核算，以完工产品的定额成本为基础，加减脱离定额的差异、材料成本差异和定额变动差异来求得实际成本，从而解决了成本的日常控制问题。

分类法和定额法同生产特点没有直接联系，不涉及成本计算对象。它们的应用是为了简化成本核算或加强成本管理，在应用过程中不能单独使用而是同基本方法结合起来运用，因此称其为辅助成本计算方法。

三、成本计算方法的应用

产品成本计算的品种法、分批法、分步法及分类法、定额法等是比较典型的成本计算方法。在实际工作中，一个企业总是将几种方法同时应用或结合应用。

（一）几种方法同时应用

一个企业往往有若干个生产单位（分厂、车间），各个生产单位的生产特点和管理要求并不一定相同，同一个生产单位所生产的各种产品的生产特点和管理要求也不一定相同。因此，在一个企业或企业的生产单位中，往往同时采用多种成本计算方法。例如，企业基本生产单位和辅助生产单位的生产特点及管理要求不同，可能同时采用多种成本计算方法。基本生产单位可能采用品种法、分批法、分步法、分类法、定额法等多种方法计算成本；辅助生产车间的供电、供汽、供水和机修等应采用品种法计算产品（劳务）成本，自制设备可以采用分批法计算产品成本。

（二）几种方法结合应用

一个企业或企业的生产单位（分厂、车间）除了可能同时应用几种成本计算方法以外，在计算某种产品成本时，还可以以一种成本计算方法为主，结合采用几种成本计算方法。例如，在单件小批生产的机械制造企业，其产品的生产过程由铸造、加工、装配等生产步骤（车间）组成，装配车间生产出最终产品。这时，主要产成品的成本计算可以采用分批法；铸造车间生产的铸件为自制半成品，可能采用品种法计算其成本；加工车间将铸件加工为零部件，加上投入的其他材料加工的零部件，交给装配车间装配。铸造、加工和装配车间之间，加工车间和装配车间之间，可以采用不同的分步法（详见项目十）。这样，该种产成品的计算就是以分批法为主，结合采用了品种法、分步法等成本计算方法。

企业采用分类法、定额法等计算产品成本时，因为它们是成本计算的辅助方法，必须结合品种法、分批法和分步法等成本计算的基本方法加以应用。

知识链接

完全成本法、制造成本法和变动成本法

成本核算范围的大小，可以区分出 3 种不同的成本计算方法：完全成本法、制造成本法和变动成本法。

① 完全成本法是指将一定时期的全部生产费用及经营管理、财务费用全部计入产品成本的成本计算方法。这种成本计算方法不需要划分成本范围，操作简单，但不能分清生产部门和企业管理部门的责任。

② 制造成本法是指将一定时期同制造产品有关的生产费用计入产品成本，而把管理费用、销售费用和财务费用作为期间费用计入当期损益。这种方法能真实反映产品生产的经济效益和管理部门费用管理的水平。

③ 变动成本法是指将一定时期的直接生产费用和变动性制造费用计入产品成本，而把固定性制造费用和管理费用、销售费用和财务费用作为期间费用计入当期损益。

我国在 1993 年前采用的是完全成本法计算产品成本，1993 年后改为采用制造成本法计算产品成本。变动成本法能分清成本责任，便于寻求降低成本的途径，是财务管理或管理会计中分配产品成本常用的方法。

项目小结

产品成本计算方法是以一定的成本计算对象为依据，归集和分配生产费用并计算其总成本和单位成本的方法。决定产品成本计算方法的主要标志是产品成本计算对象，而决定产品成本计算对象的因素是生产类型的特点和管理要求。

工业企业的生产，按照生产过程是否能间断划分为单步骤生产和多步骤生产两种类型；按照生产组织的特点，可以分为大量生产、成批生产和单件生产 3 种类型。

生产类型对成本计算方法的影响体现在成本计算对象、生产费用计入产品成本的程序、成本计算期、生产成本在产成品和在产品之间的划分等各个方面；管理要求对成本计算方法的影响主要体现在成本计算对象上。

产品成本计算的基本方法包括品种法、分批法和分步法 3 种。除基本方法，产品成本计算方法还包括分类法、定额法等辅助计算方法。

项目八

品　种　法

职业能力目标

通过本项目的学习，理解和掌握品种法的含义、适用范围、特点和成本计算程序；熟练掌握品种法这一成本计算的基本方法运用：按产品品种作为成本计算对象归集和分配各种费用，计算完工产品成本，提供真实可靠的成本信息。

典型工作任务

品种法的概念；品种法的适用范围；品种法的特点；简单法及其应用；品种法及其应用。

任务一 认知品种法

任务引例

新兴管业有限责任公司主要大量生产各种型号的钢管，产品生产流程如下。

1）企业将外购的钢板进行除锈。

2）将除锈后的钢板按标准压制成不同厚度的钢板。

3）将不同厚度的钢板按标准分割成不同宽度的钢片。

4）将钢片电镀防腐层。

5）将钢片加热、卷制成不同口径的钢管。

6）将生产出的钢管切割成相同长度的成品钢管。

你认为这个企业的产品成本应采用何种方法计算较为合适？

职业判断与业务操作

新兴管业有限责任公司的生产组织是大量生产，产品生产工艺表现为步骤多、技术简单、加工时间较短，成本管理上如果采用分步法计算产品成本，既增大工作量，又没有实际意义。因此，会计上采用品种法计算产品成本比较合适。

一、品种法的概念、特点和适用范围

（一）品种法的概念

品种法是指以产品的品种作为成本核算对象，用以归集生产费用并计算产品成本的一种成本计算方法。采用这种方法，既不要求按照产品批别计算成本，又不要求按照产品生产步骤计算成本，只要求按照产品的品种计算产品成本。在实际工作中，无论采用何种成本计算方法，最终都要计算出该产品品种的实际总成本和单位成本。因此，按照产品品种计算产品成本是成本计算最基本的要求，是企业计算产品成本最基本的方法。

（二）品种法的特点

1．以产品品种作为成本核算对象设置基本生产成本明细账，归集生产费用

按照产品的生产类型和成本计算的繁简程度，可将品种法分为单一品种的品种法和多品种的品种法。

① 单一品种的品种法是指企业最终只生产一种产品。生产过程中发生的应计入产品成本的各种费用都是直接计入费用，不存在在各种产品之间分配的问题。由于这种方法下成本计算简单，因此又称简单法。例如，发电、采掘、供水等企业。

② 多品种的品种法简称为品种法。在这种方法下，需要按照每种产品分别开设基本生产成本明细账。对于生产过程中发生的费用，凡能分清成本计算对象的，应直接计入该成

本核算对象的基本生产成本明细账中；凡是分不清应由哪种产品负担的生产费用，应采取适当的分配方法分别记入各生产成本明细账或产品成本计算单中。

2．定期计算产品成本

采用品种法计算成本的企业或生产单位，基本上是大量大批的单步骤生产或虽然是多步骤但采用封闭式管理的。由于是不断地重复生产一种或几种产品，不可能在产品完工时立即计算其成本，因此成本计算一般在每月月末进行。在这种方法下，成本计算期同会计报告期一致，同生产周期不一致。

3．月末一般不必将生产费用在完工产品和在产品之间进行分配

在品种法下，企业月末一般没有在产品或在产品数量很少，因此月末一般不存在将生产费用在完工产品和在产品之间进行分配的情况，基本生产成本明细账中所登记的全部生产费用就是该产品的完工产品的总成本。但如果月末在产品数量较多，就需要将基本生产成本明细账中所归集的全部生产费用，采用适当的分配方法在完工产品和在产品之间进行分配，从而计算出完工产品和月末在产品成本。

（三）品种法的适用范围

品种法主要适用于大量大批的单步骤生产的企业，如发电、采掘等企业。在这种生产类型的企业或生产单位，产品的生产不能从工艺上划分为若干阶段，因而也就不可能通过划分生产阶段计算产品成本。在大量大批多步骤生产的企业或生产单位中，如果生产规模较小，而且成本管理上又不要求提供各步骤的成本资料，则也可以采用品种法计算产品成本，如小型水泥厂、制砖厂、造纸厂等。此外，企业为基本生产单位提供产品和劳务的某些辅助生产单位，如供水、供电、供气等也可以采用品种法计算其产品或劳务的成本。

二、品种法的计算程序

采用品种法计算产品成本时，其基本程序如下。

（一）以产品品种作为成本计算对象

在品种法下，企业应以产品的品种设置基本生产成本明细账，在账中按成本项目设置专栏。对于有月初在产品成本的产品，还应该在基本生产成本明细账中登记月初在产品的成本。

（二）按产品品种归集要素费用

根据生产过程中发生的各项费用的原始凭证和有关资料，编制各种成本费用分配表。根据各种成本费用分配表登记“基本生产成本明细账”“辅助生产成本明细账”“制造费用明细账”等账户。

（三）分配辅助生产成本

将辅助生产成本明细账上所归集的费用，采用适当的分配方法编制辅助生产成本分配表，分配辅助生产费用，并将分配结果登记在“基本生产成本明细账”“制造费用明细账”等账户中。

（四）分配制造费用

将制造费用明细账上所归集的制造费用，采用一定的方法在本车间生产的各种产品之间进行分配，编制制造费用分配表，并将分配结果登记在“基本生产成本明细账”中。

（五）计算完工产品成本和月末在产品成本

如果月末没有在产品或在产品数量很小，则基本生产成本明细账上所归集的本月生产费用就是完工产品成本；如果月末有在产品，而且在产品数量较大，则应采用一定的分配方法将“基本生产成本明细账”上所归集的生产费用总额在本月完工产品和月末在产品之间进行分配，从而计算出完工产品成本。

（六）结转完工产品成本，并验收入库

根据基本生产成本明细账计算出的本月完工产品成本，汇总编制完工产品成本汇总表，编制结转本月完工产品成本的会计分录，借记“库存商品”科目，贷记“基本生产成本”科目。

任务二 品种法的会计处理

任务引例

某热电厂除供应电力外，还供应热力。按照火力发电厂的生产特点，该厂设有燃料、锅炉、汽机、电机等基本生产成本车间和机修、过热、运输等辅助生产车间或部门。热电厂产品比较单一，生产周期短，生产过程不能间断，而且是连续地、不分步骤地、大量地生产电力和热力，因此可以采用品种法计算产品成本。又由于生产周期短，月末基本没有在产品，也就不必将生产费用在完工产品和月末在产品之间进行分配。本月共发生生产费用 1 260 万元，生产电力 1 200 万度，供热 140 000 万千卡。

你认为应采用何种方法计算电力和热力的成本较为合适？

职业判断与业务操作

由于热电厂生产的电力和热力是在同一生产过程中产生的，即锅炉车间产生的蒸汽除用以通过汽轮机带动发电机发电外，还可将多余的部分蒸汽输送给热能用户使用。显然，企业无法分清电力和热力两者耗用的各项费用，在实际工作中一般采用两者售价比例分配，售价高的分配较多的成本。也可以采用技术测定的电力和热力耗用标准热量的比例及历史资料确定的两者的比例进行分配。另外，在分配费用时均不考虑厂内自耗电能和自耗热能，以简化成本计算工作。

如前所述，品种法是产品成本计算方法中最基本的方法，它的计算程序体现了产品成本计算的一般程序。下面通过一个实例，把前面讲述的要素费用、辅助生产费用、制造费用同基本生产成本的归集和分配连接起来，形成一个系统。这就是品种法的应用。

一、企业基本情况

东海有限责任公司是一家生产企业，有关情况如下。

① 设有一个基本生产车间，单步骤大量生产甲、乙两种产品。根据生产特点和管理要求，确定采用品种法计算甲、乙两种产品成本。

② 企业设有机修和供水两个辅助生产车间，分别为基本生产和行政管理部门提供劳务。由于辅助生产较小，所以不单独设置“制造费用”科目核算辅助生产的制造费用，而直接记入“辅助生产成本”科目的相关项目中。

③ 基本生产成本明细账设置“直接材料”“燃料与动力”“直接人工”和“制造费用”4个成本项目。

④ 辅助生产成本明细账按“原材料”“职工薪酬”“折旧费”“办公费”“劳保费”“水电费”和“其他费用”等设置费用专栏。月末，辅助生产成本明细账归集的费用采用计划成本分配法进行分配。

⑤ 制造费用明细账也按“原材料”“职工薪酬”“折旧费”“办公费”“劳保费”“水电费”和“其他费用”等设置费用专栏。制造费用明细账归集的费用采用生产工时比例法进行分配。

⑥ 为了充分说明产品生产成本的核算过程，本节只列示成本类账户，不再反映其他类账户的设置和登记。

二、品种法下的成本计算及其账务处理

2017年8月该企业甲、乙两种产品的成本计算和相应的账务处理如下。

（一）归集和分配要素费用

企业应根据各种费用的原始凭证和其他有关资料编制各项费用分配表，分配各项要素费用。

1. 归集和分配材料费用

根据按原材料的用途归类的领退料凭证和有关的分配标准编制原材料费用分配表，如表8-1所示。

表8-1 原材料费用分配表

2017年8月　　元

应借科目			原材料及主要材料	辅助材料	其他材料	合计
总账科目	明细科目	成本或费用项目				
基本生产成本	甲产品	直接材料	17 200	600		17 800
	乙产品	直接材料	15 600	520		16 120
辅助生产成本	机修车间	原材料			220	220
	供水车间	原材料		760	80	840
制造费用	基本生产车间	原材料			500	500
管理费用		其他材料			520	520
合计			32 800	1 880	1 320	36 000

根据原材料费用分配表，编制会计分录如下。

借：基本生产成本——甲产品——直接材料　17 800
　　　　　　　——乙产品——直接材料　16 120
　　辅助生产成本——机修车间　220
　　　　　　　——供水车间　840
　　制造费用　500
　　管理费用　520
　　贷：原材料——原材料及主要材料　32 800
　　　　　　——辅助材料　1 880
　　　　　　——其他材料　1 320

2．归集和分配外购动力费用

根据各车间、部门耗电数量和单价编制外购动力费用（电费）分配表，如表 8-2 所示。

表 8-2　外购动力费用（电费）分配表

2017 年 8 月　　元

应借科目			数量		金额
总账科目	明细科目	成本或费用项目	单价/（元/度）	度数/度	
基本生产成本	甲产品	燃料及动力	1	11 000	11 000
	乙产品	燃料及动力	1	9 000	9 000
辅助生产成本	机修车间	水电费	1	1 700	1 700
	供水车间	水电费	1	1 500	1 500
制造费用		水电费	1	1 000	1 000
管理费用		水电费	1	2 800	2 800
合计				27 000	27 000

根据外购动力费用分配表，编制会计分录如下。

借：基本生产成本——甲产品——燃料及动力　11 000
　　　　　　　——乙产品——燃料及动力　9 000
　　辅助生产成本——机修车间　1 700
　　　　　　　——供水车间　1 500
　　制造费用　1 000
　　管理费用　2 800
　　贷：应付账款　27 000

3．归集和分配职工薪酬

根据各车间、部门的工资计算凭证编制应付职工薪酬分配表，如表 8-3 所示。在应付职工薪酬分配表中，甲产品和乙产品共同发生的生产工人工资为 50 000 元，按生产工时比例在两产品之间进行分配。其中，甲产品生产工时为 24 000 小时，乙产品生产工时为 16 000 小时。

表 8-3 应付职工薪酬分配表

2017 年 8 月 元

应借科目		生产工时	应付工资总额			社会保险费	职工教育经费	工会经费	合 计
总账科目	明细科目		生产工人工资	管理人员工资	小 计				
基本生产成本	甲产品	24 000	30 000		30 000	4 200	750	600	35 550
	乙产品	16 000	20 000		20 000	2 800	500	400	23 700
小 计		40 000	50 000		50 000	7 000	1 250	1 000	59 250
辅助生产成本	机修车间		4 400		4 400	616	110	88	5 214
	供水车间		5 600		5 600	784	140	112	6 638
制造费用				8 000	8 000	1 120	200	160	9 480
管理费用				20 000	20 000	2 800	500	400	23 700
合 计			60 000	28 000	88 000	12 320	2 200	1 760	104 282

根据应付职工薪酬分配表，编制会计分录如下。

借：基本生产成本——甲产品——直接人工 35 550

——乙产品——直接人工 23 700

辅助生产成本——机修车间 5 214

——供水车间 6 638

制造费用 9 480

管理费用 23 700

贷：应付职工薪酬——工资 88 000

——社会保险费 12 320

——职工教育经费 2 200

——工会经费 1 760

4. 归集和分配折旧费用

根据本月应计折旧固定资产原值和月折旧率编制折旧费用分配表，计算本月应计提固定资产折旧，如表 8-4 所示。

表 8-4 固定资产折旧费用分配表

2017 年 8 月 元

项 目	生产车间			管理部门	合 计
	基本生产车间	机修车间	供水车间		
折旧费用	2 000	600	400	1 000	4 000

根据折旧费用分配表，编制会计分录如下。

借：辅助生产成本——机修车间 600

——供水车间 400

制造费用 2 000

管理费用 1 000

贷：累计折旧 4 000

5．归集和分配水费

根据本月自来水公司转来的水费付款凭证，本月应支付自来水费用 12 010 元（本例假定企业外购的自来水全部计入供水车间成本，供水车间对用水进行污水处理及二次使用）。

根据水费付款凭证，编制会计分录如下。

借：辅助生产成本——供水车间　　12 010

　　贷：应付账款　　12 010

6．货币性支出

根据本月库存现金、银行存款付款凭证汇总的货币支出编制汇总表，如表 8-5 所示（在实际工作中，支付货币资金的业务应逐项填制记账凭证，分别编制会计分录。本例为了简化，均汇总编制会计分录并汇总记账）。

表 8-5　货币资金付款凭证汇总表

2017 年 8 月　　元

应借科目					合　计
总账科目	明细科目	成本或费用项目			
		办公费	劳保费	其他费用	
辅助生产成本	机修车间	3 600	310	690	4 600
	供水车间	270	330	400	1 000
制造费用	基本生产车间	600	540	340	1 480
管理费用		2 000	1 560	1 000	4 560
合　计		6 470	2 740	2 430	11 640

编制会计分录如下。

借：辅助生产成本——机修车间　　4 600

　　　　　　　　——供水车间　　1 000

　　制造费用　　1 480

　　管理费用　　4 560

　　贷：银行存款　　11 640

7．归集和分配其他费用

根据本月低值易耗品领料单归类汇总如下：基本生产车间新领工具 600 元，工作服 1 000 元；行政管理部门新领家具用具 1 800 元。采用一次摊销法。编制会计分录如下。

借：制造费用　　1 600

　　管理费用　　1 800

　　贷：周转材料　　3 400

（二）归集和分配辅助生产成本

1．归集辅助生产成本

根据上述各项费用分配表和其他有关资料登记辅助生产成本明细账，归集和分配辅助生产费用，如表 8-6 和表 8-7 所示。

表 8-6 辅助生产成本明细账

辅助车间：机修车间

元

2017 年 月	日	摘　要	原材料	职工薪酬	折旧费	办公费	水电费	劳保费	其他	余额	转出
8	31	原材料分配表	220							220	
	31	外购电费分配表					1700			1 920	
	31	职工薪酬分配表		5 214						7 134	
	31	折旧费分配表			600					7 734	
	31	付款凭证汇总表				3 600		310	690	12 334	
	31	供水车间分配转入					460			12 794	
	31	月末分配转出									12 500
	31	结转成本差异									294
		合　计	220	5 214	600	3 600	2 160	310	690	0	12 794

表 8-7 辅助生产成本明细账

辅助车间：供水车间

元

2017 年 月	日	摘　要	原材料	职工薪酬	折旧费	办公费	水电费	劳保费	其他	余额	转出
8	31	原材料分配表	840							840	
	31	外购电费分配表					1 500			2 340	
	31	职工薪酬分配表		6 638						8 978	
	31	折旧费分配表			400					9 378	
	31	应付水费					12 010			21 388	
	31	付款凭证汇总表				270		330	400	22 388	
	31	供水车间分配转入					1 500			23 888	
	31	月末分配转出									23 000
	31	结转成本差异									888
		合　计	840	6 638	400	270	15 010	330	400	0	23 888

2. 分配辅助生产成本

根据辅助生产成本明细账归集的费用，采用计划成本分配法分配辅助生产费用。

① 本月机修车间修理 2 500 小时。其中，供水车间修理 300 小时，基本生产车间修理 2 000 小时，行政管理部门修理 200 小时。

② 本月供水车间供水 10 000 立方米。其中，机修车间耗用 200 立方米，甲产品耗用 3 000 立方米，乙产品耗用 5 000 立方米，基本生产车间一般耗用 500 立方米，行政管理部门耗用 1 300 立方米。

③ 机修车间计划单位成本 5 元/小时；供水车间计划单位成本 2.3 元/立方米。

根据上述资料编制辅助生产费用分配表，分配辅助生产费用，如表 8-8 所示。

表 8-8 辅助生产费用分配表

（计划成本分配法）

2017 年 8 月

元

项目		机修车间		供水车间		金额合计
		数量/时	金额	数量/立方米	金额	
待分配的费用和数量		2 500	11 760	10 000	22 000	33 760
计划单位成本			5 元/小时		2.3 元/立方米	
辅助生产车间	机修车间			200	460	460
	供水车间	300	1 500			1 500
基本生产车间	甲产品			3 000	6 900	6 900
	乙产品			5 000	11 500	11 500
	车间一般耗用	2 000	10 000	500	1 150	11 150
行政管理部门耗用		200	1 000	1 300	2 990	3 990
按计划单位成本分配合计			12 500		23 000	35 500
辅助生产实际成本			12 794		23 888	36 682
成本差异			+294		+888	+1 182

说明：机修车间实际成本 = 12 334+460 = 12 794（元）

供水车间实际成本 = 22 388+1 500 = 23 888（元）

机修车间成本差异 = 12 794−12 500 = +294（元）

供水车间成本差异 = 23 888−23 000 = +888（元）

根据辅助生产费用分配表，编制分配辅助生产费用的会计分录。

① 按计划成本分配的会计分录如下。

借：辅助生产成本——机修车间　　460

——供水车间　　1 500

基本生产成本——甲产品——制造费用　　6 900

——乙产品——制造费用　　11 500

制造费用　　11 150

管理费用　　3 990

贷：辅助生产成本——机修车间　　12 500

——供水车间　　23 000

② 结转成本差异的会计分录如下。

借：管理费用　　1 182

贷：辅助生产成本——机修车间　　294

——供水车间　　888

根据辅助生产费用分配表及上述会计分录，继续登记机修车间和供水车间成本明细账，参见表 8-6 和表 8-7。

（三）归集和分配基本生产车间制造费用

1. 归集基本生产车间制造费用

根据上述各项费用分配表，登记基本生产车间制造费用明细账，如表 8-9 所示。

表 8-9　制造费用明细账

车间：基本生产车间　　2017 年 8 月　　元

2017 年 月	日	摘　要	原材料	职工薪酬	折旧费	办公费	水电费	劳保费	其他	余额	转出
8	31	原材料分配表	500							500	
	31	外购电费分配表					1 000			1 500	
	31	职工薪酬分配表		9 480						10 980	
	31	折旧费分配表			2 000					12 980	
	31	付款凭证汇总表				600		540	340	14 460	
	31	其他费用分配						1 000	600	16 060	
	31	机修车间分配转入							10 000	26 060	
	31	供水车间分配转入					11 150			37 210	
	31	月末分配转出									37 210
	31	合　计	500	9 480	2 000	600	12 150	1 540	10 940	0	37 210

2．分配基本生产车间制造费用

根据基本生产车间明细账归集的制造费用和甲、乙两种产品的生产工时，采用生产工时比例法分配制造费用。编制基本生产车间制造费用分配表，如表 8-10 所示。

表 8-10　制造费用分配表

2017 年 8 月　　元

应借科目 总账科目	明细科目	生产工时/小时	分配率	分配金额
基本生产成本	甲产品	24 000		22 326
	乙产品	16 000		14 884
合　计		40 000	0.930 25	37 210

根据基本生产车间制造费用分配表，编制分配制造费用的会计分录如下。

借：基本生产成本——甲产品——制造费用　　22 326

　　　　　　　　——乙产品——制造费用　　14 884

　贷：制造费用　　37 210

（四）归集和分配基本生产成本

1．归集甲产品和乙产品的基本生产成本

根据表 8-1 至表 8-10 所示的各项费用分配表和其他有关资料，登记基本生产成本明细账，如表 8-11 和表 8-12 所示。

表 8-11　基本生产成本明细账

户名：甲产品　　完工产品：100 件　　月末在产品：0　　元

2017 年 月	日	摘　要	成本项目 直接材料	燃料与动力	直接人工	制造费用	合　计
8	31	原材料分配表	17 800				17 800
	31	外购电费分配表		11 000			28 800

（续表）

2017年		摘　要	成本项目				合　计
月	日		直接材料	燃料与动力	直接人工	制造费用	
	31	职工薪酬分配表			35 550		64 350
	31	供水车间分配转入		6 900			71 250
	31	制造费用分配表				22 326	93 576
	31	合　计	17 800	17 900	35 550	22 326	93 576
	31	转出完工产品成本	17 800	17 900	35 550	22 326	93 576
	31	单位成本	178	179	355.50	223.26	935.76

表 8-12　基本生产成本明细账

户名：乙产品　　　　完工产品：780 件　　　　月末在产品：20 件　　　　元

2017年		摘　要	成本项目				合　计
月	日		直接材料	燃料与动力	直接人工	制造费用	
8	31	原材料分配表	16 120				16 120
	31	外购电费分配表		9 000			25 120
	31	职工薪酬分配表			23 700		48 820
	31	供水车间分配转入		11 500			60 320
	31	制造费用分配表				14 884	75 204
	31	合　计	16 120	20 500	23 700	14 884	75 204
	31	转出完工产品成本	15 720	20 300	23 400	14 684	74 104
	31	单位成本	20.15	26.03	30	18.83	95.01
		在产品单位定额成本	20	10	15	10	55
		月末在产品定额成本	400	200	300	200	1100

2．计算完工产品和在产品成本

① 甲产品本月生产 100 件，月末全部完工。

② 乙产品本月生产 780 件，月末在产品 20 件。由于该企业定额管理基础工作做得比较好，产品的消耗定额比较准确、稳定，乙产品各月在产品数量变化不大，采用在产品按定额成本计价法进行完工产品和在产品之间的分配。乙产品费用定额资料为：直接材料 20 元、燃料与动力 10 元、直接人工 15 元、制造费用 10 元。

根据已归集的基本生产成本明细账和产量记录资料，继续登记基本生产成本明细账，参见表 8-11 和表 8-12 所示。

3．编制产品成本汇总表和会计分录

根据甲、乙产品成本明细账中的产成品成本，编制完工产品成本汇总表，如表 8-13 所示。

表 8-13　完工产品成本汇总表

2017 年 8 月　　元

成本项目	甲产品（100 件）		乙产品（780 件）	
	总成本	单位成本	总成本	单位成本
直接材料	17 800	178.00	15 720	20.15
燃料与动力	17 900	179.00	20 300	26.03
直接人工	35 550	355.50	23 400	30.00
制造费用	22 326	223.26	14 684	18.83
合　计	93 576	935.76	74 104	95.01

根据完工产品成本汇总表，编制结转完工产品成本的会计分录如下。

借：库存商品——甲产品　　93 576

　　　　　　——乙产品　　74 104

　贷：基本生产成本——甲产品　　93 576

　　　　　　　　　——乙产品　　74 104

项目小结

品种法是指以产品的品种作为成本核算对象，用以归集生产费用并计算产品成本的一种成本计算方法。它体现着产品成本计算的一般程序，是产品成本计算方法中最基本的方法。

按照产品的生产类型和成本计算的繁简程度，可将品种法分为简单法和品种法。在简单法下，由于企业只生产一种产品，所以发生的生产费用全部都是直接生产费用，可以直接计入基本生产成本明细账有关成本项目中，也不存在将生产费用在完工产品和在产品之间进行分配的问题。多品种的品种法，简称为品种法。在这种方法下，需要按照每种产品分别开设生产成本明细账或产品成本计算单。对于生产过程中发生的费用，凡能分清成本计算对象的，应直接记入该成本核算对象的生产成本明细账中；凡是分不清应由哪种产品负担的生产费用，应采取适当的分配方法，分别记入各生产成本明细账或产品成本计算单中。

品种法主要适用于大量大批的单步骤生产的企业，或者在大量大批多步骤生产的企业或生产单位中。如果生产规模较小，而且成本管理上又不要求提供各步骤的成本资料，也可以采用品种法计算产品成本。此外，企业为基本生产单位提供产品和劳务的某些辅助生产单位也可以采用品种法。

项目九

分 批 法

职业能力目标

通过本项目的学习，了解分批法和简化分批法的使用范围和特点，明确简化分批法的优缺点，掌握分批法和简化分批法的计算程序，熟练应用分批法和简化分批法的基本原理来解决产品成本计算问题。

典型工作任务

分批法的概念；分批法的适用范围；分批法的特点；分批法及其应用；简化的分批法及其应用。

任务一 认知分批法

任务引例

菲尔公司是一家包装公司，生产各种包装物。由于产品质量过硬，信用良好，所以企业生产稳定，拥有稳定的客户。其中斯特饮料公司就是菲尔包装公司的长期客户，两家公司合作融洽。其合作方式是订单式的，斯特公司根据自身的生产量需要，决定使用的包装物种类和数量，并以订单的形式通知菲尔公司。菲尔公司根据订单的具体要求（包装物的种类、数量、交货时间、交货方式等）组织生产销售。

一般而言，斯特公司生产的饮料使用易拉罐、玻璃瓶、纸质软包装和塑料瓶4种包装形式，而公司在生产产品的过程中考虑到市场细分和提高产品多样性以增强竞争力的需要，往往使用多种包装形式。因此，公司发给菲尔公司的订单通常包含多种包装物形式，而交货期是统一的。

你认为菲尔公司应如何确定成本计算对象，计算各种包装物的成本？

职业判断与业务操作

案例资料表明：菲尔公司根据斯特饮料公司的订单组织生产和销售，在每一份订单中，又包括易拉罐、玻璃瓶、纸质软包装和塑料瓶4种包装形式。这就要求菲尔公司同时组织多种产品进行生产，生产的组织和成本的计算均需要按照每一份订单来进行，无法单独按某一种产品进行。因此，菲尔公司就要按照订单组织生产，并采用分批法来进行计算。

一、分批法的特点和适用范围

分批法是指以产品的批别为成本核算对象归集和分配生产费用，计算各批产品成本的一种方法。它是计算产品成本的一种常用方法。产品批别在成批组织产品生产的企业或车间中，是按照一定品种、一定批量产品划分的。因此，分批法也就是计算一定品种、一定批量的产品成本的方法。在实际工作中，产品的品种和每批产品的批量往往根据客户的订单来确定，因此，按照产品批别计算产品成本，往往也就是按照订单计算产品成本，所以分批法也称订单法。

小思考 9-1　“订单”与“定单”是一回事吗？

解析：订单和定单分别代表了商品交易过程的不同阶段，它们的定义不同，含义也不同。订单是指营销部门根据市场终端需求，根据企业资源情况，在买卖双方达成一致的条件下，形成的同市场终端的一种买卖关系，包含品种、数量、交货期，是市场同企业形成交易关系的结果，是一种对外行为；定单是指营销部门将同市场终端确定的订单输入到工厂，工厂通过调配采购、制造、物流资源，满足营销部门的订单需求，是在企业内部价值链环节间建立一种契约关系的媒介，是内部行为。订单更多地反映了市场终端同营销部门之间的一种买卖关系，而定单则是营销部门对订单进行的转化，是企业的各个部门、价值链在各个环节有效、和谐互动的情况下，满足终端订单的一系列企业行为。

（一）分批法的特点

1. 以产品的批别（订单或生产通知单等）为成本计算对象

在单件小批生产的企业，产品的生产一般是根据购货单位的订单组织的，生产何种产品、每批产品的批量大小及完工时间通常要根据购货单位的订单加以确定，并结合企业的生产负荷程度合理组织产品生产的批次和批量。因此，分批法是以产品批别（或订单、生产通知单）为成本计算对象，设置基本生产成本明细账，归集生产费用和计算产品成本的。产品的批别确定通常包以下几种情况。

① 多品种划分批别。这种情况是指一张订单中包括多种产品，为了对各种产品的成本进行有效的管理和控制，必须对各种产品的成本计划执行情况进行全面分析和考核。因此，需要按产品的品种划分批别后组织生产，计算产品成本。

② 多数量划分批别。这种情况是指一张订单中只有一种产品，但购货单位订购的数量较大，难以集中一次投料，或者购货单位要求分批交货。在这种情况下，可划分数个批别，分批组织生产，计算产品成本。

③ 多部分划分批别。这种情况是指一张订单中只规定有一种产品，但属于大型复杂产品，价值较大、生产周期长，如大型船舶制造，可以按产品的组成部分划分批别，并分批组织生产，计算产品成本。

④ 多订单组合批别。这种情况是指在同一个时期，接受多份订购同一品种、同一规格产品的订单，且每份订单订购的数量不大，为保证生产组织的合理性和经济性，可以将多份订单组合为一个批别安排生产和计算产品成本。此时，分批法的成本计算对象就不是购货单位原来的订单，而是生产计划部门下达的生产任务通知单。

⑤ 同品种轮流批别。这种情况是指生产企业对同一种产品，因生产和管理的需要，分批轮流组织生产，并按生产批别计算产品成本。

综上所述，生产企业往往不直接以购货单位的订单为成本计算对象，而是以生产计划部门实际下达的生产通知单为成本计算对象。生产通知单对每批生产任务进行编号，被称为产品批号或生产令号，车间根据生产通知单组织生产，仓库根据生产通知单准备材料，会计部门根据生产通知单开设基本生产成本明细账归集生产费用，计算产品成本。

小思考 9-2　分批法下，企业是如何确定“订单”的？

解析：生产企业往往不直接以购货单位的订单为成本计算对象，而是以生产计划部门实际下达的生产通知单为成本计算对象。

2. 产品成本计算期是不定期的

采用分批法计算产品成本，以批别为成本计算对象，对每批产品不论其数量多少，生产周期长短，均分批开设基本生产成本明细账，归集所发生的生产费用。如果某批产品的生产周期短于一个月，表现为当月投产，当月完工，月末结算成本时，基本生产成本明细账中归集的生产费用即为该批完工产品的总成本；如果某批产品的生产周期长于一个月，或者是跨月完工，那么当月归集的生产费用加上期初在产品成本，形成本月末在产品的成本，而无法计算也不必计算完工产品成本，只能待该批产品完工时，才能计算出该批完工产品的成本。因此，分批法的成本计算期是不定期的，成本计算期同产品生产周期基本一致，但同会计报告期不一致。

3. 一般不需要在完工产品和在产品之间分配生产费用

这主要是由于成本计算期同产品生产周期一致决定的。就单件生产来说，产品完工之前，基本生产成本明细账所归集的生产费用都是在产品成本，产品完工时则都是完工产品成本，因此月末一般不需要计算月末在产品成本；如果是小批生产，批内产品一般都能同时完工，在月末计算成本时，或者是全部已经完工，或者是全部没有完工，因此也都不存在生产费用在完工产品与月末在产品之间分配的问题。

但在批内产品跨月陆续完工的情况下，月末计算成本时，一部分产品已完工，另一部分尚未完工，这时就要在完工产品和月末在产品之间分配费用了，以分别计算完工产品成本和月末在产品的成本。其分配方法有：①如果月末批内完工产品数量较少，完工产品的数量占全部批量的比重较小，未完工的数量较多，那么按计划单位成本、定额单位成本或近期相同产品的实际单位成本计算完工产品成本，待该批产品全部完工时，再计算该批产品的实际总成本和单位成本，对已经转账的完工产品成本，不做账目调整；②如果月末批内完工产品数量较多，完工产品的数量占全部批量的比重较大，则相应采用定额比例法、约当产量法等方法分配计算完工产品和月末在产品成本。

此外，在同一月份内投产的产品批数很多的企业中，还会采用一种简化的不分批次计算在产品成本的分批法。

（二）分批法的适用范围

凡所从事的生产是不连续的，同时进行多种不同批别生产的，并且各批生产所需材料、人工及制造费用又各不相同时，都可以使用分批法。采用这种方法的制造业，主要是单件小批生产的企业，如船舶制造、重型机器制造、精密仪器制造、家具工业、木材制品业和建筑业等。另外，对企业中的新产品试制或实验、设备修理作业、服务业（如会计师事务所、管理咨询公司）等，也经常采用这种方法。这种方法主要适用于小批单件的单步骤生产，或者单件小批的多步骤生产但管理上又不要求分步计算成本的产品生产。

二、分批法的计算程序

（一）分批法成本计算的一般程序

1. 按产品批别开设基本生产成本明细账

工业企业按照产品批别组织生产时，生产计划部门要签发生产通知单下达车间，并通知会计部门。会计部门应根据生产计划部门下达的产品批号，也就是产品批别，为各批产品开设基本生产成本明细账，按成本项目分设专栏，以归集每批产品所发生的生产费用，计算该批产品的总成本和单位成本。基本生产成本明细账的设立和结账，应同生产通知单的签发和结束密切配合，协调一致。基本生产成本明细账上应注明产品的批号、名称、数量、开工时间和完工时间等，以保证各批产品成本计算的正确性。

2．按产品批别归集和分配所发生的生产费用

企业应尽可能按生产通知单的批号组织生产，领用原材料，计算薪酬，支付各项费用。

财会部门根据各项费用分配表的分配结果，对各批产品耗用的直接费用，如直接材料、直接人工等，按批号直接记入该批基本生产成本明细账的有关栏目，防止“串批”；对各批产品耗用的间接费用，应采用适当的分配方法在各批产品之间进行分配，分别记入有关批次的基本生产成本明细账的各个专栏。

3．计算完工产品成本

根据产品完工情况，计算完工或在产品成本。

① 如果月末某批产品已全部完工，则该批基本生产成本明细账所归集的全部生产费用就是该批完工产品的总成本。总成本除以该产品产量，即可计算出完工批次产品的单位成本。

② 如果某批产品月末全部未完工，则该批基本生产成本明细账所归集的生产费用就是月末在产品的总成本。

③ 如果某产品跨月陆续完工，则要在完工产品和在产品之间分配费用。这里有两种情况：其一，在批内陆续完工数量不多的情况下，可以采用按计划成本、定额成本或近期同种产品的实际单位成本计算完工产品成本的方法，从成本计算单中转出批内完工产品的成本，剩余的生产费用即为在产品成本，待该批产品全部完工时，再合并计算其实际总成本和单位成本，对前期陆续完工并已转账的完工产品成本，无须再做账调整；其二，在批内跨月完工数量较多，占全部批量比重较大时，则应采用适当的方法，如约当产量法、定额比例法等在完工产品和在产品之间分配费用，分别计算出完工产品成本和月末在产品成本。

为了减少在完工产品和月末在产品之间分配费用的工作，提高成本计算的正确性和及时性，在合理组织生产的前提下，也可以适当缩小产品的批量，以较小的批量分批投产，尽量使同一批产品能同时完工，避免跨月陆续完工的情况出现。但是缩小产品批量，应有一定的限度。如果批量过小，不仅会使生产组织不合理、不经济，而且会使设立的基本生产成本明细账过多，加大核算工作量。

小思考 9-3　在分批法下，如果产品跨月完工，一定要计算产品成本吗？

解析：按分批法计算产品成本，因为一般是在该批产品全部完工时才计算该批产品成本，所以月末如果某批产品全部完工，则该批产品归集的全部生产费用就是该批产品的完工产品成本；如果该批产品未完工，则全部为在产品成本。只有在一批产品跨月陆续完工陆续交货的情况下，为了按期确定损益，才需要在月末计算该批产品的完工产品和在产品成本。在这种情况下，为了减少成本计算的工作量，可以采用简便的方法，即按计划单位成本、定额单位成本或最近一期相同产品的实际单位成本来计算完工产品成本，将完工产品成本从基本生产成本明细账转出后，余额作为在产品成本，待该批产品全部完工时再计算该批产品的实际总成本和单位成本。但对已经转出的完工产品成本，不必做账面调整。

在实际工作中，还可采用一种按产品所用零件的批别计算成本的零件分批法：先按零件生产的批别计算各批零件的成本，然后按照各批产品所耗各种零件的成本，加上装配成本，计算各该批产品的成本。采用这种分批法，由于一批零件一般都能同时完工，因此也能减少在完工产品和月末在产品之间分配费用的工作。同时，还能及时、深入地进行成本分析，且便于根据各个购买单位在订购产品时对于某些零部件的不同要求，组合计算不同订货的成本，拟订不同订货的价格。但是，这种方法的计算工作量较大，因而只能在自制零件种类不多或成本计算工作已经实现电算化的情况下采用。

分批法成本计算的一般程序如图 9-1 所示。

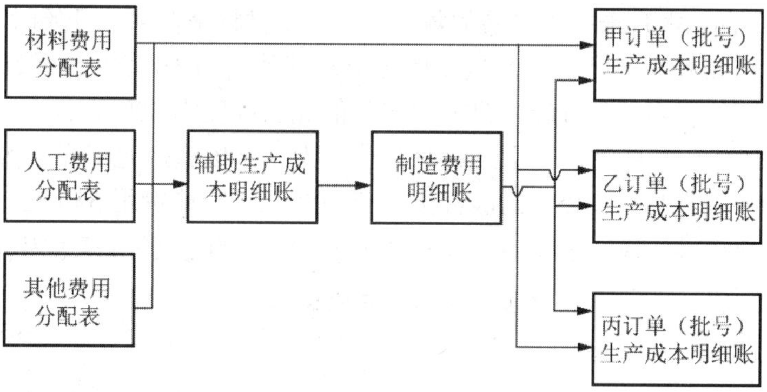

图 9-1　分批法成本计算的一般程序

（二）分批法的应用

工作实例 9-1 某工业企业根据购买单位订单进行小批生产甲、乙、丙、丁 4 种产品，采用分批法计算基本生产成本。2017 年 8 月份的生产情况和生产费用支出的资料如下。

1．本月份生产产品的批号

601 号 甲产品 8 台，6 月份投产，本月全部完工。

602 号 乙产品 15 台，7 月份投产，本月完工 9 台，未完工 6 台。

603 号 丙产品 10 台，本月投产，计划 9 月完工，本月提前完工 2 台。

604 号 丁产品 5 台，本月投产，本月尚未完工。

2．本月份的成本资料

（1）各批产品月初在产品成本，如表 9-1 所示。

表 9-1　各批产品月初在产品成本

2017 年 8 月 1 日　　元

批号	直接材料	直接人工	制造费用	合计
601	85 600	4 640	2 780	93 020
602	28 860	3 870	4 090	36 820

（2）根据各费用分配表，汇总各批产品本月发生的生产费用，如表 9-2 所示。

表 9-2　生产费用汇总表

2017 年 8 月 31 日　　元

批　号	直接材料	直接人工	制造费用	合　计
601		3 970	1 890	5 860
602		5 970	4 490	10 460
603	10 360	6 740	4 010	21 110
604	6 200	1 150	620	7 970

3．各批完工产品和月末在产品之间分配费用的方法

601 批号甲产品，本月全部完工。不需要在完工产品和月末在产品之间分配生产费用。

602 批号乙产品，本月末完工产品的数量较大，原材料是在生产开始时一次投入的，其费用可以按完工产品和在产品实际数量比例分配；其他费用采用约当产量比例分配法在完工产品和月末在产品之间进行分配，月末在产品的完工程度为 50%。

603 批号丙产品，本月完工产品数量为 2 台，为简化核算，完工产品按计划成本转出。每台计划成本为：直接材料 1 280 元，直接人工 800 元，制造费用 550 元，合计 2 630 元。

根据上述各项资料，登记各批基本生产成本明细账，如表 9-3 至表 9-6 所示。

表 9-3　基本生产成本明细账

产品批号：601　　投产日期：6 月

产品名称：甲产品　　批量：8 台　　完工日期：8 月　　元

2017 年		凭证字号	摘　要	成本项目			合　计
月	日			直接材料	直接人工	制造费用	
8	1	（略）	月初在产品成本	85 600	4 640	2 780	93 020
	31		本月发生费用		3 970	1 890	5 860
	31		生产成本合计	85 600	8 610	4 670	98 880
	31		结转完工产品总成本	85 600	8 610	4 670	98 880
	31		单位成本	10 700	1 076.25	583.75	12 360

表 9-4　基本生产成本明细账

产品批号：602　　投产日期：7 月

产品名称：乙产品　　批量：15 台　　完工日期：（本月完工 9 台）　元

2017 年		凭证字号	摘　要	成本项目			合　计
月	日			直接材料	直接人工	制造费用	
8	1	（略）	月初在产品成本	28 860	3 870	4 090	36 820
	31		本月发生费用		5 970	4 490	10 460
	31		生产成本合计	28 860	9 840	8 580	47 280
	31		结转完工产品总成本（9 台）	17 316	7 380	6 435	31 131
	31		单位成本	1 924	820	715	3 459
			月末在产品成本	11 544	2 460	2 145	16 149

表 9-5　基本生产成本明细账

产品批号：603　　　　投产日期：8 月

产品名称：丙产品　　　　批量：10 台　　　　完工日期：（本月完工 2 台）　　　　元

2017 年		凭证字号	摘　要	成 本 项 目			合　计
月	日			直接材料	直接人工	制造费用	
8	1	（略）	本月发生费用	10 360	6 740	4 010	21 110
	31		生产成本合计	10 360	6 740	4 010	21 110
	31		单位计划成本	1 280	800	550	2 630
	31		结转完工产品总成本（2 台）	2 560	1 600	1 100	5 260
	31		月末在产品成本	7 800	5 140	2 910	15 850

表 9-6　基本生产成本明细账

产品批号：604　　　　投产日期：8 月

产品名称：丁产品　　　　批量：5 台　　　　完工日期　　　　元

2017 年		凭证字号	摘　要	成 本 项 目			合　计
月	日			直接材料	直接人工	制造费用	
8	1	（略）	本月发生成本	6 200	1 150	620	7 970
	31		生产成本合计	6 200	1 150	620	7 970
	31		月末在产品成本	6 200	1 150	620	7 970

其中：

乙产品完工产品应分配的直接材料费用 $=\dfrac{28\,860}{9+6}\times 9=17\,316$（元）

乙产品完工产品应分配的直接人工费用 $=\dfrac{9\,840}{9+6\times 50\%}\times 9=7\,380$（元）

乙产品完工产品应分配的制造费用 $=\dfrac{8\,580}{9+6\times 50\%}\times 9=6\,435$（元）

根据表 9-3 所示基本生产成本明细表对 601 号甲产品全部生产成本的归集，以及对完工产品总成本和单位成本的计算，编制完工产品成本转出的会计分录如下。

借：库存商品——甲产品（601 号）　　　　98 880

　　贷：基本生产成本——甲产品（601 号）　　　　98 880

根据表 9-4 所示基本生产成本明细表对 602 号乙产品记录和计算的结果，编制完工产品成本转出的会计分录如下。

借：库存商品——乙产品（602 号）　　　　31 131

　　贷：基本生产成本——乙产品（602 号）　　　　31 131

根据表 9-5 所示基本生产成本明细表对 603 号丙产品记录和计算的结果，编制完工产品成本转出的会计分录如下。

借：库存商品——丙产品（603 号）　　　　5 260

　　贷：基本生产成本——丙产品（603 号）　　　　5 260

从以上实例可以看出以下几点。

① 在分批法下，在没有跨月陆续完工产品的情况下，哪个批号的产品完工就计算哪个批号产品的总成本和单位成本，如601批号产品。

② 对于没有完工产品的批号，只要将其所发生的生产费用进行累计即可作为该批号产品的在产品成本，如604批号产品。

③ 在同批产品跨月陆续完工的情况下，则需采用一定的方法计算完工产品的成本，当跨月完工产品不多时，为简化成本核算工作，完工产品成本按计划成本、定额成本或近期同种产品实际成本计算，待该批产品全部完工后再计算该批产品的实际总成本，如603批号产品；如果批内产品跨月陆续完工情况较多，则应采用适当的方法分配计算成本，以提高成本计算的准确性，如602批号产品。

任务二 简化的分批法

任务引例

海西公司是一家生产企业，该厂生产的产品批别多，生产周期较长，每月末经常有大量未完工的产品批数。该企业会计人员对于每月发生的直接材料、直接人工、燃料和动力及制造费用都在各批次完工产品和月末在产品之间进行分配。由于产品批别多，成本会计人员每月末加班加点都不能及时提供产品成本核算的信息，影响了企业纳税申报和会计报表的编制。为了这件事，从事成本会计岗位的人员没有少挨领导批评。

请问：你有什么高招能够解除该厂成本会计人员的烦恼？

职业判断与业务操作

根据前面学习的分批法基本原理，可以知道如果一个企业的产品批别较少，生产周期较短，每月末有大量完工产品，采用当月间接费用直接分配法分配到各批次产品成本明细账中，工作量不会很大。但是如果一个企业本月投产的产品批别多，生产周期较长，每月末经常有大量未完工的产品，再采用上面的方法分配成本的话，会计核算工作量就会很大，而且由于完工产品数量少，所以计算工作得不偿失。为此，企业可以设置一个二级账户汇总计算间接生产费用，这个账户相当于中转站或二传手，待某批次产品完工后，计算累计间接费用分配率，按照该批完工产品的累计工时结转分配间接生产费用，计算完工批次产品的生产成本。

在小批、单件生产的企业或车间中，如果同一个月份投产的产品批数很多，几十批甚至上百批，且月末未完工产品的批数也较多，如机械制造厂或修配厂，则在这种情况下，如果各项间接费用采用当月分配的方法，而不管各批产品是否已经完工，费用分配的核算工作将非常繁重。为了简化核算工作，在这类企业或车间中还可采用另外一种方法，即简化的分批法。

简化的分批法，又称累计间接费用分配法、不分批计算在产品成本分批法。采用这种方法进行成本计算时，各批产品成本在产品完工之前，账内只需登记直接计入费用和生产工时，每月发生的间接计入费用则是在基本生产成本二级账中按成本项目分别累计起来，到产品完工时，按照完工产品累计工时的比例，在各批完工产品进行分配。由于这种方法只对完工产品分配间接费用，而不分批计算在产品成本，因此这种方法也称做不分批计算在产品成本的分批法。

简化的分批法有它特定的应用程序，同一般分批法相比，有明显的特点。从应用效果看，它有优越的一面，但也有不足，为保证其应用效果，必须注意其应用条件。

一、简化分批法的计算程序

（一）按产品批别设立基本生产明细账

在简化的分批法下，仍应按照产品批别设立基本生产成本明细账，但在各批产品完工前，账内只需登记直接计入费用（如原材料费用）和生产工时。

（二）增设基本生产成本二级账

增设基本生产成本二级账，是简化的分批法和一般的分批法的显著特点。基本生产成本二级账分成本项目登记同全部产品有关的直接材料、直接人工、制造费用和生产工时，月末计算各项费用累计数和生产工时累积数。

（三）归集生产费用和累计生产工时

将当月发生的直接计入费用和工时数按批别或订单分别记入相应的基本生产成本明细账中；将当月发生的直接费用和间接计入费用及工时数记入基本生产成本二级账中。

（四）计算全部产品累计间接计入费用分配率

在有完工产品的那个月份才分配间接计入费用。分配率和分配额的计算公式为：

$$全部产品间接计入费用累计分配率=\frac{全部产品间接计入费用累计数}{累计生产工时数}$$

$$某批完工产品应负担的某项间接计入费用=该批完工产品累计生产工时\times全部产品间接计入费用累计分配率$$

（五）计算批内各种完工产品的总成本和单位成本

因为简化分批法不分配在产品的间接计入费用，所以在基本生产成本明细账中平时只有直接费用和生产工时。如果本月有完工产品，则根据累计间接费用分配率和该批产品累计生产工时数计算应负担的间接费用，并登记在基本生产成本明细账中，汇总后即可得出该批完工产品的总成本和单位成本；如果该批产品均未完工，这时在各批基本生产成本明细账内只反映月末在产品的直接材料费用和生产工时。

小思考 9-4　累计间接计入费用分配率有什么作用？

解析：一是简化了间接费用的分配；二是各批次产品基本生产成本明细账中除了完工

产品成本外，均不反映间接费用的项目成本，月末在产品只反映直接材料费用和生产工时数量。

简化分批法成本核算程序如图9-2所示。

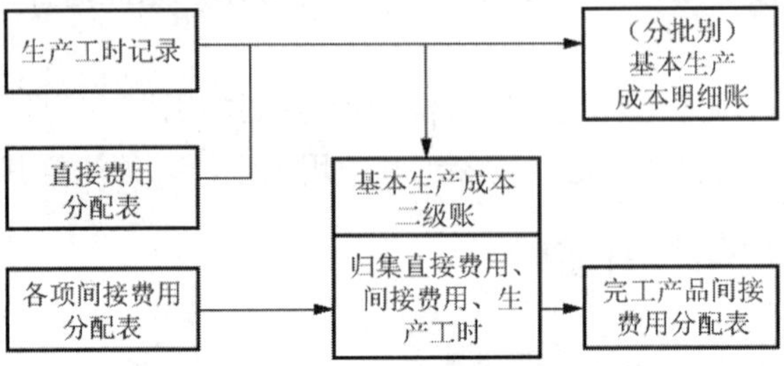

图9-2 简化分批法下成本核算程序

工作实例 9–2 某工业企业小批生产多种产品，由于产品批数多，为了简化成本计算工作，采用简化的分批法计算成本。该企业8月份有关计算成本的资料如下。

（1）产品的生产情况如下。

2017101号：甲产品7件，7月份投产，8月全部完工。

2017102号：乙产品8件，7月份投产，8月份完工6件。

2017103号：丙产品12件，8月份投产，8月未完工。

2017104号：丁产品4件，8月份投产，当月均未完工。

（2）2017年8月1日，基本生产成本二级账各项生产费用余额和实耗工时及甲产品、乙产品材料费支出和实耗工时，如表9-7所示。

表9-7 期初生产费用余额表

2017年8月1日 元

项目 账户名称	直接材料	生产工时	直接人工	制造费用	合计
基本生产成本二级账	38 120	（32 000）	23 970	12 060	74 150
甲基本生产成本明细账	15 860	（12 750）			
乙基本生产成本明细账	22 260	（19 250）			

（3）2017年8月31日，基本生产成本二级账各项生产费用发生额和工时消耗，以及4批产品当月耗用工时和直接材料情况，如表9-8所示。

表9-8 生产费用和生产工时统计表

2017年8月31日 元

项目 账户名称	直接材料	生产工时	直接人工	制造费用	合计
基本生产成本二级账	36 860	（30 000）	30 280	18 010	85 150
甲基本生产成本明细账		（1 250）			
乙基本生产成本明细账		（8 750）			
丙基本生产成本明细账	19 750	（14 850）			
丁基本生产成本明细账	17 110	（5 150）			

（4）乙产品定额工时为2 000小时，丙产品定额工时为3 000小时。

（5）4种产品生产耗用的原材料于生产开始时一次性投入。因此，直接材料费用按照该批产品的投产数量平均计算分配。

根据上述资料，按照简化分批法计算成本的程序计算各批基本生产成本。

1）设置基本生产成本二级明细账，如表 9-9 所示。

表 9-9　基本生产成本二级账

产品批号：201710X　　元

2017 年 月	2017 年 日	凭证字号	摘　要	直接材料	生产工时	直接人工	制造费用	合　计
7	31		本月发生	38 120	（32 000）	23 970	12 060	74 150
8	31		本月发生	36 860	（30 000）	30 280	18 010	85 150
	31		生产费用和生产工时累计数	74 980	（62 000）	54 250	30 070	159 300
	31		全部产品累计间接费用分配率			0.875	0.485	
	31		结转完工产品成本	32 555	（26 000）	22 750	12 610	67 915
	31		期末在产品成本	42 425	（36 000）			

2）计算全部产品各项间接计入费用累计水平分配率，并将各项间接计入费用分配率记入基本生产成本二级明细账。根据二级明细账归集的各项间接计入费用累计数和累计生产工时数计算分配率如下。

① 全部产品直接人工费累计分配率 $=\frac{54\,250}{62\,000}=0.875$（元/小时）

② 全部产品制造费用累计分配率 $=\frac{30\,070}{62\,000}=0.485$（元/小时）

3）登记各批基本生产成本明细账，计算完工产品成本。各批基本生产成本明细账如表 9-10 至表 9-13 所示。

表 9-10　基本生产成本明细账

产品批号：2017101　　定购单位：A 公司　　投产日期：2017 年 7 月

产品名称：甲产品　　批量：7 件　　完工日期：2017 年 8 月　　元

2017 年 月	2017 年 日	凭证字号	摘　要	直接材料	生产工时	直接人工	制造费用	合　计
7	31		本月发生	15 860	（12 750）			
8	31		本月发生		（1 250）			
	31		累计数和累计分配率	15 860	（14 000）	0.875	0.485	
	31		完工产品成本转出	15 860	（14 000）	12 250	6 790	34 900
	31		完工产品单位成本	2 265.71		1750	970	4 985.71

表 9-11　基本生产成本明细账

产品批号：2017102　　定购单位：B 公司　　投产日期：2017 年 7 月

产品名称：乙产品　　批量：8 台　　完工日期：2017 年 8 月（完工 6 件）　　元

2017 年 月	2017 年 日	凭证字号	摘　要	直接材料	生产工时	直接人工	制造费用	合　计
7	31		本月发生	22 260	（19 250）			
8	31		本月实耗工时		（8 750）			
	31		累计数和累计分配率	22 260	（28 000）	0.875	0.485	
	31		完工 6 件基本生产成本转出	16 695	（12 000）	10 500	5 820	33 015
	31		完工产品单位成本	2 782.5		1750	970	5 502.5
	31		月末在产品成本	5 565	（16 000）			

表 9-12 基本生产成本明细账

产品批号：2017103　　定购单位：C 公司　　投产日期：2017 年 8 月
产品名称：丙产品　　批量：12 台　　完工日期：2017 年 8 月（完工 2 件）　　元

2017 年		凭证	摘 要	直接材料	生产工时	直接人工	制造费用	合 计
月	日	字号						
8	31		本月发生	19 750	（14 850）			

表 9-13 基本生产成本明细账

产品批号：2017104　　定购单位：D 公司　　投产日期：2017 年 8 月
产品名称：丁产品　　批量：4 件　　完工日期：　　元

2017 年		凭证	摘 要	直接材料	生产工时	直接人工	制造费用	合 计
月	日	字号						
8	31		本月发生	17 110	（5 150）			

各批基本生产成本明细账中的直接材料费是直接计入某批产品的，所以可根据原材料耗用凭证直接登记；生产工时是根据生产统计直接登记的；直接人工、制造费用等作为间接计入费用，要按照分配率分配计入。分配率在第 2）步已经计算，同累计工时结合，便可计算出某批产品应分担的间接计入费用。以 2017101 号甲产品为例，其成本计算单中间接计入费用计算如下。

① 直接人工费用 = 14 000 × 0.875 = 12 250（元）

② 制造费用 = 14 000 × 0.485 = 6 790（元）

因为 2017101 号甲产品在 8 月份全部完工，所以其成本明细账中归集的全部生产费用都是完工产品成本，不需要在完工产品和月末在产品之间进行分配。这就决定了分配间接计入费用同完工产品承担的生产费用是一致的，计算时所依据的生产工时都是累计工时数。而 2017102 号乙产品为跨月陆续完工产品，不仅要分配计入间接费用，而且要将合计生产费用在完工产品和月末在产品之间进行分配。间接计入费用分配方法相同，但完工产品应承担的费用不再是全部，因而不能用累计工时数计算，只能用完工产品实耗工时或定额工时计算，以 2017102 号乙产品为例，完工 6 件产品应分担的生产费用计算如下。

① 直接材料费用 = $\frac{22\,260}{6+2}$ × 6 = 16 695（元）

② 直接人工费用 = 12 000 × 0.875 = 10 500（元）

③ 制造费用 = 12 000 × 0.485 = 5 820（元）

对于 2017103 号丙产品和 2017104 号丁产品，当月没有完工产品，不需要分配间接计入费用。

4）结转完工产品成本。经过计算，得出完工产品应负担的各项生产费用后，将结果计入各批基本生产成本明细账。在此基础上便可算出各批完工产品的总成本，据此编制结转成本的会计分录如下。

借：库存商品——甲产品　　34 900
　　　　　　——乙产品　　33 015
　贷：基本生产成本——甲产品（2017101 号）　　34 900
　　　　　　　　　——乙产品（2017102 号）　　33 015

5）登记基本生产成本二级账，并最后结账。根据各批基本生产成本明细账记录，将结转的完工产品成本各项目和生产工时数汇总，再将汇总数据记入基本生产成本二级账，最后对各账户进行结账。

二、简化分批法的特点

简化分批法同一般分批法相比，具有以下 4 个明显特点。

（一）设置基本生产成本二级账

一般的分批法只设置各批产品生产成本明细账，分别归集各批产品生产费用。简化的分批法要求在按照产品批别设立产品生产成本明细账的同时，还要特别设置一个基本生产成本二级账，用来归集全部产品生产费用。之所以叫基本生产成本二级账，是因为：一方面该账户中归集的生产费用，已经经过有关账户的归集和分配，形成了各批产品的生产成本；另一方面，该账户设立在各批产品生产成本明细账基础上，可通过汇总各批产品生产费用和生产工时登记账户。设置和登记基本生产成本二级账主要有以下两方面的作用。

① 分项目提供全部产品累计生产费用，提供累计生产工时，反映完工产品和月末在产品总成本和项目组成，反映完工产品和月末在产品耗用工时或定额工时。

② 计算全部产品间接计入费用累计水平分配率，为分配各批完工产品的间接计入费用提供标准，并进一步计算各批完工产品总成本和单位成本。

（二）不分批计算在产品成本

月末将完工产品应负担的间接费用转入各完工批次的基本生产成本计算单后，基本生产成本二级账反映全部批次月末在产品成本。各未完工批次的基本生产成本计算单上只反映累计直接计入费用和累计工时，不反映各该批次的在产品成本。对于未完工的在产品则不分配间接计入费用，即不分批计算在产品成本。

（三）采用累计间接计入费用分配率来计算分配费用

简化的分批法对间接计入费用在各批产品完工之前不予分配，随生产工期的延伸逐步累计，在有完工产品的月份，根据基本生产成本二级账的记录，计算全部产品累计间接计入费用分配率，按完工产品的累计工时乘以累计间接计入费用分配率计算和分配其应负担的间接计入费用，并将分配的间接计入费用记入按产品批别设置的基本生产成本明细账。

（四）生产费用的横向分配和纵向分配一次完成

简化的分批法下，各批产品的直接费用通过各自的生产成本明细账归集到产品上，当有产品完工时，随同间接计入费用一起在完工产品和月末在产品之间分配，所以它不涉及各批产品之间的横向分配，只涉及完工产品和月末在产品之间的纵向分配。而各批产品的间接计入费用是通过基本生产成本二级账归集的，是各批产品共同的费用，所以当有产品完工时，它不仅要在各批产品之间进行分配，还要在完工产品和月末在产品之间进行分配。也就是说，既要进行横向分配，又要进行纵向分配，而且两种分配是同步进行的。这就决定了间接计入费用在各批产品之间，以及在完工产品和月末在产品之间的分配一次性完成。

三、简化分批法的优缺点和应用条件

（一）简化分批法的优缺点

通过对简化分批法成本计算程序的分析不难看出，这种方法有一定的优点，但也有不足之处。

1．简化分批法的优点

① 简化了间接费用的分配和登记基本生产成本明细账的工作。因为运用这种方法计算成本时，各批产品的间接计入费用不是按月在各批基本生产成本明细账中进行分配，而是集中登记在生产成本二级账中，在没有完工产品的情况下不予分配。当有完工产品时，利用间接计入费用累计分配率和累计生产工时，一次性完成在各批产品之间及完工产品和月末在产品之间的分配。这样就大大简化了计入费用的分配工作和各批产品生产成本明细账的登记工作，月末未完工产品的批次越多，核算工作就越简化。

② 符合实际成本计价原则，不会影响会计报表的质量。

2．简化分批法的不足

① 各批产品生产成本明细账不能直接提供各批在产品的成本资料。在这种方法下，由于各批未完工产品的生产成本明细账中只登记该产品的直接材料和生产工时，不计入应负担的间接费用（职工薪酬、制造费用等），因此不能完整地反映各批未完工产品的在产品成本。

② 月末完工产品批次较多时，达不到简化核算工作的效果，甚至适得其反。

③ 各月的间接计入费用水平相差较大时，会影响基本生产成本计算的准确性。例如，前几个月的间接费用水平高，本月间接费用水平低，而某批产品本月投产，当月完工，在这种情况下，按累计间接费用分配率分配计算的该批完工产品的成本就会发生不应有的偏高。另外，如果月末未完工产品的批数不多，也不宜采用这一方法。因为在这种情况下，绝大多数的产品批别仍然要分配登记各项间接费用，核算工作量减少不了多少，但计算的正确性却会受到影响。

（二）简化分批法的应用条件

为了在产品生产成本计算中最大限度地发挥简化分批法的优点，避免可能出现的不足，要求采用简化分批法应具备以下两个条件。

① 各月份全部产品间接计入费用的水平相差不多。

② 月末未完工产品的批数较多，且有较多批数的产品跨月陆续完工或跨月完工，即有较多批数的产品生产中出现月末在产品。

因此，简化分批法主要适用于单件小批的生产企业的生产批数很多，月末未完工的批数也多的情况。

项目小结

分批法是指以产品的批别为成本核算对象，归集和分配生产费用，计算各批基本生产成本的一种方法。它是计算基本生产成本的一种常用方法。分批法的具有 3 个特点；一是以产品的批别（订单或生产通知单等）为成本计算对象；二是基本生产成本计算期是不定期的；三是一般不需要在完工产品和在产品之间分配生产费用。它适用于单件及小批的多步骤生产类型、小批单件的单步骤生产类型，管理上又要求分批计算成本的企业。

分批法成本计算的一般程序包括 3 个方面：一是按产品批别开设基本生产成本明细账；二是按产品批别归集和分配所发生的生产费用；三是计算完工产品成本。

简化的分批法，又称累计间接费用分配法、不分批计算在产品成本分批法。采用这种方法，对每月发生的间接生产费用不是按月在各批产品之间进行分配，而是将其先累计在基本生产成本二级账上，直到产品完工的那个月份，再按照完工产品累计生产工时比例，在各批完工产品之间进行分配，即采用累计分配率来计算分配间接计入费用。

简化的分批法同一般分批法相比，有明显的特点。其主要体现在：设置全部产品生产成本二级账；不分批计算在产品成本；采用累计间接计入费用分配率来计算分配费用；生产费用的横向分配和纵向分配一次完成。简化分批法主要适用于单件小批的生产企业，生产的批数很多，月末未完工的批数也多的情况。

项目十

分　步　法

职业能力目标

通过本项目的学习，理解和掌握分步法的含义、适用范围、特点；熟悉分步法的分类；熟练掌握逐步结转分步法和平行结转分步法的基本程序和计算方法，并能根据企业生产特点和管理要求，选择正确的成本计算方法，完成成本计算，提供准确的产品成本信息。

典型工作任务

分步法的概念；分步法的适用范围；分步法的特点；逐步结转分步法及其应用；成本还原及其计算；平行结转分步法及其应用。

任务一 认知分步法

任务引例

钢铁厂的生产任务是生产各种生铁、钢锭和钢材，生产工艺过程包括炼铁、炼钢、连铸和轧钢等生产步骤。钢铁厂按照生产步骤分设相应的生产车间，如图 10-1 所示。

1）炼铁车间将矿石经过高炉冶炼后生产出炼钢生铁、铸造生铁、合金生铁等各种生铁。

2）炼钢车间将生铁放到炼钢炉内按一定工艺熔炼，即得到钢。

3）连铸车间将钢水经精炼炉处理后，利用天车将钢包吊起放置在连铸钢包回转台准备浇铸作业。

4）轧钢车间把钢锭送入两个反向旋转的轧辊中碾压，采用不同孔型的轧辊，可以轧制出不同形状的钢材。

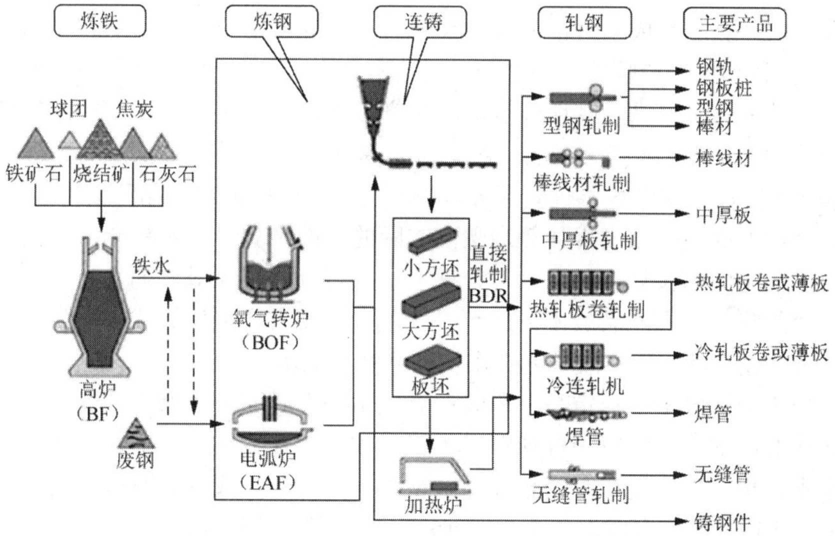

图 10-1 炼钢厂工艺流程

你认为钢铁厂应采用哪种成本计算方法？

职业判断与业务操作

通过引例可以得知：钢铁厂主要生产各种生铁、钢锭和钢材，生产工艺过程包括炼铁、炼钢、连铸和轧钢等生产步骤，并按照生产步骤分设相应的生产车间。从生产组织来看，钢铁厂属于大量大批生产；从生产工艺来看属于连续式多步骤生产，而且有的步骤还对外销售半成品。这样的生产企业，一般适于采用逐步结转分步法计算产品成本。

一、分步法的概念和适用范围

分步法是指按照产品的品种和产品的生产步骤作为成本计算对象，归集生产费用，计算产品成本的一种方法。

分步法主要适用于大量大批的多步骤生产，管理上要求按步骤进行产品成本计算的企业。例如，冶金、纺织、造纸，以及大量大批生产的机械制造行业等。在这些类型的企业里，产品的生产过程一般可分为若干个生产步骤进行。例如，纺织企业可分为纺纱、织布等生产步骤；钢铁企业可分为炼铁、炼钢、轧钢等生产步骤；机械企业可分为铸造、加工、装配等生产步骤。这些企业产品生产的特点就是前面生产步骤生产出的半成品往往是后面生产步骤的加工对象。因此，为了适应这一生产特点，企业不仅要按照产品品种计算产品成本，而且还要求按生产步骤计算半产品成本，以加强各步骤的成本核算。

二、分步法的一般特点

产品成本计算分步法的一般特点主要表现在以下几个方面。

（一）成本计算对象是各种产品的生产步骤

采用分步法计算产品成本时，其成本计算对象应该以各个生产步骤和产品品种作为成本计算对象，按每个生产步骤的各种产品设置基本生产成本明细账。如果只生产一种产品，成本计算对象就是该种产品及其所经过的各生产步骤，基本生产成本明细账需按各生产步骤设置；如果同一步骤生产几种产品，成本计算对象应是各种产成品及其所经过的各生产步骤，则基本生产成本明细账不仅要区分步骤，而且还要区分产品品种设置。

但是，会计上讲的产品成本计算步骤同实际的生产步骤不一定完全一致。在实际核算工作中，为了简化成本核算，可以只对管理上有必要分步计算成本的生产步骤单独开设基本生产成本明细账，计算产品成本，或者对管理上不要求单独计算成本的生产步骤，同其他生产步骤合并设立基本生产成本明细账，计算产品成本。

此外，分步计算成本不一定是分车间计算成本。有时一个生产步骤就是一个车间，那么可按车间计算成本，此时按步骤计算成本就是按车间计算成本。但如果管理上不要求分车间计算成本，也可以将几个车间合并为一个生产步骤计算成本。有时，还会出现一个车间分为若干个生产步骤，要求对每个生产步骤分别计算成本的情况。

（二）定期计算完工产品成本，并且将归集的生产费用在完工产品和在产品之间进行分配

在分步法下，各步骤发生的费用（直接材料、直接人工和制造费用等）能直接计入某种成本计算对象的，要直接计入；不能直接计入成本计算对象的，应先按步骤归集，月末再按一定的标准分配记入。由于分步法主要适用于大量大批的多步骤复杂生产企业，在这种类型的企业里，生产具有连续不断性，为满足管理的需要，产品成本计算一般定期在每月月末进行，因此产品的成本计算期同会计报告期一致，而同产品的生产周期不一致。大量大批多步骤生产的产品往往是跨月陆续完工的，月末各步骤经常有在产品，因此企业在计算产品成本时，还需要将归集在基本生产成本明细账中的生产费用采用适当的分配方法在完工产品和在产品之间进行分配，以便正确计算完工产品和在产品的成本。

（三）计算和结转产品的各步骤成本

在分步法下，除了按品种计算和结转产品成本之外，还需计算和结转各步骤的产品成本。因为产品生产是多步骤生产方式，上一步骤生产的半成品往往是下一步骤继续加工的对象，为了考核成本管理水平，加强半成品实物管理，企业往往要求计算并结转各步骤半成品成本，即在采用分步法计算产品成本时，各步骤之间存在半成品成本结转的问题。可以说，计算和结转产品的各步骤成本是分步法的主要特点。各个企业成本管理对各步骤成本资料的要求不同，有些企业只需要按步骤归集生产费用，而不需要计算各步骤完工半成品成本，有些企业不但要求按步骤归集生产费用，而且需要计算各步骤完工半成品成本，所以，考虑到各企业成本管理要求和简化成本计算工作的要求，各生产步骤成本的计算和结转分为逐步结转和平行结转两种方法。因此，产品成本计算的分步法按照各步骤成本计算和结转的方法不同，也就分为逐步结转分步法和平行结转分步法两种。

三、分步法的分类

在采用分步法时，由于企业生产的特点和对步骤成本管理的要求不同，以及出于简化成本核算工作的考虑，分步法在结转各个步骤的成本时，又分为逐步结转分步法和平行结转分步法两种做法。具体分类如图 10-2 所示。

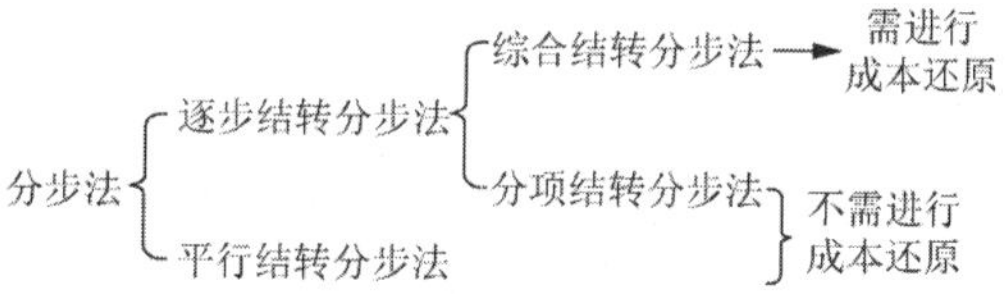

图 10-2　分步法的分类

任务二　逐步结转分步法

任务引例

红星纸业有限公司是一家刚成立的造纸企业，产品需要经过纸浆、造纸两个步骤加工。纸浆生产车间将原材料加工成纸浆，交给造纸车间加工成各种纸张。由于是大量大批的多步骤生产，企业采用分步法计算产品成本。王宏应聘到该公司后，接手成本核算岗位，负责计算各步骤产品的成本，并进行成本分析，提供成本的核算资料。2017 年 6 月有关成本资料如下。

① 造纸车间生产纸浆 400 吨，每吨单价 0.6 万元，成本总额 240 万元。其中，直接材料 180 万元，直接人工 35 万元，制造费用 25 万元。

② 本月生产的纸浆全部交给造纸车间，加工成纸张 420 吨，每吨单价 0.7 万元，成本总额 294 万元。其中，直接材料 240 万元，直接人工 20 万元，制造费用 34 万元。

根据纸张的成本资料，王宏分析认为：直接材料占总成本的比重为 81.6%，直接人工占总成本的比重为6.8%，制造费用占总成本的比重为11.56%。他把成本分析的资料送给了财务经理，财务经理翻了翻资料，并简单地计算了一下数据，说道："小王，你的成本核算工作非常好，但是成本分析的结果不正确。各项目的成本占总成本的比重应该为：直接材料占61.2%，直接人工占18.7%，制造费用占20.1%。"

那么，王宏使用的成本计算方法是什么？他的成本分析又错在哪里呢？

职业判断与业务操作

从案例资料分析可以看出，王宏在成本计算过程中采用了逐步结转分步法中的综合结转分步法计算产品成本。采用综合结转分步法，转账时较为简单，但不能提供按原项目反映的核算资料，原因在于在综合结转分步法下，上一步骤转入到下一步骤的半成品成本，全部记入下一生产步骤基本生产成本明细账中的"直接材料"或专设的"自制半成品"成本项目，这样最后一个步骤基本生产成本明细账上"直接材料"或"自制半成品"成本项目的成本在产成品成本中所占的比重就很大，因而不能真实反映产品成本的结构情况。为了有利于成本分析，寻求降低成本的途径，需要将综合结转分步法计算出来的产成品成本进行成本还原，提供按原始成本项目反映的成本资料。

一、逐步结转分步法的概念和特点

（一）逐步结转分步法的概念

逐步结转分步法是指按照产品的加工顺序，逐步计算并结转半成品成本，直到最后加工步骤完成才能计算产成品成本的一种方法。逐步结转分步法是为了分步计算半成品成本而采用的一种分步法，也称计算半成品成本分步法。

（二）逐步结转分步法的特点

逐步结转分步法主要适用于大量大批多步骤连续式生产企业，在这类企业中，由于以下主要原因，成本管理往往需要成本核算提供各个生产步骤的半成品成本资料。

① 各生产步骤所产的半成品不仅由本企业进一步加工，而且还经常作为商品产品对外销售。为了计算外售半成品的成本，全面地考核和分析商品产品成本计划的执行情况，就需要计算这些半成品的成本。例如，钢铁企业的生铁、钢锭，纺织企业的棉纱就是如此。

② 有的半成品虽然不一定外售，但要进行同行业成本的评比，因而也要计算这种半成品的成本。例如，作为化肥工业成本评比重要指标之一的半成品合成氨的成本就是如此。

③ 有些半成品，为本企业几种产品所耗用，为了分别计算各种产品的成本，也要计算这些半成品的成本。例如，造纸企业所产的纸浆、机械企业所产的铸件就是如此。

④ 在实行责任会计或厂内经济核算的企业中，为了全面地考核和分析各生产步骤等内部单位的生产耗费和资金占用水平，需要随着半成品实物在各生产步骤之间的转移结转半成品成本，这也要求计算半成品成本。

小思考10-1　为什么在钢铁、纺织等企业需要分步计算半成品成本？

解析：因为在这种企业中，有的不仅将产品成品作为商品对外销售，其生产步骤所生产的半成品也经常作为商品对外销售。

逐步结转分步法的成本计算对象是各种产成品的成本及其各步骤的半成品成本，其成本结转特点是各步骤的半成品成本要随着半成品实物数量的转移而进行逐步转移，以便逐步计算出各步骤半成品成本和最后一个步骤的产成品成本。

二、逐步结转分步法的计算程序

在逐步结转分步法下，其计算程序如下。

1）按照第 1 个加工步骤归集的生产费用计算第 1 个加工步骤的半成品成本，然后将第 1 步骤所产半成品成本的成本随着半成品实物的转移，从第 1 个步骤的基本生产成本明细账转入下一步骤产品的基本生产成本明细账中。

2）第 2 个加工步骤将由第 1 步骤转来的半成品成本加上本步骤发生的材料费和加工费用，计算第 2 步骤的半成品成本，再结转到第 3 个加工步骤相关产品的基本生产成本明细账中。这样，逐步计算和逐步结转半成品成本，直到最后一个加工步骤计算出产成品成本。

上步骤半成品完工后，如果直接转入下一生产步骤继续加工，则完工半成品成本可以在各步骤的基本生产成本明细账之间直接结转。其成本计算程序如图 10-3 所示。

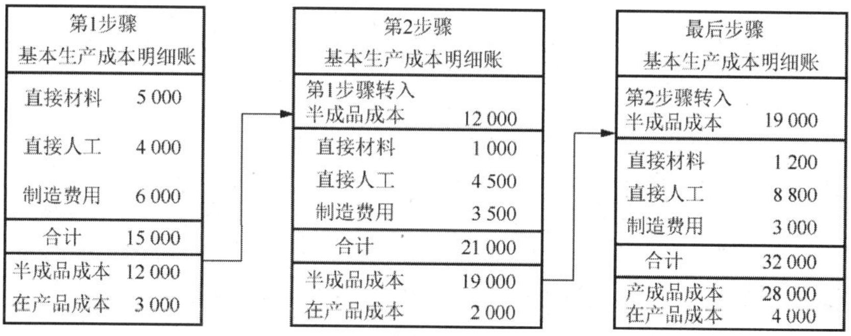

单位：元

图 10-3 半成品不通过自制半成品仓库收发的逐步结转法计算程序

如果各步骤完工的半成品通过半成品库收发，则需要设置“自制半成品”科目核算。自制半成品在验收入库时，借记“自制半成品”科目，贷记“基本生产成本——×步骤”科目。下一步骤领用自制半成品时，再编制相反会计分录，借记“基本生产成本——×步骤”科目，贷记“自制半成品”科目。“自制半成品”科目应按照自制半成品的类别或品种设置明细账，进行自制半成品收发的明细核算。其成本计算程序如图 10-4 所示。

小思考 10-2　自制半成品通过仓库收发，必然增加会计核算工作量。那么，为什么企业要把生产的半成品成本列入核算和管理的对象呢？

解析：有部分自制半成品没有放入下一步骤生产，而是对外销售了，所以企业要把生产的半成品成本列入核算和管理的对象。

逐步结转分步法下，每月月末各项生产费用（包括所耗上一步半成品的费用）在各步骤产品成本明细账中归集以后，如果既有完工产品，又有在产品，就需要采用适当的方法，将登记在各步骤基本生产成本明细账上的各项生产费用（包括所耗上一步半成品的费用）在其完工产品和狭义在产品（加工中的在产品）之间进行分配，以便正确计算完工半成品（最后一步为产成品）的成本和在产品成本。这样，通过半成品成本的逐步转移，在最后一个步骤中的基本生产成本明细账中，即可计算出产成品的成本。因此，逐步结转分步法实际上是品种法的多次连续应用。即，采用品种法计算上一步骤的半成品成本以后，按照下一步的耗用量转入下一步骤成本；下一步骤同样采用品种法归集所耗半成品的费用和本步骤其他费用，计算其半成品成本；以此类推，逐步结转，直至最后一个步骤算出产成品成本。

根据耗用自制半成品成本向下一生产步骤结转的方式不同，逐步结转分步法又可以分为综合结转和分项结转两种方法。

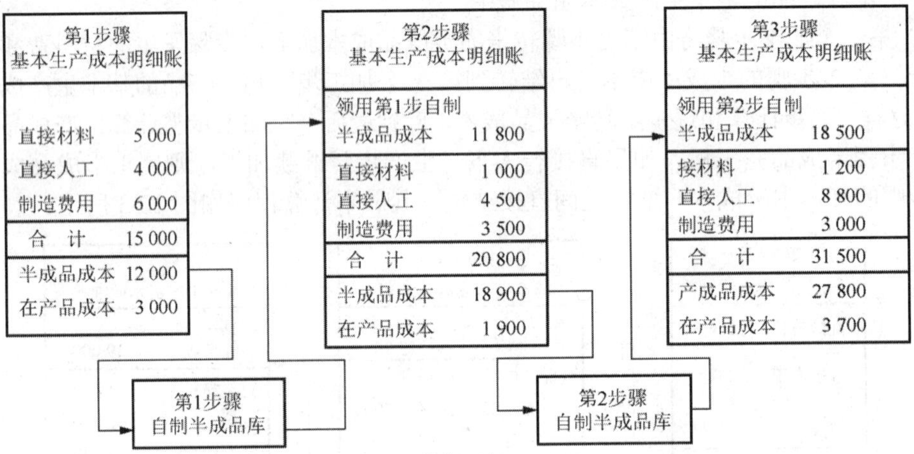

图 10-4 半成品通过自制半成品仓库收发的逐步结转法计算程序

三、综合结转分步法

综合结转分步法是指，将上一步骤转入到下一步骤的半成品成本全部记入下一生产步骤基本生产成本明细账中的“直接材料”或专设的“自制半成品”项目。综合结转可以按上一生产步骤所产的半成品的实际成本结转，也可以按企业确定的半成品的计划成本（或定额成本）结转。因此，综合结转法又可分为实际成本综合结转法和计划成本（或定额成本）综合结转法。

（一）半成品成本按实际成本综合结转

1. 按实际成本综合结转半成品成本的应用

半成品成本按实际成本综合结转，是指各生产步骤所耗的上一步半成品成本，按照上一生产步骤基本生产成本明细账确定的实际成本综合记入各该步骤基本生产成本明细账中的“直接材料”或专设的“自制半成品”项目。在设有半成品仓库的企业，半成品仓库收入的半成品，按照交库生产步骤产品基本生产成本明细账确定的实际成本入账；发出的半成品，可以采用先进先出法、加权平均法等计价方法确定下一步骤领用的半成品的实际成本。下面以实例说明综合结转分步法的应用。

工作实例 10-1 某工业企业2017年7月份生产的甲种产品，分3个车间完成。

1）一车间投入原材料后生产A半成品，交二车间继续加工。

2）二车间加工完成制成B半成品。

3）三车间将二车间移交的B半成品加工成甲产成品。

为简化核算，各车间完工的半成品直接转交下一车间加工，不通过半成品库收发。原材料或半成品在各步骤开始生产时一次投入，各步骤的加工程度逐步发生，各步骤月末在产品的完工程度均为50%。该企业采用综合结转分步法计算产品成本。有关资料如表10-1至表10-3所示。

表 10-1　产品产量资料

件

项　目	月初在产品	本月投入或上车间转入	本月完工转入下步或交库	月末在产品
一车间	75	450	360	165
二车间	40	360	280	120
三车间	80	280	340	20

表 10-2　期初在产品成本资料

元

项　目	直 接 材 料	自制半成品	直 接 人 工	制 造 费用	合　计
一车间	5 250		1 035	2 100	8 385
二车间		4 000	680	1 300	5 980
三车间		17 000	6 200	3 800	27 000
合　计	5 250	21 000	7 915	7 200	41 365

表 10-3　本月各步骤发生的生产费用

元

项　目	直 接 材 料	直 接 人 工	制 造 费 用	合　计
一车间	42 000	8 700	14 715	65 415
二车间		12 920	15 700	28 620
三车间		25 300	24 200	49 500
合　计	42 000	46 920	54 615	143 535

该企业甲产品的成本计算程序如下。

1）根据各种费用分配表（略）及一车间在产品成本有关资料登记一车间基本生产成本明细账，计算A半成品成本，如表10-4所示。

表 10-4　基本生产成本明细账

车间名称：一车间　　　　完工产量：360件

产品名称：A半成品　　　　元

2017年		凭证字号	项　目	成 本 项 目			合　计
月	日			直 接 材 料	直 接 人 工	制 造 费 用	
7	1	（略）	月初在产品成本	5 250	1 035	2 100	8 385
	31		本月生产费用	42 000	8 700	14 715	65 415
	31		合　计	47 250	9 735	16 815	73 800
	31		在产品约当产量	165	82.5	82.5	—
	31		完工产量＋约当产量	525	442.5	442.5	—
	31		单位产品成本	90	22	38	225
	31		完工半成品成本	32 400	7 920	13 680	54 000
	31		月末在产品成本	14 850	1 815	3 135	19 800

表10-4中有关数据计算如下。

直接材料项目：

A半产品单位成本＝47 250÷525＝90（元）

A完工半产品总成本＝360×90＝32 400（元）

月末在产品成本＝165×90＝14 850（元）

直接人工项目：

A半产品单位成本＝9 735÷442.5＝22（元）

A完工半产品总成本＝360×22＝7 920（元）

月末在产品成本＝82.5×22＝1 815（元）

制造费用项目：

A半产品单位成本＝16 815÷442.5＝38（元）

A完工半产品总成本＝360×38＝13 680（元）

月末在产品成本＝442.5×38＝3 135（元）

2）根据表10-1至表10-4转出半成品成本54 000元，编制二车间B半成品成本明细账，如表10-5所示。本例中各车间完工半成品直接移交下车间继续加工。

表10-5 基本生产成本明细账

车间名称：二车间　　　　完工产量：280件

产品名称：B半成品　　　　元

2017年		凭证字号	项目	成本项目			合计
月	日			自制半成品	直接人工	制造费用	
7	1	（略）	月初在产品成本	4 000	680	1 300	5 980
	31		本月生产费用	54 000	12 920	15 700	82 620
	31		合　计	58 000	13 600	17 000	88 600
	31		在产品约当产量	120	60	60	—
	31		完工产量+约当产量	400	340	340	—
	31		单位产品成本	145	40	50	235
	31		完工半成品成本	40 600	11 200	14 000	65 800
	31		月末在产品成本	17 400	2 400	3 000	22 800

表10-5中有关数据计算如下。

直接材料项目（半成品）：

B半产品单位成本＝58 000÷400＝145（元）

B完工半产品总成本＝280×145＝40 600（元）

月末在产品成本＝120×145＝17 400（元）

直接人工项目：

B半产品单位成本＝13 600÷340＝40（元）

B完工半产品总成本＝280×40＝11 200（元）

月末在产品成本＝60×40＝2 400（元）

制造费用项目：

B半产品单位成本＝17 000÷340＝50（元）

B完工半产品总成本＝280×50＝14 000（元）

月末在产品成本＝60×50＝3 000（元）

3）根据表10-1至表10-5，转出半成品成本65 800元，编制三车间甲产品成本明细账，如表10-6所示。本例中将二车间完工半成品直接移交三车间继续加工。

表10-6 基本生产成本明细账

车间名称：三车间　　　　完工产量：340件

产品名称：甲产成品　　　　元

2017年		凭证字号	项　目	成本项目			合　计
月	日			自制半成品	直接人工	制造费用	
7	1	（略）	月初在产品成本	17 000	6 200	3 800	27 000
	31		本月生产费用	65 800	25 300	24 200	115 300
	31		合　计	82 800	31 500	28 000	142 300
	31		约当产量	20	10	10	—
	31		完工产量＋约当产量	360	350	350	—
	31		单位产品成本	230	90	80	400
	31		完工半成品成本	78 200	30 600	27 200	136 000
	31		月末在产品成本	4 600	900	800	6 300

表10-6中有关数据计算如下。

直接材料项目（半成品）：

甲产品单位成本＝82 800÷（340＋20）＝230（元）

甲完工产品总成本＝340×230＝78 200（元）

月末在产品成本＝20×230＝4 600（元）

直接人工项目：

甲产品单位成本＝31 500÷350＝90（元）

甲完工产品总成本＝340×90＝30 600（元）

月末在产品成本＝10×90＝900（元）

制造费用项目：

甲产品单位成本＝28 000÷350＝80（元）

甲完工产品总成本＝340×80＝27 200（元）

月末在产品成本＝10×80＝800（元）

通过上述计算结果，编制结转完工入库甲产品实际总成本的会计分录如下。

借：库存商品——甲产品　　136 000

　　贷：基本生产成本——三车间　　136 000

工作实例 10-2 某企业 2017 年 8 月生产的乙产品分两个步骤在两个生产车间进行有关成本核算资料如下。

① 一车间生产的乙半产品交自制半成品库收发，采用月末一次加权平均法核算。

② 自制半成品 8 月初库存 100 件，单位成本 1 684 元。

③ 一车间本月完工乙半成品 240 件，月末在产品 80 件。

④ 二车间从自制半成品库领用乙半成品 200 件，本月完工乙产品 180 件。

⑤ 两个生产车间的月末在产品按定额成本计价。有关在产品单位定额成本资料如表 10-7 所示。

表 10-7 月末在产品单位定额成本

元

项目	在产品数量/件	材料定额	生产工时/小时	人工定额	制造费用定额
一车间在产品	80	915	100	1.1	0.87
二车间在产品	50	788	20	3.4	4.0

任务处理如下。

1）根据各种成本费用分配表和一车间在产品定额成本资料，登记乙半成品的基本生产成本明细账，如表 10-8 所示。

表 10-8 基本生产基本生产成本明细账

车间名称：一车间　　完工产量：240 件

产品名称：乙半成品　　元

2017 年		凭证字号	项目	成本项目			合计
月	日			直接材料	直接人工	制造费用	
8	1	（略）	月初在产品（定额成本）	146 400	16 800	12 960	176 160
	31		本月生产费用	21 480	30 000	30 000	274 800
	31		合计	361 200	46 800	42 960	450 960
	31		完工半成品成本	288 000	38 000	36 000	362 000
	31		单位成本	1200	158.33	150	1508.33
	31		月末在产品定额成本	73 200	8 800	6 960	88 960

表 10-8 中，月初（即 7 月末）在产品成本应根据上月有关数据计算登记；本月生产费用根据本月各种费用分配表登记；月末在产品成本根据表 10-7 所列的月末在产品的数量和定额工时，以及每件在产品材料费用定额、人工费用定额和制造费用定额计算登记。

根据一车间乙半成品基本生产成本明细账和自制半成品入库单，编制会计分录如下。

借：自制半成品——乙半成品　　362 000

　　贷：基本生产成本——一车间　　362 000

2）根据一车间乙半成品基本生产成本明细账、自制半成品入库单和二车间的自制半成品领用单，登记自制半成品明细账，如表 10-9 所示。

表 10-9 自制半成品明细账

户名：乙半成品　　数量单位：件　金额单位：元

2017 年		凭证号码	摘要	收入			付出			结存		
月	日			数量	单价	金额	数量	单价	金额	数量	单价	金额
8	1	（略）	月初结存							100	1 684	168 400
	31		入　库	240	1 508.33	362 000				340	1 560	530 400
	31		发　出				200	1560	312 000	140	1 560	218 400

加权平均单价 $=\dfrac{168\,400+36\,2000}{100+240}=1\,560$（元）

根据乙产品半成品明细账中所列示的半成品单位成本资料和二车间半成品领用单，编制会计分录如下。

借：基本生产成本——二车间——直接材料　　　　312 000

　贷：自制半成品——乙半成品　　　　312 000

3）根据各种成本费用分配表、半成品领用单和二车间在产品定额成本资料，登记乙产品基本生产成本明细账，如表 10-10 所示。

表 10-10　基本生产成本明细账

车间名称：二车间

产品名称：乙产成品

完工产量：180 件

元

2017 年		凭证	项　目	成 本 项 目			合　计
月	日	字号		直接材料	直接人工	制造费用	
8	1	（略）	月初在产品（定额成本）	82 000	12 000	16 000	110 000
	31		本步骤发生生产费用		40 000	60 000	100 000
	31		领用乙半成品	312 000			312 000
	31		合　计	394 000	52 000	76 000	522 000
	31		完工产品成本	354 600	48 600	72 000	475 200
	31		单位成本	1 970	270	400	2 640
	31		月末在产品（定额成本）	39 400	3 400	4 000	46 800

4）根据二车间乙产品基本生产成本明细账和产成品入库单，编制会计分录如下。

借：库存商品——乙产品　　　　475 200

　贷：基本生产成本——二车间　　　　475 200

小思考 10-3　比较上述两种计算方法，你能总结出它们在计算成本方面的差异吗？

解析：从上述两个实例的计算过程中不难看出，半成品不通过自制半成品库收发，工作量大大降低，但实物管理需加产品；半成品通过自制成品库收发，虽然增加了工作量，但核算制度严格。

（二）半成品成本按计划成本综合结转

1．按计划成本综合结转半成品成本的应用

按实际成本进行综合结转，由于各种步骤产品成本的计算都必须到月末上一步骤完工半成品的成本计算出来以后才能进行，如果加工步骤比较多，则计算工作量大，且影响成本计算和成本信息提供的及时性，因此企业可采用按计划成本综合结转的方式。即，各步骤在计算成本时，领用的上一步骤半成品按实际耗用量和计划单位成本计价，在半成品实际成本计算出来以后，再计算半成品的成本差异额，调整所耗半成品的成本差异。

采用计划成本结转，半成品日常的收、发均按计划单位成本计价，在半成品实际成本计算出来后，再计算半成品成本差异额和差异率，调整半成品成本差异。在这种结转方式

下，需设置“自制半成品成本差异”账户，以记录反映完工半成品的成本差异数。自制半成品明细账不仅要反映半成品收发和结存的数量和实际成本，而且要反映其计划成本，以及成本差异额和成本差异率。在基本生产成本明细账中，对于所耗用的上一步骤半成品成本，可以按照调整成本差异后的实际成本登记，也可以分别计划成本和成本差异登记。如果采用第 2 种做法，基本生产成本明细账“自制半成品”项目或“直接材料”项目要分设“计划成本”“成本差异”和“实际成本”三栏。

工作实例 10-3 承工作实例 10-1 资料，如果企业采用半成品按计划成本综合结转，其自制半成品明细账的格式如表 10-11 所示（假定该企业自制半成品通过半成品仓库收发，A 半成品仓库期初无库存）。

表 10-11 自制半成品明细账

数量单位：件

户名：A 半成品　　计划单位成本：145 元　　金额单位：元

月份	月初余额			本月增加			合计					本月减少		
	数量	计划成本	实际成本	数量	计划成本	实际成本	数量	计划成本	实际成本	成本差异	差异率/%	数量	计划成本	实际成本
7				360	52 200	54 000	360	52 200	54 000	1 800	3.45	360	52 200	54 000

在表 10-11 所示自制半成品明细账中，本月增加和本月减少的计划成本应根据半成品的交库单和领用单所列数量，按计划单位成本计价以后登记。本月增加的实际成本，应根据一车间甲产品成本明细账中完工转出的 A 半成品成本登记。累计的成本差异、成本差异率和本月减少的实际成本的计算如下。

累计成本差异＝累计实际成本－累计计划成本＝54 000−52 200＝＋1 800（元）

$$累计成本差异率=\frac{累计成本差异}{累计计划成本}\times 100\%=\frac{1\,800}{52\,200}\times 100\%=3.45\%$$

本月减少的实际成本＝本月减少的计划成本×（1＋成本差异率）

＝52 200×（1＋3.45%）＝54 000（元）

在二车间 B 半产品成本明细账中，如果“半成品”或“原材料”成本项目按调整差异后的实际成本登记，其格式和金额与前列相同；如果“半成品”或“原材料”成本项目按“计划成本”“成本差异”和“实际成本”分列三栏，其格式和金额如表 10-12 所示。

表 10-12 基本生产成本明细账

车间名称：二车间　　完工产量：280 件

产品名称：B 半成品　　2017 年 8 月　　元

项目	直接材料（半成品）			直接人工	制造费用	合计
	计划成本	成本差异	实际成本			
月初在产品成本	4 000		4 000	680	1 300	5 980
本月生产费用	52 200	1 800	54 000	12 920	15 700	82 620
合计	56 200	1 800	58 000	13 600	17 000	88 600
完工半成品成本	38 800	1 800	40 600	11 200	14 000	65 800
单位产品成本	138.571	6.429	145	40	50	235
月末在产品成本	17 400		17 400	2 400	3 000	22 800

在表10-12所示B半成品成本明细账中，本月所耗按计划单位成本计算的半成品费用应根据按计划单位成本计价的半成品领用单登记；本月所耗半成品的成本差异，应根据所耗半成品的计划成本乘以自制半成品明细账中的成本差异率计算登记。

其计算如下：

本月所耗半成品应分配的成本差异＝本月所耗半成品成本的计划成本×成本差异率

＝52 200×3.45%＝1 800（元）

第3）步甲产成品（三车间）基本生产明细账的做法同第2）步B半成品基本生产明细账的思路相似。

由于该企业规定在产品按定额成本计价，所以在产品所耗的半成品没有成本差异，因此本月各步所耗上一步半成品的成本差异全部由本月本步骤完工产品负担。

2. 按计划成本综合结转半成品成本的优点

按计划成本综合结转半成品成本同按实际成本综合结转半成品成本方法相比较，主要有以下两点好处。

① 可以加速和简化成本核算工作。

② 便于考核和分析各步骤完工产品成本。

小思考10-4　为什么说，采用计划成本综合结转半成品成本可以加速和简化成本核算工作？

解析：采用计划成本结转生成的成本，由于计划成本是固定的，不需要计算和分配，因此其工作量大大减轻。

（四）综合结转分步法的成本还原

1. 成本还原的含义及步骤

采用综合结转法计算产品成本虽然较为简单，但不能提供按原始成本项目反映的核算资料，这样成本计算的步骤越多，最后一个步骤基本生产成本明细账上“直接材料”或“自制半成品”项目的成本在产成品成本中所占的比重就越大，因而不能真实了解产品成本的结构（各成本项目的成本占全部成本的比重）情况。为了有利于成本分析，寻求降低成本的途径，需要将综合结转计算出来的产成品成本进行成本还原，提供按原始成本项目反映的成本资料。

成本还原是指将产成品成本中以综合项目反映的自制半成品成本逐步分解为原始的成本项目。要求从最后一个步骤开始起进行成本还原，直到还原到第1个步骤。从前面例10-1举例中可以看出，采用综合结转法结转半成品成本，表现在产成品成本中的绝大部分费用是最后步骤所耗半成品的费用，而其他费用（直接人工、制造费用）只是最后步骤发生的费用，在产品成本中所占比重很小。这不符合产品成本构成的实际情况，因而不能据以从整个企业角度分析和考核产品成本的构成和水平。

成本还原的具体做法是：从最后的生产步骤开始，一个步骤一个步骤地将各步骤所耗上一步骤的半成品综合成本按上步骤的成本项目进行分解，然后将还原后的各步骤成本项目数加总起来，计算出产成品成本按原始成本项目反映的成本资料。它同成本计算的程序是相反的。

2. 成本还原的方法

成本还原通常有成本比重法和成本还原率法两种。

（1）成本比重法

成本比重法是将产成品中的半成品成本按所耗上步骤半成品的成本比重（或结构）进行还原，直至第 1 步骤。其具体做法如下。

1）计算确定产成品所耗上步骤半成品各成本项目占该步骤完工产品成本的比重。

2）将产成品成本中的半成品成本乘以上述成本项目的比重，就可以把综合成本进行分解。

如果成本计算步骤不止两步，而在两步以上，那么第 1 项成本还原后还会有未还原的半成品成本，这时应对未还原的半成品成本上面的计算步骤再进行还原。以此类推，直到半成品成本还原为原始项目为止。

工作实例 10-4 承工作实例 10-1 的资料，该企业生产甲产品，本月最终完工产品 340 件，各步骤半成品和产成品成本资料汇总如表 10-13 所示。

表 10-13 各步骤产品成本汇总表

元

项 目	产量/件	半成品	直接材料	直接人工	制造费用	合 计
第 1 步骤半成品成本	360		32 400	7 920	13 680	54 000
第 2 步骤半成品成本	280	40 600		11 200	14 000	65 800
第 3 步骤半成品成本	340	78 200		30 600	27 200	136 000

根据表 10-3 所示资料，采用成本比重法进行成本还原的程序和步骤如表 10-14 所示。

表 10-14 产成品成本还原计算表

产品名称：甲产品　　2017 年 7 月　　产量：340 件　　元

行次	摘 要	B 半成品	A 半成品	直接材料	直接人工	制造费用	合 计
1	还原前产成品成本	78 200			30 600	27 200	136 000
2	第 2 步骤 B 半成品成本		40 600		11 200	14 000	65 800
3	B 半成品各成本项目的比重/%		61.7		17.0	21.3	100
4	第 1 次成本还原（78 200×第 3 行）	−78 200	48 249		13 294	16 657	—
5	第 1 步骤 A 半成品成本			32 400	7 920	13 680	54 000
6	A 半成品各成本项目的比重/%			60	14.7	25.3	100
7	第 2 次成本还原（48 249×6 行）		−48 249	28 949	7 093	12 207	—
8	还原后产成品总成本（1+4+7 行）			28 949	50 987	56 064	136 000
9	还原后产成品单位成本			85.15	149.96	164.89	400

注：为了简化，本题中的比重均保留 1 位小数。

（2）成本还原率法

成本还原率法是将产成品成本中半成品综合成本按所耗上一步骤本月所产该种半成品总成本的比重进行成本还原。其具体做法如下。

1）计算确定成本还原率。成本还原率等于本月完工产品所耗上步骤半成品成本除以本月所产该种半成品总成本。

2）根据计算确定的成本还原率分别乘以上一步骤本月所产该种半成品各成本项目的成本，即可将耗用半成品的综合成本进行还原。

同样，如果成本计算步骤超过两步，则要按上述方法再还原一次。以此类推，直至还原到第 1 步骤。

其计算公式为：

$$\text{成本还原率}=\frac{\text{本月产成品所耗上步骤半成品费用}}{\text{本月所产该种半成品成本合计}}$$

$$\begin{matrix}\text{还原为上步骤}\\\text{成本项目的金额}\end{matrix}=\begin{matrix}\text{上一步骤所产该半成品}\\\text{各成本项目的金额}\end{matrix}\times\text{成本还原率}$$

工作实例 10-5 承工作实例 10-1 和表 10-13 的资料，采用成本还原率还原的程序和结果如表 10-15 所示。

表 10-15 产成品成本还原计算表

产品名称：甲产品　　2017 年 7 月　　产量：340 件　　元

行次	项 目	还原分配率	B 半成品	A 半成品	直接材料	直接人工	制造费用	合 计
1	还原前产成品成本		78 200			30 600	27 200	136 000
2	第 2 步骤半成品成本			40 600		11 200	14 000	65 800
3	第 1 次成本还原（分配率×第 2 行）	1.188 4	−78 200	48 249		13 310	16 641	78 200
4	第 1 步骤半成品成本				32 400	7 920	13 680	54 000
5	第 2 次成本还原（分配率×第 4 行）	0.893 5		−48 249	28 949	7 077	12 223	48 249
6	还原后产成品总成本（1+3+5 行）				28 949	50 987	56 064	136 000
7	还原后产成品单位成本				85.15	149.96	164.89	400

说明：① 第 1 次还原分配率 = 78 200÷65 800 = 1.188 4

② 第 2 次还原分配率 = 48 249.04÷54 000 = 0.893 5

按照上述方法进行成本还原比较简单，但由于未考虑以前月份所产半成品成本的影响，在各月所产半成品的成本结构变化较大的情况下，采用这种方法进行成本还原会产生误差。如果企业有半成品的定额成本或计划成本并较准确，可以按半成品的定额成本或计划成本的成本结构进行还原。

小思考 10-5　比较一下上述两种成本还原方法，它们之间有没有内在联系？

解析： 在成本比重法下，还原它的某成本项目金额为“还原前产成品成本中半成品成本 $\times\dfrac{\text{某成本项目金额}}{\text{上步骤半成品成本}}$”；在成本还原率法下，还原后的某成本项目金额为“某成本项目金额 $\times\dfrac{\text{还原前产成品中半成品成本}}{\text{上步骤半成品成本}}$”。显然，两种成本还原方法只是计算公式的分子换个位置而已。

综上所述，可以看出，采用综合结转分步法逐步结转半成品成本，从各步骤的产品成本明细账中可以看出各步骤所耗上一步骤半成品费用的水平和本步骤加工费用的水平，从而有利于各步骤的管理。但如果管理上要求提供按原始成本项目反映的产成品成本资料，就需要进行成本还原。因此，这种方法只宜在管理上要求计算各步骤完工产品所耗半成品费用，而不要求进行成本还原的情况下采用。

四、分项结转分步法

（一）分项结转分步法的概念和计算程序

分项结转分步法是将各生产步骤所耗上一步骤半成品成本，区分其原始成本项目（直接材料、直接人工、制造费用）分项转入各该步骤产品成本明细账的相应成本项目中，并同该步骤相同项目合并计算产品成本的一种方法。在分项结转分步法下，通常都以实际成本结转，如果采用计划成本分项结转，由于各步骤所耗上步骤的半成品成本是以实际耗用量乘以各项目的计划单位成本求得的，在月终调整成本差异时，要分成本项目调整成本差异，所以计算工作量较大。因此，实际工作中一般按实际成本分项结转。如果半成品通过仓库收发，应设置自制半成品明细账，账内区分成本项目（直接材料、直接人工、制造费用）进行登记。

（二）分项结转分步法的应用

工作实例 10-6 承工作实例 10-1 的资料，该企业采用分项结转分步法计算甲产品成本。

分项结转分步法的计算程序如下。

1）计算第 1 步骤（一车间）所产的 A 半成品成本。

由于第 1 步骤没有上步骤转来的费用，故分项结转分步法同综合结转分步法在成本计算方法上完全一致。为便于说明，仍列示第 1 步骤（一车间）A 半成品基本生产成本明细账，如表 10-16 所示。

表 10-16　基本生产成本明细账

车间名称：一车间　　　　完工产量：360 件

产品名称：A 半成品　　　　元

2007 年		凭证字号	项　目	成本项目			合　计
月	日			直接材料	直接人工	制造费用	
7	1	（略）	月初在产品成本	5 250	1 035	2 100	8 385
	31		本月生产费用	42 000	8 700	14 715	65 415
	31		合　计	47 250	9 735	16 815	73 800
	31		约当产量	165	82.5	82.5	—
	31		完工产量+约当产量	525	442.5	442.5	—
	31		单位产品成本	90	22	38	225
	31		完工半成品成本	32 400	7 920	13 680	54 000
	31		月末在产品成本	14 850	1 815	3 135	19 800

2）计算第 2 步骤（二车间）B 半成品成本。

二车间所产 B 半成品成本，包括上步（一车间）转入的 A 半成品成本。在分项结转的情况下，一车间本月转入360件A半成品，总成本54 000元，应分成本项目，分别在二车间产品基本生产成本明细账中对应的成本项目栏内登记。第2步骤B半成品基本生产成本明细账如表10-17所示。

表10-17　基本生产成本明细账

车间名称：二车间　　　　完工产量：280件

产品名称：B半产品　　　　元

2017年		凭证字号	项　目	成 本 项 目			合　计
月	日			直接材料	直接人工	制造费用	
7	1	（略）	月初在产品成本	3 100	1 180	1 700	5 980
	31		本步骤发生的费用		12 920	15 700	28 620
	31		上步骤转入的费用	32 400	7 920	13 680	54 000
	31		合　计	35 500	22 020	31 080	88 600
	31		约当产量	120	60	60	—
	31		完工产量+约当产量	400	340	340	—
	31		单位产品成本	88.75	64.76	91.41	244.92
	31		完工半成品成本	24 850	18 134	25 594	68 578
	31		月末在产品成本	10 650	3 886	5 486	20 022

说明：由于单位成本除不尽，结果有误差，所以应先计算月末在产品成本，倒挤完工产品成本。成本均保留到整数。

3）计算最后步骤（三车间）所生产的甲产品成本。

根据表10-1、表10-2、表10-3和表10-17分项转出二车间半成品成本68 578元，编制三车间甲产品成本明细账。第三步骤甲产成品基本生产成本明细账如表10-18所示。

表10-18　基本生产成本明细账

车间名称：三车间　　　　完工产量：340件

产品名称：甲产品　　　　元

2007年		凭证字号	项　目	成本项目			合　计
月	日			直接材料	直接人工	制造费用	
7	1	（略）	月初在产品成本	9 000	11 200	6 800	27 000
	31		本步骤发生的费用		25 300	24 200	49 500
	31		上步骤转入的费用	24 850	18 134	25 594	68 578
	31		合　计	33 850	54 634	56 594	145 078
	31		约当产量	20	10	10	—
	31		完工产量+约当产量	360	350	350	—
	31		单位产品成本	94.03	156.10	161.70	411.83
	31		产成品成本	31 969.40	53 073	54 977	140 019.4
	31		月末在产品成本	1 880.60	1 561	1 617	5 058.60

应该注意的是，在成本计算工作中提供按原始成本项目反映的成本资料，主要是为了了解产品结构的情况，对于企业成本管理，特别是车间成本管理的意义不大——车间成本分析关注的是发生的费用及耗费自制半成品成本的多少，而不是所耗费的半成品成本和发生成本按成本项目分别合并的成本资料。

采用分项结转分步法逐步结转半成品成本，可以直接提供按原始成本项目反映的产成品成本资料，便于从整个企业的角度考核和分析产品成本计划的执行情况，不需要进行成本还原。但是，这种方法的成本结转工作比较复杂，尤其是半成品成本通过半成品库收发时，由于半成品明细账上也要按照成本项目分别登记半成品成本，领用时按实际成本结转还需要分成本项目求加权平均单位成本或先进先出单位成本，故而结转手续更为复杂。同时，在各步骤完工产品成本中看不出所耗上一步骤半成品的费用和本步骤加工费用的水平，不便于进行完工产品成本分析。因此，这种结转方法一般适用于管理上不要求分别提供各步骤完工产品所耗上步骤费用和本步骤加工费用资料，但要求按原始成本项目反映产品成本的企业。

五、逐步结转分步法的优缺点

（一）逐步结转分步法的优点

① 能提供各个生产步骤的半成品成本资料。
② 为各生产步骤在在产品实物管理和资金管理方面提供资料。
③ 能够全面地反映各生产步骤的生产耗费水平，更好地满足各生产步骤成本管理的要求。

（二）逐步结转分步法的缺点

成本结转工作量较大，核算的及时性也较差。各生产步骤的半成品成本如果采用逐步综合结转方法，还需要进行成本还原，从而增加了核算的工作量。

任务三 平行结转分步法

任务引例

捷安特自行车制造企业大量生产各种自行车。该产品属于装配式生产，需要经过车体、传动、行动、安全、附件等5个生产步骤加工。

1）车体部分，主要生产车架、前叉、车把、鞍座和前叉合件等。这是自行车的主体部分。

2）传动部分，主要生产脚蹬、曲柄、链轮、链条、中轴和飞轮等。

3）行动部分，主要生产前后车轮，包括前后轴部件、辐条、车圈和轮胎等。

4）安全部分，主要生产车闸、车灯、车铃、反射装置等。

5）附件部分，主要生产挡泥板、车圈钢丝、支架、螺丝帽等。

前5个生产部分各自生产半成品，完工后交给包装车间组装、包装，供销售部门销售。

企业为了加强车间管理和明确经济责任，将6个生产部分划分为6个车间进行管理，但是5个生产车间相互之间不移交半成品，而是将完工的半成品直接提交给包装车间。如果按照前面学习的逐步结转分步法的成本计算程序，上一个步骤向下一个步骤提交半成品，下一个步骤需要领用自制半成品，每个步骤月末均要计算完工半成品成本和本步骤的在产品成本，成本计算工作时间长。如果前面一个步骤成本计算错误或拖延，都会给以后步骤带来麻烦。那么，在现实工作中，有没有更加便捷的成本计算方法可以采用呢？

职业判断与业务操作

根据前面学习的逐步结转分步法可以知道，逐步结转分步法的优点是能提供各个生产步骤的半成品成本资料，并且为各生产步骤在在产品实物管理和资金管理方面提供资料。但是，这种方法成本结转工作量较大，核算的及时性也较差。对于装配式生产企业来说，各步骤之间不存在半成品转移问题，如果采用逐步结转分步法将成本结转到下一步骤，势必导致下一步骤实际成本的不真实。针对这一情况，在会计中可以采用平行结转分步法解决这一难题。

一、平行结转分步法的概念和特点

（一）平行结转分步法的概念

平行结转分步法又称不计算半成品成本分步法，即在计算各步骤成本时，不计算其所产半成品成本，也不计算各步骤所耗上步骤的半成品成本，而只计算各步骤生产费用中应计入最终完工产成品的“份额”，将相同产品在各步骤的成本份额平行结转、汇总，计算出该种产成品的成本。

（二）平行结转分步法的特点

① 采用平行结转分步法，各生产步骤不计算半成品成本，只计算本步骤所发生的费用和应由产成品负担的份额。除第 1 步骤生产费用中包括所耗用的原材料和各项加工费用外，其他各步骤只计算本步骤发生的各项加工费用。

② 半成品成本结转同其实物转移相分离。平行结转分步法下归集的生产费用是本步骤发生的加工费用，虽然各步半成品实物从上一步骤向下一步骤转移，各步骤半成品成本却不随之转移。各步骤明细账中不包括耗用上步骤的半成品成本，也就是说，半成品成本不随半成品实物转移而结转。

③ 计算各生产步骤发生的费用中应计入产成品成本的份额，即将每一生产步骤发生的费用划分为用于产成品部分和在产品部分。平行结转分步法下各步骤在产品是广义的在产品。这里的在产品包括：尚在本步骤加工中的在产品，即狭义在产品；本步骤已完工转入半成品库的半成品；已从半成品库转到以后各步骤进一步加工，尚未最后制成的在产品，即就整个企业而言的广义在产品。

④ 将各步骤费用中应计入产成品的份额平行结转、汇总，计算该种产成品的总成本和单位成本。

二、平行结转分步法的计算程序

1）按产品生产步骤和产品品种开设基本生产成本明细账，各步骤成本明细账按成本项目归集本步骤发生的生产费用（不包括耗用上一步骤半成品的成本）。

2）月终，将各步骤归集的生产费用在狭义完工产品（即产成品）和广义在产品之间进行分配，计算各步骤应计入产成品成本的费用份额。

3）将各步骤生产费用总额减去本步骤应计入产成品成本的费用份额，即为本步骤期末在产品成本。其计算公式为：

$$\text{某步月月末在产品成本}=\text{该步骤月初在产品费用}+\text{该步骤本月生产费用}-\text{该步骤应计入产成品成本的份额}$$

4）将各步骤应计入产成品成本的费用份额平行相加汇总后，就得到产成品总成本，除以完工产品数量，即为单位成本。

平行结转分步法的成本计算程序如图 10-5 所示。

从图 10-5 中可以看出，各步骤生产成本并不随着半成品实物的转移而结转。因此，在平行结转分步法下，不论半成品是直接在各步骤之间转移，还是通过半成品库收发，都不通过“自制半成品”科目进行核算，只是在产成品验收入库，各步骤将应计入产成品成本的份额从基本生产成本明细账中转销时，借记“库存商品”科目，贷记“基本生产成本——××步骤”科目。

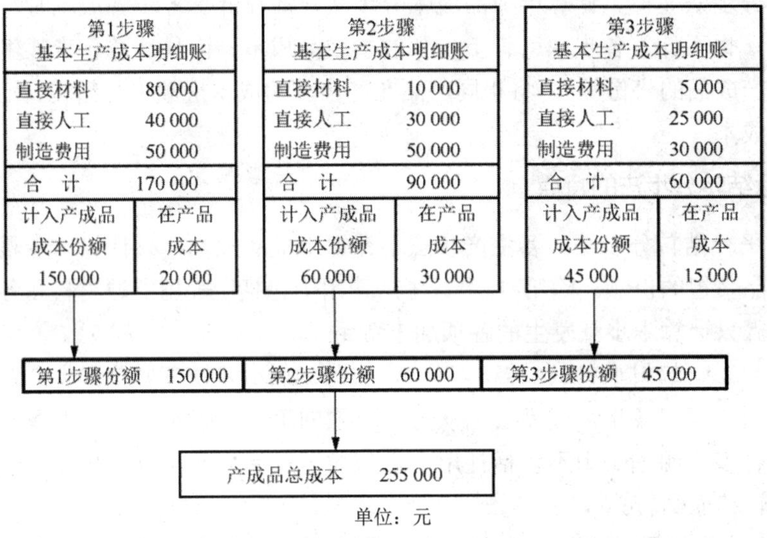

图 10-5 平行结转分步法成本计算程序

采用平行结转分步法时，应特别注意，每月月末，为了计算各步骤生产费用应由产成品负担的份额，需要将各步骤基本生产成本明细账上的生产费用，选择适当的方法在产成品和广义在产品之间进行分配。所谓广义在产品是从全厂的角度来观察在产品，它除了包括正在本步骤加工的在产品外，还包括经过本步骤加工完成而留在半成品库和处于以后步骤尚未形成最终产品的半成品。正因为采用平行结转分步法时各步骤的费用不随着半成品实物的转移而结转，所以在计算分配各步骤发生的费用时，凡各步骤已结转出但尚未制成产成品的半成品，其费用都在各步骤的基本生产成本明细账中，所分配的费用只是各步骤发生的费用，不包括耗用上一步骤半成品的成本。

在平行结转分步法下，完工产品和在产品之间生产费用的分配可以采用约当产量法、定额比例法、定额成本法等方法。现以约当产量法为例，说明计算完工产品（即产成品）成本中各步骤份额的程序。约当产量法下有关计算公式为：

$$\begin{array}{c}\text{某步骤完工产品数量和在产品}\\\text{约当产量合计}\end{array}=\begin{array}{l}\text{该步骤月初半成品数量}+\text{本月完工半成品数量}+\\\text{该步骤狭义在产品约当产量}\end{array}$$

“该步骤月初半成品数量”是指本步骤已经完工而停留在以后步骤需要进一步加工的在产品数量（即以后步骤的月初在产品数量）和停留在半成品库的数量之和。

$$\text{某步骤完工产品单位成本}=\frac{\text{该步骤月初在产品成本}+\text{本期发生费用}}{\text{该步骤完工产品数量和在产品约当产量合计}}$$

$$\begin{array}{c}\text{某步骤就计入}\\\text{产成品的份额}\end{array}=\text{产成品数量}\times\begin{array}{c}\text{单位产成品耗用}\\\text{某步骤半成品数量}\end{array}\times\text{某步骤半成品单位成本}$$

三、平行结转分步法的应用

工作实例 10-7 某公司设有3个基本生产车间，大量生产乙产品。乙产品需要经过第一、第二、第三 3 个生产车间连续加工。第一车间生产的产品完工后全部直接交给第二车间继续加工；第二车间加工完工后全部交给第三车间；第三车间继续加工为乙产品，完工后交产成品仓库验收。

由于该企业没有自制半成品对外出售，管理上也不需要计算半成品成本，所以成本计算采用平行结转分步法。该企业以生产的乙产品及其所经生产步骤为成本计算对象，按生产车间开设基本生产成本明细账，并按直接材料、直接人工和制造费用 3 个成本项目设专栏进行核算。

乙产品原材料在第一车间开始生产时一次投入，第二、第三车间从上步领来的半成品，也都在各生产车间生产开始时一次投入。各生产车间完工产品（最终产成品）和月末在产品（广义在产品）之间费用的分配采用约当产量法。各生产车间的直接人工和制造费用发生比较均衡，月末在产品完工程度按50%计算。

（1）各步骤产量记录及结转情况如表10-19所示。

表 10-19　企业各车间（步骤）生产数量记录

产品：乙产品　　2017年11月　　件

车间或部门	月初在产品	本月投入或上步转入	本月完工或转入下步	月末在产品
第一车间	45	270	285	30
第二车间	60	285	300	45
第三车间	45	300	315	30

（2）第 1 步骤、第 2 步骤和第 3 步骤基本生产成本明细账登记如表 10-20 至表 10-22 所示。

表 10-20　基本生产成本明细账

产品名称：乙产品（第 1 步骤）　　元

2017 年 月	日	凭证号数	摘　要	直接材料	直接人工	制造费用	合　计
11	1	（略）	月初在产品成本	12 000	1 440	1 080	14 520
	30		本月发生费用	21 600	5 040	3 780	30 420
	30		合　计	33 600	6 480	4 860	44 940
	30		完工数量＋约当产量/件	420	405	405	
	30		单位成本	80	16	12	108
	30		应结转完工产品份额	25 200	5 040	3 780	34 020
	30		月末在产品成本	8 400	1 440	1 080	10 920

表 10-21　基本生产成本明细账

产品名称：乙产品（第 2 步骤）　　元

2017 年 月	日	凭证号数	摘　要	直接材料	直接人工	制造费用	合　计
11	1	（略）	月初在产品成本		960	720	1 680
	30		本月发生费用		6 390	3 690	10 080
	30		合　计		7 350	4 410	11 760
	30		完工数量＋约当产量/件		367.5	367.5	
	30		单位成本		20	12	32
	30		应结转完工产品份额		6 300	3 780	10 080
	30		月末在产品成本		1 050	630	1 680

表 10-22　基本生产成本明细账

产品名称：乙产品（第 3 步骤）　　元

2017 年 月	日	凭证号数	摘　要	直接材料	直接人工	制造费用	合　计
11	1	（略）	月初在产品成本		1 800	1 440	3 240
	30		本月发生费用		8 100	6 480	14 580
	30		合　计		9 900	7 920	17 820
	30		完工数量＋约当产量/件		330	330	
	30		单位成本		30	24	54
	30		应结转完工产品份额		9 450	7 560	17 010
	30		月末在产品成本		450	360	810

（3）将各步骤计算的应计入产成品成本的份额进行汇总，如表 10-23 所示。

表 10-23　产品成本计算汇总表

产品名称：乙产品　　2017 年 11 月　　元

生产步骤（或车间）	产成品数量/件	直接材料	直接人工	制造费用	合　计
第一车间		25 200	5 040	3 780	34 020
第二车间			6 300	3 780	10 080
第三车间			9 450	7 560	17 010
产成品成本合计	315	25 200	20 790	15 120	61 110
产成品单位成本		80	66	48	194

工作实例 10-8 某企业生产丙产品，生产分两个步骤在两个生产车间内完成，第1车间为第二车间提供半成品，第二车间加工成为产成品。2017 年 12 月有关生产资料如表10-24 至表 10-26 所示。生产费用在完工产品和在产品之间的分配采用定额比例法。其中，原材料费用按定额材料成本比例分配，其他项目费用按定额工时比例分配。

（1）定额资料如表 10-24 所示。假定该企业月末没有盘点在产品，月末在产品的定额资料要根据月初在产品的定额资料加上本月投产的定额资料减去产成品的定额资料计算求得，即采用倒挤方法计算求得。

表 10-24 丙产品定额资料

元

生产步骤	月初在产品		本月投入		本月产成品				
					单位定额		产量/件	总定额	
	定额材料成本	定额工时	定额材料成本	定额工时	材料成本	工时		材料成本	工时
第一车间份额	67 650	2 700	98 450	6 300	293	14	500	146 500	7 000
第二车间份额		2 400		9 600		20	500		10 000
合 计	67 650	5 100	98 450	15 900		34		146 500	17 000

（2）根据丙产品的定额资料、各种生产费用分配表和产成品交库单，登记第一车间、第二车间的生产基本生产成本明细账，如表 10-25 和表 10-26 所示。

表 10-25 基本生产成本明细账

户名：第一车间（丙半成品） 2017 年 12 月

摘 要	产成品产量/件	直接材料		定额工时	直接人工	制造费用	合 计
		定 额	实 际				
月初在产品成本		67 650	61 651	2 700	7 120	10 000	78 771
本月生产费用		98 450	89 500	6 300	12 500	12 500	114 500
合 计		166 100	151 151	9 000	19 620	22 500	193 271
费用分配率			0.91		2.18	2.50	
转入产成品份额	500	146 500	133 315	7 000	15 260	17 500	166 075
月末在产品成本		19 600	17 836	2 000	4 360	5 000	27 196

表 10-26 基本生产成本明细账

户名：第二车间（丙产成品） 2017 年 12 月

元

摘 要	产成品产量/件	直接材料		定额工时	直接人工	制造费用	合 计
		定 额	实 际				
月初在产品成本				2 400	8 590	8 150	16 740
本月生产费用				9 600	19 850	31 450	51 300
合 计				12 000	28 440	39 600	68 040
费用分配率					2.37	3.30	
转入产成品份额	500			10 000	23 700	33 000	56 700
月末在产品成本				2 000	4 740	6 600	11 340

因为原材料是在生产开始时一次投入的，采用平行结转分步法在各生产步骤间不结转半成品成本，所以只有第一车间有原材料费用（定额和实际），第二车间没有本月耗用的半成品费用。

（3）根据第一车间、第二车间产品基本生产成本明细账中应计入产品成本的份额，平行汇总计入产品成本汇总表，如表10-27所示。

表10-27　产品成本汇总计算表

户名：丙产品　　2017年12月　　元

车间名称	产成品产量/件	直接材料	直接人工	制造费用	合计
第一车间		133 315	15 260	17 500	166 075
第二车间			23 700	33 000	56 700
合计	500		38 960	50 500	222 775
单位成本		266.63	77.92	101	445.55

四、平行结转分步法的优缺点和适用范围

（一）平行结转分步法的优缺点

平行结转分步法同逐步结转分步法相比较，具有以下优点。

① 各步骤可以同时计算产品成本，然后将应计入完工产品成本的份额平行结转、汇总计入产成品成本，不必逐步结转半成品成本，从而可以简化和加速成本计算工作。

② 能够直接提供按原始成本项目反映的产成品成本资料，不必进行成本还原。

由于平行结转分步法各步骤不计算也不结转半成品成本，因此存在以下缺点。

① 不能提供各步骤半成品成本资料及各步骤所耗上一步骤半成品费用资料，因而不能全面地反映各步骤生产耗费的水平，不利于各步骤的成本管理。

② 各步骤之间不结转半成品成本，使半成品实物转移同半成品成本结转相脱离，即不按其所在的地点登记，而按其发生的地点登记，因而不能为各步骤在产品的实物管理和资金管理提供资料。

③ 各生产步骤的产品成本不包括所耗半成品费用，因而不能全面地反映各步骤产品的生产耗费水平（第1步骤除外），不能更好地满足这些步骤成本管理的要求。

（二）平行结转分步法的适用范围和改进办法

1. 平行结转分步法的适用范围

平行结转分步法一般只宜在半成品种类较多，逐步结转半成品成本的工作量较大，管理上不要求提供各步半成品成本资料的情况下采用。

在采用分步法计算成本的大量、大批多步骤生产中，有的产品生产过程首先是对各种原材料平行地进行连续加工，成为各种半成品的零部件，然后再装配成各种产成品。例如，汽车制造企业，在这类生产企业中，各生产步骤所产半成品的种类很多，但半成品外售的情况却较少，在管理上不要求计算半成品成本，因而简化和加速了成本计算工作。在计算产品成本时，可以不计算各步骤所产半成品成本，也不计算各步骤所耗上一步骤的半成品

成本（即各步骤之间不结转所耗半成品成本），而只计算本步骤所发生的各项生产费用及这些费用中应计入产成品的份额。然后，将各步骤应计入同一产成品成本的份额平行结转、汇总，即可计算出该种产品的产成品成本。

2. 平行结转分步法的改进方法

在采用平行结转分步法时，应该加强各步在产品收发结存的数量核算，以便为在产品的实物管理和资金管理提供资料。同时，通过加强各步骤废品损失的核算和在产品的清查工作，以便及时发现在产品的报废和短缺、毁损情况，及时反映在产品加工报废和盘亏、毁损造成的损失，弥补由于在产品成本同在产品实物脱节所产生的不足。

知识链接 10-1

简化的平行结转分步法

简化的平行结转分步法，也称为分项结转分步法与平行结转分步法相结合的分步法，这是我国企业成本会计工作者的一项创新。该方法的做法是：对于各步骤完工的半成品成本按定额成本逐步结转到下一步骤，对于该步骤的实际成本同定额成本的差异，直接结转到产成品成本，由产成品负担。显然，该方法既吸收了传统的两种分步法的优点，又弥补了这两种方法的不足。

项 目 小 结

分步法是以产品的生产步骤和产品品种作为成本计算对象，归集生产费用，计算产品成本的一种方法。它包括逐步结转分步法和平行结转分步法。

逐步结转分步法是指将各步骤耗用上一步骤的半成品成本，以一个合计的金额数记入各该步骤产品成本明细账中的“直接材料”或专设的“自制半成品”成本项目。逐步结转分步法按照半成品成本在下一步骤成本明细账中的反映方法又可分为综合结转分步法和分项结转分步法两种方法。

在逐步结转分步法下，由于各步骤所耗上一步骤产品成本是以“原材料”或“自制半成品”项目综合反映的，所以不能据以从整个企业角度分析和考核产品成本的构成和水平。因此，在管理上要求从整个企业角度考核和分析产品成本的构成和水平时，还应将综合结转算出的产成品成本进行成本还原，使其还原成按原始成本项目反映的成本。

平行结转分步法的特点是在计算各步骤成本时，可以不计算各步骤所产半成品成本，也不计算各步骤所耗上一步骤的半成品成本（即各步骤之间不结转所耗半成品成本），而只计算本步骤所发生的各项生产费用及这些费用中应计入产成品的份额，从而计算出完工产品的成本，因此为了简化和加速了成本计算工作。

项目十一

成本计算的其他方法

职业能力目标

通过本项目的学习，了解分类法、定额法、作业成本法的有关概念、特点和适用范围；熟悉分类法、定额法、作业成本法等方法的基本原理、成本计算程序及其应用；能够应用分类法、定额法、作业成本法正确计算产品成本，提供财务成本管理需要的成本信息。

典型工作任务

分类法的概念和特点；分类法的计算程序；系数法及其应用；副产品成本的计算和核算；联产品的计算和核算；分类法的优缺点和应用条件；定额法的概念和特点；定额法的计算程序；定额法的应用；作业成本法的基本原理；作业成本法的计算程序；作业成本法的应用。

任务一 分 类 法

任务引例

米多奇食品有限公司是一家主要生产饼干的企业。该企业已经采用全自动饼干生产线，工艺流程为：和面机→成型机（滚切、辊印）→隧道烘烤炉（电加热/燃气加热）→喷油机→冷却输送→饼干整理机→夹心机→包装。其产品品种繁多，大小规格不等，但最终生产出普通饼干、发酵饼干、千层酥类和其他深加工饼干 4 类产品。

对于这样的企业，应该如何确定成本计算对象，计算产品成本？

职业判断与业务操作

对于像食品厂这样的企业，生产的产品品种多，规格繁杂，如果仍按产品的品种作为成本计算对象来归集生产费用，计算产品成本，则成本计算工作非常大。应用分类法来计算产品成本是一个明智的选择。

一、认知分类法

（一）分类法的含义

分类法是指以产品的类别作为成本计算对象归集生产费用，先计算各类产品实际成本，再按一定的标准计算类内各种产品成本的一种方法。

在一些企业中，生产的产品品种多，规格繁杂，如无线电元器件、针织、食品、化学试剂生产企业等，如果仍按产品的品种作为成本计算对象来归集生产费用，计算产品成本，则成本计算工作非常大。在这种情况下，如果不同品种、规格的产品可以按照一定标准分类，为简化成本计算工作，就可以采用分类法计算产品成本。

（二）分类法的适用范围

分类法作为成本计算的一种辅助方法，与生产类型没有直接关系，因而可以在各种类型的生产中应用。无论是大批大量生产还是单件小批生产，无论是单步骤生产还是多步骤生产，只要是产品的品种、规格繁多，又可以按一定的标准将这些产品划分为若干个类别，都可以采用分类法计算成本。以下一些产品的生产，尤其适合采用分类法计算产品成本。

1. 联产品

联产品的生产，就是在生产过程中对同一直接材料进行加工，经过相同的生产过程，可以生产出几种主要产品。这些产品称之为联产品。例如，以原油为直接材料，经过提炼，可以炼出汽油、柴油、煤油和润滑油等产品。这些产品的性质和用途虽然不同，但都是使用同样的直接材料，在同一生产过程中取得的，它们有着自然的联系，因此无法按每种产品归集生产费用，直接计算其成本。

2. 部分等级品

所谓等级品就是用同样的材料，经过相同的生产过程而生产出品种相同但品级或质量不同的几种产品。

产生等级品的原因有以下两个。

① 由于生产管理不善或技术操作上的问题形成了等级品。在这种情况下造成的等级品，产品的结构、所用的直接材料和工艺过程完全相同，不同等级产品的单位成本应该是相同的。因此，由于工人操作造成的等级品的成本计算不能采用分类法，不能按照等级产品的不同售价分配费用，其费用的归集和计算视为同一级产品。至于因售价低而引起的损失恰恰反映出企业经营管理和技术上的问题，可以促使企业努力改进，提高产品质量。

② 产生等级品的另一个原因是产品内部结构、所用材料的质量或工艺技术要求不同而造成的，如卷烟厂的甲级烟和乙级烟。这类等级品应是同一品种不同规格的产品，所以适合采用分类法计算这类等级品的产品成本。

3. 副产品

副产品是在主要产品的生产过程中附带生产出来的次要产品。例如，在肥皂的生产过程中附带生产出来的甘油。在计算副产品成本时，可以采用分类法，将副产品和主要产品合为一类，作为成本计算对象来归集生产费用，计算产品成本。

4. 零星产品

有些企业，除生产主要产品以外，还可能生产一些零星产品。例如，企业自制少量的材料或工具为协作单位生产少量的零部件等。这些产品，尽管内部结构、生产工艺不一定相同，但由于这些产品的品种、规格多，为了简化核算工作，也可以将这些零星产品归为一类，采用分类法计算成本。

（三）分类法的特点

1. 以产品类别作为成本计算对象

分类法按照产品的类别作为产品成本计算对象设置成本明细账，归集生产费用，计算各类产品的成本。企业在具体计算时，先根据产品的结构、性能、工艺特点及所耗原材料的不同，将产品划分为若干类别，按照产品的类别设置成本计算单，归集每类产品的费用支出，计算每类产品的成本，然后选择合适的分配标准，在类内各种产品之间进行分配，计算类内各种产品的成本。

2. 类内各种产品的成本按一定标准分配

各类完工产品成本计算出来后，应选择适当的方法，采用合理的分配标准，将各类完工产品成本在类内各种不同品种产品之间进行分配，计算类内各种完工产品的总成本和单位成本。

二、分类法计算的程序

① 以产品类别为成本计算对象，按类设置基本生产成本明细账，归集和分配各项生产费用，计算出各类产品的总成本。

② 采用合理的分配方法将各类产品的总成本在类内各种产品、产成品和在产品之间进

行分配。同类产品内各产品之间分配费用的标准，一般有定额消耗量、定额费用、售价、重量、体积、长度等。在选择费用的分配标准时，主要考虑同产品生产耗费的关系，即应选择同产品各项耗费有密切联系的分配标准。

三、分类法的应用实例

在实际工作中，为了简化类内各产品之间费用的分配工作，可以将各产品的分配标准折算成相对固定的系数，按照固定的系数分配同类产品内各种产品的成本。确定系数时，一般在同类产品中选择一种产量较大，生产较稳定、规格适中的产品作为标准产品，把这种产品的分配标准额的系数定为1，用其他各种产品的分配标准额同标准产品的分配标准额相比，求出其他产品分配标准额同标准产品分配标准额的比率，即系数，再用系数进行分配，计算出类内各种产品的成本。系数一经确定，应在一定时期内保持相对稳定。在分类法下，按系数分配同类产品内各种产品成本的方法，称为系数法。系数法是分类法的一种，也称为简单的分类法。

在系数法下，首先确定类内各产品系数，然后将各种产品的实际产量按其系数折算为标准产量（在产品可按约当产量先折算成该完工产品的产量，再按系数折算为标准产品产量），以标准产量的比例来分配类内各产品的总成本和各项目成本。其计算公式为：

$$各种产成品的折合数量=每种产成品实际产量\times 该种产品的系数$$

$$各种在产品的折合数量=每种在产品实际数量\times 该种在产品的系数$$

$$成本分配率=\frac{期初在产品成本+本期发生费用}{全部产成品的折合总量+全部在产品的折合总量}$$

$$各种产成品成本=该种产成品折合量\times 成本分配率$$

$$期末在产品成本=在产品折合量\times 成本分配率$$

小思考 11-1　在系数法下，应如何确定标准产品？

解析：确定系数时，一般在同类产品中选择一种产量较大，生产较稳定、规格适中的产品作为标准产品，把这种产品的分配标准额的系数定为1。

工作实例 *11-1*　某企业产品品种较多，成本计算采用分类法，按所耗原材料及工艺特点不同，全部产品划分为甲、乙、丙三大类，按类组织产品成本计算。现以甲类产品（包括A、B、C、D四种产品）为例说明分类法中系数法的应用。

（1）假定甲类产品以B产品为标准产品，2017年8月份有关产品成本计算资料如表11-1所示。

表 11-1　甲类产品成本计算系数表

元

产品名称	原材料单耗定额	工时消耗定额	原材料成本系数	加工费成本系数
A	400	9	400/500 = 0.8	9/10 = 0.9
B	500	10	1	1
C	550	12	550/500 = 1.1	12/10 = 1.2
D	450	11	450/500 = 0.9	11/10 = 1.1

（2）甲类产品2017年8月成本计算资料如表11-2所示。

表11-2 基本生产成本明细账

户名：甲类产品　　　　元

2017年 月	日	摘要	直接材料	直接人工	制造费用	合计
8	1	月初在产品成本	10 400	19 720	10 200	40 320
	31	本月发生费用	378 000	117 000	75 600	570 600
	31	合计	388 400	136 720	85 800	610 920
	31	完工产品成本	355 300	121 200	60 600	537 100
	31	月末在产品成本	33 100	15 520	25 200	73 820

（3）甲类产品成本计算资料如表11-3所示。

表11-3 甲类产品成本计算表

元

产品名称	实际产量/件	单位系数 原材料	单位系数 其他费用	标准产量（总系数） 原材料	标准产量（总系数） 其他费用	原材料	工资费用	制造费用	总成本	单位成本
	①	②	③	④=①×②	⑤=①×③	⑥=④×38	⑦=⑤×12	⑧=⑤×6	⑨=⑥+⑦+⑧	⑩=⑨/①
A	1 000	0.8	0.9	800	900	30 400	10 800	5 400	46 600	46.60
B	4 000	1	1	4 000	4 000	152 000	48 000	24 000	224 000	56.00
C	2 500	1.1	1.2	2 750	3 000	104 500	36 000	18 000	158 500	63.40
D	2 000	0.9	1.1	1 800	2 200	68 400	26 400	13 200	108 000	54.00
合计	—	—	—	9 350	10 100	355 300	121 200	60 600	537 100	—

表11-3中各项费用分配率的计算如下。

直接材料分配率＝355 300÷9 350＝38

直接人工分配率＝121 200÷10 100＝12

制造费用分配率＝60 600÷10 100＝6

表11-3所示的产品成本计算表中，各项费用的合计数是分配对象，应该根据该类产品成本明细账中完工产品成本一行的数字填列。根据计算表编制会计分录如下。

借：库存商品——A产品　　46 600
　　　　　——B产品　　224 000
　　　　　——C产品　　158 500
　　　　　——D产品　　108 000
　贷：基本生产成本——甲类产品　　537 100

四、联产品成本的计算

（一）联产品的概念及其成本计算特点

联产品是指企业用同样的原材料，在同一个生产过程中生产出性质和用途不同的多种主要产品，这些产品为联产品。例如，炼油企业生产的汽油、柴油和煤油等。联产品所用的原材料和工艺过程相同，最易于归为一类，故采用分类法计算成本。

联产品成本的计算，应先计算联产品分离前的总成本（综合成本），然后将总成本按一定的标准在各联产品之间进行分配。联产品分离的这个分界点称为分离点。分离点前发生的成本称为联合成本（或共同成本）。联产品分离以后有些直接对外销售，有些还需进一步继续加工，进一步加工的成本称为可归属成本，应采用合适的成本计算方法（如品种法）进行计算。

联产品分离前的费用属于联合成本，应将其作为一类产品进行归集，再将联合成本采用适当的方法分配给各种联产品。联合成本的分配是联产品成本计算的关键。联产品成本的计算就是指联产品分离以前联合成本的归集及分配。联产品的最终成本包括承担分离前的综合成本和分离后的进一步继续加工的成本。

（二）联产品成本的分配方法

联产品联合成本的分配方法主要有实物量分配法、标准产量分配法、相对销售价值分配法等，企业可根据本企业的实际情况选用。

1．实物量分配法

实物量分配法是将联产品的联合成本按照各联产品的重量比例进行分配以求得各种产品成本的方法。其计算公式为：

联产品分配率=联合成本÷各种联产品实物量之和

某种联产品应分配的联合成本=该种联产品实物产量×联产品分配率

工作实例 11-2 设某企业采用同一原材料，在同一工艺过程中生产出 A、B、C 三种主要产品，本月发生的联合成本为 348 000 元/千克。由于联产品价值相差不大，企业采用实物量分配法计算各种产品成本。其计算结果如表 11-4 所示。

表 11-4 联产品成本计算表

产品名称	实际产量/千克	分配率	单位售价/（元/千克）
A	45 000		156 600
B	26 000		90 480
C	29 000		100 920
合计	100 000	3.48	348 000

根据计算表编制会计分录如下。

借：库存商品——A 产品　　156 600
　　　　　——B 产品　　90 480
　　　　　——C 产品　　100 920
　贷：基本生产成本——A 类产品　　348 000

2．标准产量分配法

标准产量分配法也称系数分配法，是将各种联产品的实际产量按规定的系数折算为标准产量，然后将联合成本按标准产量的比例进行分配。

工作实例 11-3 设某企业 2017 年 8 月采用同一原材料，在同一工艺过程中生产出甲、乙、丙、丁4种主要产品。这些产品采用售价作为分配标准，以甲产品为标准产品，其系数为1。本月完工产品成本及4种产品的产量和售价如表11-5和表11-6所示。

表11-5　联产品产量及售价表

产品名称	实际产量/千克	单位售价/（元/千克）
甲	1 600	10
乙	400	14
丙	1 000	8
丁	240	20

表11-6　基本生产成本明细账

户名：A类产品　　元

2017年		摘要	直接材料	直接人工	制造费用	合计
月	日					
8	1	月初在产品成本	5 400	1 720	1 200	8 320
	31	本月发生费用	14 600	3 280	7 000	24 880
	31	合计	20 000	5 000	8 200	33 200
	31	完工产品成本	16 254	3 354	6 192	25 800
		成本比重/%	63	13	24	100
	31	月末在产品成本	3 746	1 646	2 008	7 400

根据资料，采用相对系数分配法计算联产品中各产品的成本如表11-7所示。

表11-7　A类产品成本计算　　元

产品名称	实际产量/千克	单位售价	系数	标准产量（总系数）	综合成本	标准产量单位成本	联产品总成本	单位成本
	①	②	③	④=①×③	⑤	⑥=⑤/④	⑦=⑥×④	⑧=⑦/①
甲	1 600	10	1	1 600			12 000	7.50
乙	400	14	1.4	560			4 200	10.50
丙	1 000	8	0.8	800			6 000	6
丁	240	20	2	480			3 600	15
合计	—	—	—	3 440	25 800	7.50	25 800	—

注：标准产量单位成本＝25 800÷3 440＝7.50。

如果企业需要各种产品的直接材料、直接人工和制造费用等成本项目的成本资料，可以根据计算的各种产品成本总成本分别乘以A类成本比重计算各成本项目的成本。根据计算表编制会计分录如下。

借：库存商品——甲产品　　12 000
　　　　　　——乙产品　　4 200
　　　　　　——丙产品　　6 000
　　　　　　——丁产品　　3 600
　贷：基本生产成本——A类产品　　25 800

学中做 *11-1*　如果甲产品继续加工，那么请你计算一下甲产品的直接材料、直接人工和制造费用等成本项目的成本数据各是多少？

3. 相对销售价值分配法

相对销售价值分配法是按各联产品的销售价值作为分配标准来分配联合成本的一种成

本计算方法。其计算公式为：

联产品分配率＝联合成本÷各种联产品销售价值之和

某种联产品应分配的联合成本＝该种联产品销售价值×联产品分配率

工作实例 11-4 承工作实例 11-3 的数据，采用相对销售价值法计算分配联产品成本。其计算结果如表 11-8 所示。

表 11-8 A 类产品成本计算表

元

产品名称	实际产量/千克	单位售价	销售价值	分配比例/%	联产品总成本	单位成本
	①	②	③＝①×②	④	⑤＝③×25800	⑥＝⑤/①
甲	1 600	10	16 000	46.51	11 999.58	7.50
乙	400	14	5 600	16.28	4 200.24	10.506
丙	1 000	8	8 000	23.26	6 001.08	6.00
丁	240	20	4 800	13.95	3 599.10	15.00
合计	—	—	34 400	100	25 800.00	—

小思考 11-2 比较表 11-7 和表 11-8 计算数据，看看系数分配法和相对销售价值法在计算方法和计算结果上有什么异同？

解析：相对销售价值分配法是按各联产品的销售价值作为分配标准来分配联合成本的一种成本计算方法。而在系数法下，首先确定类内各产品系数，然后将各种产品的实际产量按其系数折算为标准产量（在产品可按约当产量先折算成该完工产品的产量，再按系数折算为标准产品产量），以标准产量的比例来分配类内各产品的总成本和各项目成本。

五、副产品成本的计算

（一）副产品的概念及成本计算的特点

在企业生产主要产品的过程中，会附带生产出一些非主要产品，这些附带生产的产品称为副产品。例如，炼油厂在提炼原油的过程，附带生产出的渣油、石油焦等。副产品有它们特定的用途，可以部分或者全部出售或自用。

副产品和主要产品是利用同一原料在同一生产过程中生产出来的，它们的区别主要在于价值的大小。一般来讲，主要产品的价值较大，而副产品的价值较小。如果企业的副产品比重较大，应该将主、副产品视同联产品采用分类法计算成本；如果副产品比重较小，为了简化核算，可以将副产品同主产品合为一类设立成本计算单，归集主副产品的生产费用，然后将副产品成本从总成本中扣除，求得主产品成本。副产品在分离后，可作为商品直接销售，也可以进一步继续加工以后再销售。

（二）副产品的计价方法

副产品成本的计价可以根据不同情况分别采用不同方法，常见的方法包括以下 3 种。

1. 副产品不计价

副产品不计价是指副产品不负担分离前的成本，其成本全部由主产品负担。这种方法一般适用于副产品分离后不再加工，而且其价值较低的情况。

2．副产品按余值计价

副产品按余值计价是指副产品按照销售价格减去销售税费的余值计价，也可以按照销售价格减去按正常利润率计算的销售利润后的余值计价。这种方法适用于副产品价值较高的情况。

3．副产品按计划成本或定额成本计价

这种计价方法是指按确定的计划成本或定额成本作为副产品的成本，从主产品成本中扣除。这种方法计算手续简便，但是当副产品成本变动较大、市场不稳定时，会影响主要产品成本的正确性。

工作实例 11-5 某企业生产 G 产品的同时，附带生产出 F 副产品。假定分离前的联合成本为 526 000 元，F 副产品为 2 000 千克，每千克计划单价 3.70 元，其中直接材料 3.20 元，直接人工 0.3 元，制造费用 0.2 元。F 副产品的成本从联合成本中扣除。假定 G 产品在产品成本只分摊直接材料项目成本，定额成本 25 000 元；直接人工和制造费用项目成本全部由完工产品承担。

基本生产成本明细账如表 11-9 所示。

表 11-9 基本生产成本明细账

户名：G 产品 元

2017 月		摘 要	产量/千克	直接材料	直接人工	制造费用	合 计
月	日						
8	1	月初在产品成本		24 000			24 000
	31	本月发生费用		475 000	13 400	13 600	502 000
	31	合 计		499 000	13 400	13 600	526 000
	31	减：F 副产品成本	2 000	−6 400	−600	−400	−7 400
	31	G 产品成本合计		492 600	12 800	13 200	518 600
	31	完工产品成本	20 000	467 600	12 800	13 200	493 600
	31	单位成本		23.38	0.64	0.66	24.68
	31	月末在产品定额成本		25 000			25 000

主产品和副产品不是一成不变的，随着经济的发展、科学技术的进步，某些副产品的用途扩大，经济价值提高，副产品也可能变成主产品。反之，一些主产品由于条件的变化、过时而被淘汰成为副产品。

六、分类法的优缺点和应用条件

（一）分类法的优缺点

1．分类法的优点

在产品品种、规格繁多的企业，采用分类法计算产品成本。其优点如下。

① 简化了成本计算工作。因为在产品品种多、规格多的情况下，如果对每种产品或每种规格的产品成本计算对象开设成本明细账，其核算工作极为繁重。如果用用分类法计算

成本，首先将各种产品划分为一定类别，按类别归集生产费用，把同类产品归并为成本计算对象，就能简化成本计算工作。

② 能够在产品品种、规格繁多的情况下分类掌握产品成本的水平。

2. 分类法的缺点

采用分类法的缺点是：由于同类产品内的成本都是按照一定比例分配计算的，计算结果有一定的假定性。因为在分类法下，每类产品内各种产品的生产费用包括直接费用和间接费用，都需要采用一定的分配方法分配计算，所以分配结果就避免不了有一定的假定性。

（二）分类法的应用条件

在采用分类法时，为了保证分类法既能简化成本计算工作，又能做到计算结果相对准确，必须注意以下几个问题。

1. 正确划分产品类别

能否正确运用分类法的关键在于如何将品种、规格繁多的产品进行恰当的分类。对产品分类原则上应根据企业生产的特点，按产品的性质、结构、用料或工艺特点大体相同来进行。产品分类是否恰当，在很大程度上影响着成本计算结果的正确性。

2. 各类类距必须适当

如果产品类别的类距过小，会造成计算工作的繁重，但如果过大，又会影响成本计算工作的正确性。因此，企业应本着既能简化核算工作，又能比较精确地计算各品种或规格产品成本的原则来确定类距。

3. 合理确定分配标准

分配标准的选择是否符合实际，是正确计算各品种或规格产品成本的关键。因此，必须尽量选择同产品成本高低有着密切联系的分配标准。如果各成本项目不采用同一标准进行分配，那么需要根据各成本项目的性质分别选择不同的分配标准，以便使分配结果尽可能接近实际。

任务二 定 额 法

任务引例

某企业生产甲产品，采用定额法计算产品成本。本月初在产品 60 台（原材料项目在产品成本 2 480 元），本月完工 500 台，月末在产品 120 台；原材料在生产开始时一次投入，上月单位产品材料消耗定额为 10 千克，本月单位产品材料消耗定额为 9.8 千克，材料计划成本 4 元/千克。本月限额领料单凭证上登记的数量为 5 600 千克，超限额领料单凭证上登记的数量为 400 千克；期初车间有余料 100 千克，期末车间盘存余料 300 千克。

请你计算甲产品本月的原材料定额费用脱离定额差异、月初在产品定额变动差异，并进行成本分析和管理。

① 本月实际领用材料=100+5 600+400-300=5 800（千克）

② 本月投产量=500+120-60=560（台）

③ 本月定额耗用量=560×9.8=5 488（千克）

④ 原材料定额费用脱离定额差异=（5 800-5 488）×4=+1 248（元）。由于产品超定额领用312千克材料，结果导致本月实际材料费用高于定额费用（超支），需要进一步查明原因。

⑤ 月初在产品定额变动差异=2 480×（9.8-10）/10=49.6（元）。由于现行材料消耗定额降低0.2千克，必然调减月初在产品成本49.6元。但对于完工产品来说，月初在产品的定额降低了，说明在产品不值那么多钱，相当于盘亏，其差额调增完工产品成本。

一、认知定额法

（一）定额法的含义及适用范围

1．定额法的含义

定额法是以产品定额成本为基础，考虑脱离定额差异、材料成本差异和定额变动差异，来计算产品实际成本的一种成本计算方法。它以事先制定的产品定额成本为目标成本，通过实际费用同目标成本对比，及时揭示生产费用脱离定额的差异，加强企业成本管理和控制。定额法下，产品实际成本的计算公式为：

产品实际成本=产品定额成本±脱离定额差异±材料成本差异±定额变动差异

2．定额法的适用范围

严格来讲，定额法不是一种独立的成本计算方法，而是一种成本控制方法在成本计算中的体现，同企业的生产类型没有直接关系，只要企业具备相关条件，不论哪一种类型的生产，都可以采用定额法核算生产费用。其条件如下。

① 企业的定额管理制度比较健全，定额管理工作基础较好。

② 企业产品的生产已经定型，消耗定额比较准确、稳定。

（二）定额法的特点

定额法同其他成本计算方法相比，主要具有以下几方面的特点。

1．事先制定产品定额成本

定额法是以产品定额成本为基础来计算实际成本的。在应用此法之前，企业必须事先制定产品的各项消耗定额、费用定额并以现行定额为依据制定定额成本，作为成本控制、降低成本的目标。

2．分别计算符合定额差异和脱离定额差异

定额法下，在发生生产费用的当时，就将符合定额的费用和发生的差异分别核算，加强对成本差异的日常管理和控制。

3. 各种差异最终归结到产品成本

月末在定额成本的基础上加、减各项成本差异，计算产品的实际成本，为成本的定期分析和考核提供依据。

4. 定额法更重要的是一种成本管理方法

定额法只是一种产品成本计算的辅助方法，通常不能单独使用。人们采用定额法往往看重的是它不仅是一种成本计算方法，而且还是一种对产品成本进行直接控制、管理的方法。

二、定额法成本计算的程序

知识链接 11-1

定额成本和计划成本的关系

定额成本和计划成本既有相同之处又有不同。二者都是以产品生产耗费的消耗定额和计划价格为依据确定的目标成本，不同之处在于计算计划成本的消耗定额是计划期（一般为一年）内平均消耗定额，也称为计划定额，在计划期内通常不变。定额成本的消耗定额则是现行消耗定额，应随着技术进步和劳动生产率提高不断修订。计划成本是国家或上级机构对企业下达的指令性指标，企业可以不制定计划成本；定额成本则是企业自行制定的，是企业对当时的产品成本进行自我控制和考核的依据。

（一）定额成本的制定

采用定额法，必须先制定单位产品的消耗定额、费用定额，并据以制定单位产品的定额成本。

产品的定额成本一般由企业的计划、技术、会计等部门共同制定。如果产品的零部件不多，一般先计算零件定额成本，然后再汇总计算部件和产品的定额成本。零部件定额成本还可作为在产品和报废零部件计价的依据。如果产品的零部件较多，可不计算零件定额成本，直接计算部件定额成本，然后汇总计算产品定额成本，或者根据零部件的定额卡和原材料单价、计划的工资率和计划的制造费用率等直接计算产品定额成本。零件定额卡、部件定额卡和产品定额成本计算单如表 11-10 至表 11-12 所示。

表 11-10　零件定额卡

零件编号：210　　　　　　　　　　　　　　　　实物单位：千克

零件名称：H　　　　　2017 年 8 月　　　　　　金额单位：元

材料编号	材料名称	计量单位	材料消耗定额
4512	FH 材料	千克	5

工序	工时定额	累计工时定额
1	1.5	1.5
2	2	3.5
3	2.5	6
合计	6	—

表 11-11　部件定额成本计算卡

部件名称：3210#　　　　2017 年 8 月　　　　元

所需零件编号或名称	零件数量	部件材料费用定额							工时定额
		4512#			4513#			金额合计	
		数量/件	计划单价	金额	数量/件	计划单价	金额		
210	2	13	4	52				52	12
211	3				10	4	40	40	15
装配									4
合　计				52			40	92	31

定额成本项目					定额成本合计
原材料	直接人工		制造费用		
	每小时定额	金额	每小时定额	金额	
92	3	93	4	124	217

表 11-12　产品定额成本计算单

产品编号：13210#　　　　工时单位：时

产品名称：甲　　　　2017 年 8 月　　　　金额单位：元

所需零件编号或名称	所用部件数量/件	材料费用定额		工时定额	
		部　件	产　品	部　件	产　品
3210#	4	92	368	31	124
3211#	2	100	200	20	80
装配					12
合　计			568		216

产品定额成本项目					产品定额成本合计
原材料	直接人工		制造费用		
	每小时定额	金　额	每小时定额	金　额	
568	3	648	4	864	2 080

（二）脱离定额差异的计算

脱离定额的差异是指在生产过程中，各项生产费用的实际数脱离现行定额的数额。通过对实际数同定额数的比较，分析生产费用脱离定额的差异与原因，以便对生产费用进行日常控制。脱离定额差异的计算包括原材料脱离定额差异的计算、直接人工脱离定额差异的计算和制造费用脱离定额差异的计算 3 项内容。

1．原材料脱离定额差异的计算

原材料脱离定额差异的计算方法，通常有限额法、切割核算法和盘存法 3 种。

（1）限额法

限额法又称差异凭证法，是指对材料的领用实行定额发料制度，符合定额的原材料应根据限额领料单等定额凭证领发。如果增加产量需要增加用料，在办理追加限额手续后，可以根据定额凭证领发；由于其他原因发生的超额用料或代用材料的用料，应填制专设的超额领料单、代用材料领料单等差异凭证，经过一定的审批手续后领发。生产任务完成后的余料应填制退料单。退料单也是一种差异凭证，退料单中的原材料数额和限额领料单中的原材料余额都是原材料脱离定额的节约差异。

（2）切割法

对于需要切割才能使用的材料，如板材、棒材等，可以采用专设的材料切割核算凭证——材料切割核算单来核算材料脱离定额的差异。材料切割核算单应按切割材料的批别开立，在单中要填明发交切割材料的种类、数额、消耗定额和应切割成的毛坯数量，切割完成后还要填写实际切割成的毛坯数量和实际耗量等。根据实际切割成的毛坯数量和消耗定额就可计算出材料定额消耗量，同材料实际消耗量相比较，可确定材料脱离定额的差异。材料切割核算单的基本格式如表 11-13 所示。

表 11-13　材料切割核算单

材料编号或名称：18801　　材料计划单价：6 元

产品名称：乙产品　　图纸号：101

切割工人：张　洪　　材料计量单位：千克　　机床编号：412

发交切割日期：2017 年 8 月 1 日　　零件名称或编号：301　　完工日期：2017 年 8 月 8 日

发料数量		退料数量			材料实际消耗量		废料实际收回数量
230		6			224		4.8
单位消耗定额		单件回收废料数量	应切割成毛坯数量		实际割成毛坯数量	材料定额消耗量	废料定额回收量
8		0.3	28		25	200	7.5
材料脱离定额差异		废料脱离定额差异			脱离定额差异原因		责任人
数量	金额/元	数量	单价/元	金额/元	切割技术不熟练，多留了毛边，减少了毛坯数量		张洪
+24	+144	+2.7	+0.5	+1.35			

说明：表中实际回收废料小于定额回收量的差异应增加材料费用，故列为正数，表示超支。

（3）盘存法

在连续、大量生产的企业中，生产不能按照批别划分，可采用定期盘存法核算原材料脱离定额差异，即根据完工产品数量和在产品盘存（实地盘存或账面盘存）数量计算产品投产数量（投产数量=完工产品数量＋期末在产品数量－期初在产品数量），用产品投产数量乘以原材料消耗定额计算原材料定额消耗量。根据限额领料单、超额领料单、代用领料单、退料单等凭证，以及车间余料的盘存数量，计算原材料的实际消耗量，将原材料的实际消耗量同原材料定额消耗量比较，计算原材料脱离定额的差异。其计算公式为：

原材料脱离定额差异=（原材料实际消耗量－原材料定额消耗量）×原材料计划单价

无论采用哪一种方法核算原材料定额消耗量和脱离定额差异，都应分批或定期将这些核算资料按照成本计算对象进行汇总，编制原材料定额成本和脱离定额差异汇总表。其基本格式如表 11-14 所示。

表 11-14　原材料定额成本和脱离定额差异汇总表

产品名称：丙产品　　产量：300 件　　元

材料类别	材料编号	计量单位	计划单价	定额成本			实际成本		脱离定额差异		差异分析
				单位定额	耗用量	金额	耗用量	金额	数量	金额	
A 材料	110#	千克	10	3	900	9 000	870	8 700	−30	−300	（略）
B 材料	112#	千克	8	5	1 500	12 000	1560	12 480	+60	+480	
合计						21 000		21 180		180	

2. 直接人工脱离定额差异的计算

直接人工脱离定额差异的计算，根据企业所采用的工资形式（计时工资和计件工资）不同而不同。

① 在计件工资形式下，生产工人工资属于直接计入费用，其脱离定额差异的计算同原材料脱离定额差异的计算相似。可采用差异凭证法，将符合定额的生产工人工资反映在产量记录上，对于脱离定额的差异反映在专设的补付单等差异凭证中。

② 在在计时工资制下，生产工人工资属于间接计入费用，其脱离定额的差异不能在平时按照产品直接计算，只有在月末实际生产工人工资总额确定以后才可计算。直接人工脱离定额差异的因素有两个：一是生产工时；二是小时工资率。其计算公式为：

$$计划小时工资率=\frac{某车间计划产量的定额生产工人工资}{该车间计划产量的定额生产工时}$$

$$实际小时工资率=\frac{该车间实际生产工人工资总额}{该车间实际生产工时总额}$$

某产品的定额人工费用=该产品实际产量的定额生产工时×计划小时工资率

某产品的实际人工费用=该产品实际产量的实际生产工时×实际小时工资率

某产品直接人工脱离定额差异=该产品实际人工费用－该产品定额人工费用

不管采取哪种工资形式都应根据上述计算，按照成本计算对象汇总编制直接人工定额及定额差异汇总表，如表11-15所示。用该表来反映各种产品的定额工资、实际工资、工资差异，以及产生差异的原因，并据以登记有关产品成本的计算单。

表11-15　直接人工定额及定额差异汇总表

元

产品名称	产量/千克	单位工时定额	人工费用定额			实际人工费用			脱离定额差异
			定额工时	计划小时工资	定额工资	实际工时	实际小时工资	实际工资	
A产品	300	4	1 200		6 000	1 100		6 600	+600
B产品	200	3	600		3 000	580		3 480	+480
合　计			1 800	5	9 000	1 680	6	10 080	+1 080

3. 制造费用脱离定额差异的计算

制造费用应先按生产部门汇集，月末分配计入各种产品成本之中。制造费用一般不能按产品制定费用定额，只能按期制定制造费用预算数，对制造费用进行控制。它通常属于间接计入费用，同计时工资一样，其脱离定额差异只有在月末才可计算。其计算公式为：

$$计划小时制造费用率=\frac{某车间制造费用总额}{该车间计划产量的定额工时总数}$$

$$实际小时制造费用率=\frac{某车间实际制造费用总额}{该车间各种产品实际生产工时总数}$$

某产品实际制造费用=该产品实际生产工时×实际小时制造费用率

某产品定额制造费用=该产品实际产量的定额工时×计划小时制造费用率

某产品制造费用脱离定额的差异=该产品实际制造费用－该产品定额制造费用

制造费用定额和定额差异应通过编制制造费用定额及定额差异汇总表进行计算，如表 11-16 所示。

表 11-16　制造费用定额及定额差异汇总表

元

产品名称	产量/千克	工时定额	定额费用			实际费用			脱离定额差异
			定额工时	计划小时分配率	定额制造费用	实际工时	实际小时分配率	实际制造费用	
A 产品	300	4	1 200		7 200	1 100		6 050	-1 150
B 产品	200	3	600		3 600	580		3 190	-410
合　计			1 800	6	10 800	1 680	5.5	9 240	-1 560

（三）材料成本差异的计算

采用定额成本法，为了有利于产品成本的分析和考核，原材料的日常核算一般按计划成本进行，原材料脱离定额差异是以计划单价反映的消耗数量上的差异，不包括价格因素。因此，月末要将产品所消耗的原材料的计划成本调整为实际成本。这通过计算所耗原材料应分摊的成本差异，即所耗原材料的价格差异来完成。其计算公式为：

$$\text{某产品应分配的原材料成本差异}=\left(\begin{matrix}\text{该产品原材料}\\\text{定额费用}\end{matrix}\pm\begin{matrix}\text{原材料脱离}\\\text{定额差异}\end{matrix}\right)\times\text{材料成本差异分配率}$$

工作实例 11-6　某企业生产的 A 产品所耗原材料定额费用为 9 000 元，材料脱离定额差异为超支 600 元，原材料的成本差异率为节约 1.8%，则该产品应分配材料成本差异为：

$$(9\,000+600)\times(-1.8\%)=-172.8\text{（元）}$$

（四）定额变动差异的计算

定额变动差异是指由于修订消耗定额（或生产耗费）的计划价格而产生的新旧定额之间的差额。定额成本的变动一般在月初、季初或年初定期进行，当期投产的产品，都应该按新定额计算其定额成本和脱离定额差异。但在定额变动的月份，月初在产品的定额成本是从上月末在产品定额成本转来的，它们仍然是按照旧的定额反映的。因此，需要按新定额计算月初在产品的由于定额本身变动而产生的定额变动差异。其计算公式为：

$$\text{定额变动系数}=\frac{\text{按新定额计算的单位产品成本}}{\text{按旧定额计算的单位产品成本}}$$

$$\begin{aligned}\text{月初在产品定额变动差异}&=\text{按旧定额计算的月初在产品成本}-\\&\quad\text{按旧定额计算的月初在产品成本}\times\\&\quad\text{定额变动系数}\\&=\text{按旧定额计算的月初在产品成本}\times\\&\quad(1-\text{定额变动系数})\end{aligned}$$

工作实例 11-7　某企业生产 B 产品。B 产品的一些零件从 2017 年 8 月 1 日起修订材料消耗定额，单位产品旧的材料消耗定额为 24 元，新的材料消耗定额为 22.8 元，该产品月初在产品按旧定额计算的材料定额成本为 9 600 元。

其月初在产品定额变动差异计算如下。

定额变动系数=22.8÷24=0.95

月初在产品定额变动差异=9 600×（1-0.95）=480（元）

一般来讲，消耗定额的变动表现为不断下降的趋势，所以月初在产品定额变动的差异通常表现为月初在产品价值的降低。因此，一方面要从月初在产品定额费用中扣除该项差异；另一方面，还应将属于月初在产品实际支出的该项差异加入本月产品成本中。相反，如果消耗定额提高，则应将此差异项加入月初在产品定额成本之中，同时从本月产品成本中予以扣除，因为实际上并未发生这部分支出，否则账目不平。

在修订定额成本的月份，产品的实际成本的计算公式为：

产品实际成本=定额成本±脱离定额差异±材料成本差异±定额变动差异

（五）产品实际成本的计算

在定额成本法下，产品成本的日常核算是将定额成本和各种差异分别核算的，所以完工产品和月末在产品的费用分配应按定额成本及各种差异分别进行，即先计算完工产品和月末在产品的定额成本，然后将脱离定额的差异在完工产品和月末在产品之间进行分配。脱离定额的差异可按照完工产品和月末在产品的定额比例进行分配，包括材料成本差异和定额变动差异，为简化核算，可全部由完工产品负担。实际成本的计算通过汇总产品成本明细账上各项定额差异、定额变动差异和材料成本差异进行。

在定额法下，完工产品实际成本的计算公式为：

完工产品实际成本=完工产品定额成本±脱离定额差异±月初在产品定额变动差异

三、定额法的应用举例

工作实例 *11-8* 某企业 2017 年 8 月生产 A 产品。A 产品月初在产品 16 件，本月投产 64 件，本月完工 56 件，月末在产品 24 件。该企业原材料在生产开始时一次投入，直接材料成本差异率为-1%，直接材料成本差异和定额变动差异全部由完工产品负担。另外，本期直接材料脱离定额差异为-900 元，直接人工脱离定额差异为+180 元，制造费用脱离定额差异为-63 元。A 产品成本计算采用定额法。

A产品的其他有关资料如表 11-17 和表 11-18 所示。

A产品成本计算结果如表 11-19 所示。

表 11-17 A 产品定额成本资料

元

成本项目	计划单价	消耗定额		定额成本		定额变动差异	
		上月	本月	上月	本月	数量	金额
直接材料	4	108 千克	102 千克	500	470	-6	-30
直接人工	1.6	90 小时	90 小时	180	180		
制造费用	1	80 小时	80 小时	90	90		
合计				770	740	-6	-30

表 11-18 A 产品月初在产品成本资料

成本项目	月初在产品	
	定额成本/元	定额差异
直接材料	9 600	320
直接人工	1 600	90
制造费用	800	83
合 计	12 000	493

表 11-19 基本生产成本计算单

户名：A 产品　　2017 年 8 月　　完工产量：56 件　　元

项 目		直接材料	直接人工	制造费用	成本合计
月初在产品	定额成本	9 600	1 600	800	12 000
	脱离定额差异	320	90	83	493
月初在产品定额变动	定额成本调整	-576*			-576
	定额变动差异	+576			+576
本月生产费用	定额成本	30 080	11 520	5 760	47 360
	脱离定额差异	-900	+180	-63	-783
	材料成本差异	-291.8			-291.8
生产费用合计	定额成本	39 104	13 120	6 560	58 784
	脱离定额差异	-580	+270	+20	-290
	材料成本差异	-291.8			-291.8
	定额变动差异	+576			+576
脱离定额差异分配率/%		-1.48%	2.06%	0.30%	
产成品成本	定额成本	26 320	10 080	5 040	41 440
	脱离定额差异	-389.54	207.65	15.10	-166.79
	材料成本差异	-291.80			-291.80
	定额变动差异	+576			+576
	实际成本	26 214.66	10 287.65	5 055.10	41 557.41
月末在产品成本	定额成本	12 784	3040	1 520	17 344
	脱离定额差异	-190.46	+62.35	+4.90	-123.21

说明：定额变动系数 = 102÷108 = 0.94

月初在产品定额变动差异=9 600×（1－0.94）=576（元）

四、定额法的优缺点

（一）定额法的优点

定额法是将产品成本的计划定额工作、核算工作和分析工作有机结合起来，将事前、事中、事后反映和监督融为一体的一种成本计算方法和成本管理制度。其优点如下。

① 通过生产耗费及其脱离定额和计划的日常核算，能够在生产耗费发生的当时反映和

监督脱离定额或计划的差异，从而有利于加强成本控制，有效、及时地促进生产耗费的节约，降低产品成本。

② 由于产品实际成本是按照定额成本和各种差异分别核算的，因此便于对各项生产耗费和产品成本进行定期分析，有利于进一步挖掘降低成本的潜力。

③ 通过脱离定额差异和定额变动差异的核算，有利于提高成本的定额管理和计划管理的工作水平。

④ 由于有着现成的成本定额资料，因此能够较为合理、简便地解决完工产品和月末在产品之间分配费用的问题。

（二）定额法的缺点

定额法的不足在于，采用定额法必须制定定额成本，单独核算脱离定额差异，在定额变动时还必须修订定额成本，计算定额变动差异，因而计算的工作量较大。

任务三 作业成本法

任务引例

许继电气作为我国电力保护行业的龙头老大，一直受到各级政府的大力支持，市场份额一度占据全国的 35%。然而激烈的竞争环境，以及企业各种费用的居高不下，再加上员工素质等因素，导致企业效益下滑。加强成本管理，提高成本费用和效益的因果性，提高企业整体管理水平，就迫在眉睫。

许继电气在改革之前一直采用传统的成本核算方法，制造费用的分配采用直接人工比例进行分配。但是，由于电力系统技术上的特殊性，产品生产必须采用订单式生产。大到三峡发电站所需的变电站自动化装置，小到乡村电站需要的电力保护装置，每种产品的规格差异较大，技术含量也参差不齐。在这种多品种生产环境下，传统成本计算方法往往低估了高复杂程度、小批量产品的成本，而高估了低复杂程度、大批量产品的成本。

许继电气根据作业成本法核算原理，通过为各个服务部门划分不同的作业中心，选择合适的作业动因，使得产品成本信息中包括了研发、销售、管理等为该产品所消耗的一切费用，并分析各项费用种类和数量，同发生动因联系起来。同时，委托软件公司开发 ABC 软件，培训各服务部门人员，熟悉 ABC 软件管理要求，实施全员成本管理。通过对许继电气的一项问卷调查表明：57.14%的员工认为，作业成本法获取的成本信息质量比传统成本法较高，17.86%的员工认为很高。

职业判断与业务操作

许继电气企业能够根据作业成本法核算原理，通过为各个服务部门划分不同的作业中心，选择合适的作业动因，将各项费用种类和数量同发生动因联系起来，进而实施全员成本管理，使得成本计算更加准确，管理更加专业。

一、认知作业成本法

（一）作业成本法及相关概念

1. 作业成本法

作业成本（Activity-Based Costing，简称 ABC）法是产生于 20 世纪 80 年代末期的一种先进成本管理方法，是由哈佛商学院的卡普兰教授和宾夕法尼亚大学的库珀教授提出的。这种方法是以作业（activity）为基础，通过成本动因来确认和计量作业量，进而以作业量为基础分配间接费用、计算产品生产成本的一种成本计算方法。显然，作业成本法是对传统成本计算方法的革新。

在传统成本计算方法下，是以某一总量（如直接人工工时、机器工时）为基础，通过计算统一的间接费用分配率来对间接费用进行分配的，这种以产品直接人工，直接材料或机器工时总量为基础分配间接费用的方法，在产品品种少，间接费用项目较少，间接费用在总成本中所占比例较小的情况下是比较可行的。但随着社会化大生产的进行，企业生产自动化的日益发展，使得成本中的间接费用比重不断增加，直接人工在成本中的比例越来越小，同时制造费用的项目增加其结构也日益复杂，引起间接费用发生的原因也是多样化的，故如果仅采用一个分配标准（无论采用哪种标准），就无法反映费用同成本的因果关系，导致成本信息的失真。

作业成本法的理论依据是：成本对象（产品或劳务）耗用作业，作业耗用资源；生产导致作业发生，作业导致成本发生。因此，向成本对象分配的应该是作业的成本，分配的基础应该是成本对象耗用的作业量。具体操作时，应根据作业成本和成本对象耗用的作业量，计算每种作业的分配率，把各种作业成本分配到每一成本对象。产品成本是在制造过程中所需全部作业成本的总和。因此，作业成本的计算过程可以概括为：资源—作业—产品。

2. 作业

作业成本法下的“作业”，是指产品制造过程中的一系列会发生成本且具有附加价值的经济活动。换句话说，就是企业为提供一定量的产品或劳务所消耗的人力、技术、原材料、方法和环境等的集合体。不同企业的作业分类不同，制造类企业的作业一般可以分为 5 个基本类别。

① 进货作业。这类作业是指同采购业务相关的各项作业。例如，购入原材料的搬运、分类整理、储存等。

② 生产作业。这类作业是指同生产过程相关的作业。例如，同生产过程相联系的加工、组装、检验、包装等。对于制造企业，生产作业还可以进一步划分为单位作业、批别作业、产品作业和维持作业等。

③ 营销作业。这类作业是指同推销企业产品相联系的作业。例如，报价、建立销售渠道、广告宣传等。

④ 发货作业。这类作业是指同产品发出相关的作业。例如，存货的库存、发运、订单处理等。

⑤ 服务作业。这类作业是指为主要经营活动提供服务的各项作业。例如，安装、修理、设备调整等。

3．成本动因

成本动因又称成本驱动因素，是指作业成本和产品之间的相关性，即导致产生成本、费用的各种因素——可以是一个事项、一些活动或一项作业。成本动因可分为资源动因和作业动因两种：资源动因是引起作业成本变动的驱动因素，是将资源成本分配到作业中心的标准，反映了作业中心对资源的耗用情况；作业动因是引起产品作业成本变动的驱动因素，是将作业中心的成本分配到产品或劳务的标准，反映了产品消耗作业的情况。我们重点研究的是后一种，它是将作业成本分配到产品成本的分配基础。

4．作业链和价值链

现代化企业应是为满足顾客需要而设计的作业的集合体。从产品的设计到产品的销售的整个生产经营过程，实际上是为满足顾客需要而建立的一系列前后有序的作业集合体，这些作业由此及彼、由内到外相连接，形成了一条作业链。产品消耗作业，作业消耗资源（成本），每完成一项作业，都需要产生一定的成本开支，同时又有一定的价值量产出并转移到下一项作业，直至最终形成满足顾客需要的产品。产品作为作业链的最终环节，凝结了各个作业所产生并最终提供给顾客的价值。作业链的形成过程也是价值链的形成过程。

总之，作业成本法是以作业为核算对象，通过分析成本动因，根据企业经营过程中形成的产品和作业、作业链和价值链的关系，归集和分配生产经营费用，计算产品成本的一种成本核算方式。

（二）作业成本法的特点

传统的成本计算法下，将发生的直接材料、直接人工直接计入各产品生产成本，将发生的制造费用（间接费用）按各产品消耗的人工工时或机器工时等的比例分配计入各种产品。这种以产品消耗的某种数量作为成本发生的原因的做法，被称为数量基础成本计算。这种方法下，在间接费用总额和单位工时一定的情况下，生产的产品数量愈多，耗用的人工工时或机器工时越大，间接费用的成本分配率就越小，由此计算的单位产品成本也就越低。这样会引导企业为降低单位成本而进行大批量的生产。当产品供大于求时，造成存货的积压和浪费，出现不盈利的产品。同时，传统的成本计算法下，从产品的分配上来看，各种产品分摊的间接费用同产量成本正比，即产量逾大、承担的间接费用就越多。但实际上，间接费用并不同产量成正比，所以传统的成本计算会造成产品成本计算结果的不准确。

1．发生的成本应按成本动因进行分配

在作业成本法下，产品消耗作业，作业导致成本（包括间接费用）的发生。作业将产品同成本连接起来，发生的成本按产品消耗的作业量进行分配。例如，引发检验费用的动因是检验这一作业，其成本就应当按产品所消耗的检验作业量（检验次数）进行分配。这种做法被称为作业基础成本计算。在作业成本法下，分配基础发生是变化的，不再仅限于传统成本计算法下所采用的单一数量分配标准，而是采用多项成本动因作为间接费用的分配标准。

2．成本动因概念的引入对成本性态的划分造成一定影响

成本性态是指成本总额同业务量总数的关系。作业成本法认为，在高新技术制造环境下，大多数间接费用同产量多少关系不大，而同作业量密切相关，被各种成本动因所驱动，

成本性态是由成本动因所支配的。成本应分为短期变动成本、长期变动成本和固定成本。其中，短期变动成本是指传统意义上的变动成本，如直接材料，其成本变动同产量成正比，应采用同数量相关的成本动因；长期变动成本是指在较长时间内，同作业耗用量成比例变动的变动成本，应用同作业量相关的成本动因，并以其作为成本分配的基础；固定成本是指在一个既定时期内，不随任何作业量变动而变动的成本，这类固定成本在全部制造成本中占较小的比例。

作业成本法是对传统成本计算法的突破，由传统的以数量为基础的成本计算发展到现代的以作业为基础的成本计算是成本会计科学发展的重大变革。

知识链接 11-2

作业成本法同传统成本计算法的区别

同传统成本计算法相比，二者主要有以下几方面差异。

① 以作业作为成本核算对象。传统产品成本核算的对象是产品，而作业成本法的核算对象是作业，即以企业为提供一定量的产品或劳务所消耗的人力、技术、原材料、方法和环境等的集合体作为成本计算对象。

② 成本计算程序不同。作业成本法下要求首先确认费用单位从事了什么作业，计算每种作业的发生成本。然后，以这种产品对作业的需求为基础，将成本归入到产品之中。

③ 成本核算范围被扩大。作业成本法下，成本核算范围被拓展，不但要核算产品成本，还要核算作业成本和动因成本，即建立三维成本模式。

④ 费用分配标准不同。传统成本计算法下，间接费用（制造费用）首先分摊给各生产部门，再按人工工时或机器工时确定费用分配率，将费用分配到产品之中；作业成本法下，首先将间接费用（制造费用）归于每一个作业，即确认费用单位从事的作业，计算每种作业发生的成本，然后以产品对作业的需求为基础，将成本追溯到产品中去。作业成本法采用的分配基础是作业的数量化，是成本动因。

二、作业成本法计算成本的程序

（一）选择成本基础

选择成本基础就是对同企业间接费用有关的作业活动进行分类。不同类型的企业，不同产品的生产，其作业活动的领域不同，选择的成本基础也就不同。例如，有的企业可以把作业活动分为材料搬运、生产调度、自动化机器、精加工、包装和运输等；有的企业可把作业活动分为采购、设计、规划、组织订货、制造、仓储与发运、售后服务等。

（二）追踪资源或同性质的活动归集为作业中心

在选择成本基础的前提下，应按不同的作业领域追踪各作业领域所使用的构成间接成本的各种资源。一般来说，每一项活动都会耗用某些资源，即发生成本。如果将每项活动的成本直接归属于产品，成本计算的精确度将比传统成本计算要高。但是，由于产品生产的作业活动繁多，所以往往将同性质的活动归集为作业中心，然后根据作业中心同产品的关系分配该作业中心成本。通常作业中心可分为以下四大类。

1. 同产品产量有关的作业中心

这类作业中心的成本同产品产量相关，或者属于以产品产量为基础的变动成本。例如，装配与冲压的直接人工成本，以及机器运转成本等。

2. 同产品批次有关的作业中心

这类作业中心的成本同产品批次有关，但同特定批次的产量多少无关。就生产批次而言，此类成本的性质为变动成本，但是就某一批产品而言，它属于固定成本。例如，机器的准备和材料处理成本就属于这类。

3. 同产品项目有关的作业中心

这类作业中心的成本同产品项目的多少有关，但同某类产品的生产批次和生产数量无关，即此类成本随产品的类别增加而增加。但就某类特定产品而言，它属于此类产品的固定成本。例如，各类产品材料清单的设定、产品设计和产品测试的成本就属于此类。

4. 同产品设施有关的作业中心

此类作业中心的成本同提供良好的生产环境有关。它属于各类产品的共同成本，同产品项目多少、某类产品生产批次、某批产品的产量无关。例如，厂房的折旧、厂房设备的维护和修理费用、工厂管理和人事管理等费用都属于此类。

（三）按作业中心归集成本

在确定作业中心的基础上，对发生的费用，应根据费用的性质进行记录，并归集于相应的作业中心，最后进行汇总。按作业中心归集成本有利于衡量企业各项作业活动的效果或业绩。作业效绩一方面可用作业总成本来体现，另一方面可用作业质量或产品属性来体现。例如，产品制造的可靠性、售后的服务性等。

（四）选择适当的成本动因

选择成本动因，就是根据追踪的资源，选择分配各作业中心成本的标准。例如，材料搬运作业的作业衡量标准是搬运的零件数量；生产调度的作业衡量标准是生产定单数量；自动化设备作业的作业衡量标准是机器工时数；精加工作业的作业衡量标准是直接人工时数，等等。应当指出，在分配作业中心成本时，有些成本动因同产品直接相关，因而可以将这些作业中心的成本直接分摊至产品。例如，同产量有关的作业中心和同产品批次有关的作业中心的成本都可直接分配到产品中去。其他一些作业中心的成本，由于同产品没有直接关系，因而该作业中心的成本应首先分摊至同产品有直接关系的作业中心（或称初步成本阶段），然后再由同产品直接相关的作业中心分配到产品中去。例如，同产品项目有关的作业中心和同产品设施有关的作业中心的成本分摊都属于初步成本分摊。

（五）确定作业中心成本分配率

当作业中心已经确认，成本已经汇集，成本动因已经确立后，就可将该作业中心的成本除以预计的交易量，计算以成本动因为单位的分配率。

（六）计算产品成本

根据各批产品所耗用的成本动因交易量和各该作业中心的成本分配率，就可求得该批产品所负担的成本，包括应负担的作业总成本和单位成本。

另外，应当指出，进行作业成本计算所涉及的会计账户设置与传统成本计算不同。作业成本计算的程序是根据资源动因将成本追踪到作业中心，再将作业中心的成本按作业动因分配给产品。按传统方法核算的部门，成本分解为作业成本，虽然会大大增加账户的数量，但可以使账户的设置同成本核算费用控制保持一致。从本质上看，作业成本计算是一个借助于作业揭示可供资源、实际使用资源、实际需用资源、无效使用资源和未使用资源，区分增值作业和非增值作业，提供业绩评价和资源配置信息的过程。因此，账户设置可分为两大类：一类是增值作业账户；另一类是非增值作业账户。增值作业可按作业中心设置账户，归集核算每个作业中心成本。增值作业中有两类成本：一类是直接成本，另一类是间接成本。直接成本按传统方法核算；间接成本按性质设立成本库，每一个成本库设立一个账户，如“修理费用”“开工准备费用”“检验费用”等。非增值作业也有两类成本：一类是维持性作业成本；另一类是无效作业成本。维持性作业成本可以设置“标准间接费用”账户；无效作业成本可以设置“间接成本差异”账户。非增值作业主要是指企业组织和管理生产经营的活动，因此，这一类成本可以列作期间成本，直接计入当期损益。

三、作业成本法在会计中的应用

工作实例 11-9 某企业同时生产 A、B 两种产品。其中，A 产品每批 5 000 件，年产量 60 000 件；B 产品每批 100 件，年产量 30 000 件。有关两种产品的成本资料如表 11-20 和表 11-21 所示。

表 11-20 产品成本计算单

元

项 目	直接材料	直接人工	制造费用	合 计
A 产品	300 000	120 000	720 000	1 140 000
B 产品	180 000	60 000	360 000	600 000
合 计	480 000	180 000	1 080 000	1 740 000

表 11-21 单位成本计算表（传统成本计算法）

元

项 目	直接材料	直接人工	制造费用	合 计
A 产品（60 000 件）	5	2	12	19
B 产品（30 000 件）	6	2	12	20

在传统成本计算法下，制造费用以直接人工成本为基础，制造费用是直接人工的 6 倍。根据作业成本计算法，依据不同的成本库，归集制造费用如表 11-22 所示。

表 11-22 依据成本库归集的制造费用表

元

制造费用项目	金 额
间接人工：	
整理准备工作	200 000
材料处理	180 000
检验人员	100 000
采购人员	105 000

（续表）

制造费用项目	金 额
产品分类人员	50 000
工厂管理人员	80 000
小 计	715 000
其他制造费用：	
取暖和照明	50 000
房屋占用	95 000
材料处理设备折旧	40 000
机器能量	70 000
供应商（检验）	35 000
供应商（购买）	30 000
供应商（产品分类）	20 000
供应商（全面管理）	25 000
小 计	365 000
合 计	1 080 000

有关的成本动因资料如下。

① A产品：B产品的单位机器小时比例为1：1.5。

② 每批次需要一次标准的整理准备工作。

③ 每批的标准检验单位为：A产品每批50件，B产品每批10件。

④ A产品、B产品每批材料移动次数分别为25次、50次。

⑤ A产品、B产品每件购货订单数分别为200件、400件。

⑥ A产品、B产品每件产品分类次数分别为60次、40次。

根据上述资料，按照单位作业、批作业、产品作业和能量作业 4 个作业层次分配制造费用如下。

（1）单位作业层次分配

① 直接材料成本和直接人工成本的计算与传统成本计算法相同。

② 机器能量成本按一定比率分配到产品生产线，计算过程如表11-23所示。

表 11-23 机器能量成本分配表

元

产品名称	数量/件	使用比例	合 计	分配率	分配额
A产品	60 000	1	60 000	0.666 7	40 000
B产品	30 000	1.5	45 000	0.666 7	30 000
合 计			105 000		70 000

（2）按作业批次分配

① 检验成本按检验次数分配，计算过程如表11-24所示。

表 11-24 检验成本分配表

产品名称	批 次	每批检验数	合 计	分配率	分配额/元
A产品	12	50	600	37.5	22 500
B产品	300	10	3 000	37.5	112 500
合 计	312		3 600		135 000

说明：检验成本＝检验人员工资100 000＋供应商（检验）35 000＝135 000（元）

② 材料处理处理成本以材料移动次数为基础分配，计算过程如表 11-25 所示。

③ 整理准备成本以整理准备次数为基础分配，计算过程如表 11-26 所示。

表 11-25 材料处理成本分配表

产品名称	批 次	每批移动次数	合 计	分配率	分配额/元
A 产品	12	25	300	14.379 1	4 313.73
B 产品	300	50	15 000	14.379 1	215 686.27
合 计	312		15 300		220 000

说明：处理成本 = 材料处理人员工资 180 000＋材料处理设备折旧 40 000 = 220 000（元）

表 11-26 整理准备成本分配表

产品名称	整理准备次数	分配率	分配额/元
A 产品	12	641.025 6	7 692.31
B 产品	300	641.025 6	192 307.69
合 计	312		200 000

（3）产品作业层次

① 购买成本以购货订单为基础分配，计算过程如表 11-27 所示。

表 11-27 购买成本分配表

产品名称	购货订单数量	分配率	分配额/元
A 产品	200	225	45 000
B 产品	400	225	90 000
合 计	600		135 000

说明：购买成本 = 采购人员工资 105 000＋供应商（购买）30 000 = 135 000（元）

② 产品分类成本以分类次数为基础分配，计算过程如表 11-28 所示。

表 11-28 产品分类成本分配表

产品名称	分类次数	分配率	分配额/元
A 产品	60	700	42 000
B 产品	40	700	28 000
合 计	100		70 000

说明：分类成本 = 分类人员工资 50 000＋供应商（产品分类）20 000 = 70 000（元）

（4）能量作业层次

能量作业层次以主要成本（直接材料成本 + 直接人工成本）为基础分配，计算过程如表 11-29 所示。

表 11-29 主要成本分配表

产品名称	单位主要成本	生产数量	主要成本	分配率	分配额/元
A 产品	7	60 000	420 000	0.378 8	159 096
B 产品	8	30 000	240 000	0.378 8	90 904
合 计			660 000		250 000

说明：能量成本 = 工厂管理人员工资 80 000+取暖和照明 50 000+房屋占用费 95 000+供应商（全面管理）25 000=250 000（元）

综合上述结果，根据作业成本计算法，各种产品的总成本和单位成本汇总如表 11-30 所示。

表 11-30　产品生产成本表

元

项　目	A 产品		B 产品	
	单位成本	总成本	单位成本	总成本
单位作业层次：				
直接材料	5	300 000	6	180 000
直接人工	2	120 000	2	60 000
机器能量	0.666 7	40 000	1	30 000
小　计	7.666 7	460 000	9	270 000
批作业层次：				
检验	0.375	22 500	3.75	112 500
材料处理	0.071 9	4 313.73	7.189 5	215 686.27
整理准备	0.128 2	7 692.31	6.410 3	192 307.69
小　计	0.575 1	34 506.04	17.349 8	520 493.96
产品作业层次：				
购买	0.75	45 000	3	90 000
产品分类	0.7	42 000	0.933 3	28 000
小　计	1.45	87 000	3.933 3	118 000
能量作业层次：				
全面管理	2.648 2	159 096	3.026 9	90 904
合　计	12.34	740 602.04	33.31	999 397.96

由于作业成本计算法考虑了引起制造费用发生的各种成本动因，并以此为基础分配制造费用，所以能较为客观、真实地反映高新技术环境下各种产品的成本。

在高新技术环境下，作业成本计算法从以产品为中心转移到以作业为中心上来，不仅能克服传统成本计算法的许多固有缺陷，提供较客观、真实的成本信息，而且更为重要的是，作业成本计算法不只对最终产品成本进行控制，而是把着眼点和着重点放在成本发生的前因及后果上，以作业为核心，以资源流动为线索，以成本动因为媒介，通过对所有作业活动进行跟踪动态反映，对最终产品形成过程中发生的作业成本进行有效控制。这样，作业成本计算法可以更好地发挥决策、计划和控制作用，促进作业管理水平的不断提高，使企业处于不断改进的环境之中。

项目小结

本项目介绍成本计算基本方法之外的其他成本计算方法，有分类法、定额法、标准成本法和作业成本法 4 种方法。

分类法是指以产品的类别作为成本计算对象，归集生产费用，计算产品成本的一种成本计算方法。分类法是为简化计算工作而采用的一种成本计算方法，它同产品生产的类型没有直接关系，可以在各种类型的生产中应用。

定额法是以定额成本为基础，计算产品实际成本的一种成本计算方法。采用定额法可以及时反映生产费用脱离定额的差异，加强定额管理和成本控制。定额法不是一种独立的成本计算方法，是成本控制方法在成本计算中的体现，只要企业具备相关条件，都可以采用定额法进行核算。采用定额法计算产品成本，要求企业计算产品的定额成本、脱离定额差异、材料成本差异和定额变动差异，从而计算产品的实际成本。定额法计算的工作量较大。

作业成本法（ABC）是以作业为成本核算对象计算产品生产成本的一种成本计算方法，是对传统成本计算方法的革新。作业成本法下对间接费用的分配，不是传统的按同一分配标准分配，而是根据各种间接费用的作业性质和特点采用不同的分配标准。作业成本法下计算产品成本首先要求确定作业中心，根据资源动因将成本追溯到作业中心，然后将作业中心的成本按作业动因分配给产品，从而计算产品成本。作业成本法能够提供较为准确的成本信息，有利于企业进行成本控制——杜绝浪费、节约资源，并为企业提供了良好的业绩评价体系。作业成本计算法的运用应具备相应的社会条件和制造环境。

项目十二

其他行业成本核算项目

职业能力目标

通过本项目的学习，理解商品流通企业和建筑安装企业的经营特点，熟悉商品流通企业和建筑安装企业的成本组成，熟练掌握商品流通企业的批发企业和零售企业的成本核算，熟练掌握建筑安装企业的成本核算的基本程序和基本计算方法。

典型工作任务

商品流通企业成本组成；数量金额核算法；金额核算法；毛利率法；差价率计算法；实际差价计算法；建筑安装企业成本组成；建筑安装企业的成本核算程序；建筑安装企业成本核算。

任务一 商品流通企业成本核算

情境引例

某商品流通批发企业采用毛利率法计算已销商品的销售成本，毛利率为上季度毛利率。2017年第一季度毛利率为25%；2017年4月初库存商品进价总额180万元；2017年4、5、6月购进商品进价总值分别为210万元、180万元和160万元；2017年4、5、6月销售商品收入分别为230万元、200万元和170万元。根据毛利率法计算销售成本和期末库存商品进价成本如表12-1所示。

表12-1 销售成本和期末库存商品计算表

元

项 目	4月	5月	6月	合 计
期初库存商品成本	180	217.5	247.5	180
本期购进商品进价	210	180	160	550
本期销售收入	230	200	170	600
上季度毛利率	25%	25%	25%	—
本期销售成本	172.5	150	127.5	450
期末库存商品进价成本	217.5	247.5	280	280

通过计算，可以得出2017年第二季度各月的销售成本和期末库存商品进价成本。但是，会计人员通过月末盘点发现，6月末库存商品进价成本实际为230万元，低于按毛利率计算的期末库存商品进价成本，差额50万元，占期末库存商品成本280万元的18%。

职业判断与业务操作

企业会计准则规定，毛利率法是指根据本期销售净额乘以上期实际（或本期计划）毛利率匡算本期销售毛利，并据以计算发出存货和期末存货成本的一种方法。但是它的适用条件是各月商品的毛利率大致相同。在各月库存商品进销差价波动的情况下，其计算结果往往不够准确——有时会导致期末库存商品较大，有时会导致期末库存商品较小。其主要原因是毛利率偏高或偏低。

因此，在实际工作中，每季度的前两个月采用毛利率法简化计算销售成本，季末任选先进先出法、月末一次加权平均法、移动加权平均法或个别计价法计算确定季末库存商品进价总额，倒挤每季第3个月的商品销售成本，借以保证全季度商品销售成本计算的准确性。

一、商品流通企业及其类型

1. 商品流通企业

商品流通企业是从事商品的购销活动，自主经营和自负盈亏的经济实体。商品流通企业的主要经济活动是组织商品流通，即商品的购进、销售、调拨和储存，将社会产品从生产领域转移到消费领域，以促进工农业生产的发展和满足人民生活的需要，从而实现商品的价值并获得盈利。

2．商品流通企业的经营特点

同工业企业等其他行业企业的经营活动相比较，商品流通企业有 3 个特点：一是经营活动的主要内容是商品购销，不涉及产品生产成本的计算问题；二是商品资产在企业全部资产中占有较大的比例，是企业资产管理的重点；三是企业营运中资金活动的轨迹是货币—商品—货币。

3．商品流通企业的类型

商品流转通常包括批发和零售两个环节，因此，商品流通企业包括商品批发企业和商品零售企业两种类型。

① 批发商品流通是指商品从生产领域进入流通领域供进一步转卖或售给生产部门进行生产消费的买卖行为。

② 零售商品流通是指商品销售给城乡居民或销售给企业事业单位等用于非生产消费的买卖行为。

在实际工作中，批发商品业务和零售商品业务也不是完全分离的，有的批发企业也设有零售门市部，经营零售商品业务，而有的零售企业也兼营批发业务。这两种情形通常“批零兼营”。

二、商品流通企业成本的构成及计算

商品流通企业的成本主要指商品成本和其他业务成本。商品成本又分为商品采购成本、存货成本、加工成本、销售成本等。

（一）商品采购成本

《企业会计准则第 1 号——存货》第六条规定：存货的采购成本包括购买价款、相关税费、运输费、装卸费、保险费及其他可归属于存货采购成本的费用。在存货准则应用指南中规定，商品流通企业在采购商品过程中发生的运输费、装卸费、保险费及其他可归属于存货采购成本的进货费用，应当计入存货采购成本，也可以先进行归集，期末根据所购商品的存销情况分别进行分摊。企业采购商品的进货费用金额较小的，可以在发生时直接计入当期损益。

工作实例 *12-1* 某商业企业属于增值税一般纳税人，增值税税率为 17%。本月购进电视机 100 台，每台购进单价为 2 200 元，价款 220 000 元，增值税专用发票上注明的增值税进项税额为 37 400 元，对方代垫运费 1 000 元，增值税 110 元。商品验收无误，以银行存款支付商品价税款和运费。

按照会计制度的规定，计算结果如下。

① 该批商品的总成本=220 000＋1 000=221 000（元）

② 该批商品的单位成本=221 000÷100=2 210（元/台）

（二）商品存货成本

商品的存货成本一般以商品采购成本为基础进行核算，并根据存货计价方法确定其成本额。商品流通企业对库存商品的核算方法不同，商品的存货计价方法主要有两大类，即数量金额核算法和金额核算法。

1. 数量金额核算法

数量金额核算法是指库存商品进、销、存的增减变动同时以实物和货币两种计量单位进行核算及监督的一种核算方法。由于商品的计价标准不同，这种方法又分为数量进价金额核算法和数量售价金额核算法。

（1）数量进价金额核算法

数量进价金额核算法是指同时以数量和进价金额来核算并监督每一商品品种的进、销、存情况的一种核算方法。它包括如下内容。

① 库存商品的总分类账户、类目账和明细分类账户统一按进价记账。

② 库存商品明细账户按商品的品名、规格、等级等内容设置明细账户，同时记载商品的收、付、存数量和进价金额。

这种核算方法的优点是：将数量核算和价值核算结合起来，可以提高每种商品的进、销、存数量和金额及其变动情况的完整资料，便于从数量和金额两个方面进行严格控制，有利于加强商品管理，安排购销活动，以满足经营管理的需要。但是，这种方法登记库存商品明细账的工作量大，在实际工作中一般适用于从事商品批发的大中型企业的会计核算。

（2）数量售价金额核算法

数量售价金额核算法是指同时以数量和售价金额来核算并监督每一商品品种的进、销、存情况的一种核算方法。它包括如下内容。

① 库存商品的总分类账户、类目账和明细分类账户统一按售价记账。

② 库存商品明细账户按商品的品名、规格、等级等内容设置明细账户，同时记载商品的收、付、存数量和售价金额。

③ 设置“商品进销差价”账户。

这种核算方法的优点是：不仅可以提供完整的商品进、销、存数量资料，而且由于按售价记账，还可以对商品和销货款进行严密控制，简化了商品销售成本的计算和结转工作。如果商品售价经常变动的话，这种方法将增加核算工作量。因此，它适用于小型商品批发企业和经营品种较单纯的专业商店，以及某些价值较高的贵重商品的会计核算。

2. 金额核算法

金额核算法是指在实物负责制的基础上以货币计量单位来核算和监督商品进、销、存增减变动的一种核算方法。由于商品的计价标准不同，这种方法又分为进价金额核算法和售价金额核算法。

（1）售价金额核算法

售价金额核算法是指对库存商品按售价及实物负责人进行核算并监督的一种核算方法和管理制度，所以这种方法有时也称为“售价金额核算制”。它包括如下基本内容。

① 库存商品的总分类账户和明细分类账户统一按售价记账，设置“商品进销差价”账户。

② 建立实物负责制。企业应根据岗位责任制的要求，按经营商品大类和地点划分实物负责小组，确定实物负责人。财会部门应按实物负责人设置库存商品明细账户，用售价总金额控制实物负责人所经营商品的变化情况。

③ 健全商品实地盘点制度。这种方法只记售价金额，不记数量。商品进、销、存数据难以掌握，所以企业应每月进行一次实地盘点。对盘点过程中发现的商品溢余和短缺及质量问题要及时查明原因，作出处理。

（2）进价金额核算法

进价金额核算法也称为“进价记账、盘存计耗（销）”，是指用进价反映商品购进总额，期末用实地盘存商品的进价金额倒挤已销商品进价成本的一种核算方法。它包括如下内容。

① 库存商品的总分类账户和明细分类账户统一按进价记账，不记数量。

② 建立实物负责制。财会部门按实物负责人设置库存商品明细账户，用进价总金额控制实物负责人所经营商品的变化情况。

③ 采用实地盘存确定期末库存商品的成本。这种方法平时只记商品购进总额，不登记发出商品成本价值，月末通过实地盘点，按实存商品数量乘以最后一次进价计算各种商品的进价金额，然后汇总计算期末库存商品进价总额。

这种核算方法的优点是：有利于经营过程中需要随时变动售价的商品，简化了会计核算工作；其缺点是：不利于对实物负责人经营商品的控制。因此，它适用于从事鲜活商品经营的零售企业或柜组的会计核算。

（三）商品加工成本

商品加工成本是指商品流通企业根据市场需要将原材料和半成品等进行加工制成商品的全部支出。

委托加工商品成本包括耗用的原材料或半成品成本、支付的加工费、运输费、装卸费、保险费及相关税费等。

（四）商品销售成本

商品销售成本是指已销商品的进价成本。

商品销售成本的计算和结转就是把一定时期内已销商品成本，通过一定的方法计算出来，从库存商品账户中转入到“主营业务成本”账户，以求得一定期间的经营成果的过程。

由于商品流通企业库存商品采用不同的核算方法，计算和结转已销商品的进价成本方法也不同。下面主要介绍数量进价金额核算法和售价金额核算法下的商品销售成本计算方法。

1．数量进价金额核算法下的商品销售成本计算

采用数量进价金额核算法计算已销商品进价成本方法有先进先出法、月末一次加权平均法、移动加权平均法、个别计价法和毛利率法。前 4 种方法已经在基础会计或财务会计等教材中学习和运用过，在此不再赘述，这里重点介绍毛利率法。

毛利率法是指根据本期销售净额乘以上期实际（或本期计划）毛利率匡算本期销售毛利，并据以计算发出存货和期末存货成本的一种方法。其计算公式为：

$$\text{毛利率}=\text{销售毛利}/\text{销售净额}\times 100\%$$

$$\text{销售净额}=\text{商品销售收入}-\text{销售退回与折让}$$

$$\text{销售成本}=\text{销售净额}\times(1-\text{毛利率})$$

工作实例 12-2 某批发商业企业采用毛利率法对库存商品计价。第一季度的针织品实际毛利率 30%，5 月 1 日库存商品成本 1 800 万元，5 月购入库存商品成本 4 200 万元，销售商品收入 4 500 万元，销售退回和折让合计 450 万元。试计算 5 月末该商品销售成本和结存成本。

本月商品销售成本 =（4 500 - 450）×（1 - 30%）=2 835（万元）

期末库存商品成本 =1 800 + 4 200 - 2 835=3 165（万元）

毛利率法按大类商品或全部商品计算销售成本，所以计算手续比较简单，但计算结果往往不够准确。因此，在实际工作中，每季度的前两个月采用毛利率法简化计算销售成本，季末任选先进先出法、月末一次加权平均法、移动加权平均法或个别计价法计算确定季末库存商品总额，倒挤每季第 3 个月的商品销售成本，借以保证全季度商品销售成本计算的准确性。

小思考 12-1 在进价金额核算法下，如何计算商品销售成本？

解析： 进价金额核算法又称为“进价记账、盘存计销”核算法，是指库存商品的总分类账户和明细分类账户都只反映进价金额，不反映实物数量的一种核算方法。由于这种方法不记实物数量，所以必须通过对库存商品的实地盘点计算出期末结存金额，期末按盘存商品的数量乘最后一次进货单价或原进价求出期末结存商品金额，再用以存计销的方法倒计出商品销售成本并据以转账，才能倒算出已销商品的销售成本。

2. 售价金额核算法下的商品销售成本计算

实行售价金额核算法的企业在商品销售后，一方面反映商品销售收入，另一方面按按售价注销库存商品，结转销售成本。期末，为了计算企业的经营成果，必须采用一定的方法计算已销商品实现的进销差价，并从已经结转的商品销售成本账户中转出，从而确定已销商品的进价成本。已销商品进销差价的计算方法主要有差价率计算法和实际盘存差价计算法。

（1）差价率计算法

差价率计算法是按照全部商品或分柜组商品的存销比例分摊已销商品进销差价，借以计算已销商品进价成本的一种方法。采用这种方法首先要计算进销差价率，然后用进销差价率乘以本月商品销售成本的借方发生额合计数，即可计算已销商品应分摊的进销差价。

差价率计算法可以按商品类别进行计算，也可以按照综合差价率计算。在实际工作中，一般按商品类别差价率计算比较准确。其计算公式为：

$$\text{商品进销差价率}=\left(\text{期初库存商品进销差价}+\text{本期购入商品进销差价}\right)\div\left(\text{期初库存商品售价}+\text{本期购入商品售价}\right)\times100\%$$

$$\text{本期销售商品应分摊的商品进销差价}=\text{本期商品销售成本借方发生额合计数}\times\text{商品进销差价率}$$

$$\text{本期销售商品的进价成本}=\text{本期商品销售收入合计数}-\text{本期销售商品应分摊的商品进销差价}$$

$$\text{期末结存商品的进价成本}=\text{期初库存商品进价成本}+\text{本期购入商品进价成本}-\text{本期销售商品的进价成本}$$

或者

期末结存商品的进价成本=期末结存商品的售价金额×（1－商品进销差价率）

工作实例 12-3 甲商场采用售价金额核算法对库存商品进行核算。2017 年 3 月，月初库存商品的进价成本为 21 万元，售价总额为 30 万元；购进商品的进价成本为 31 万元，售价总额为 50 万元；销售商品的售价总额为 60 万元。

要求：计算该商场已销商品的销售成本和期末结存商品的实际成本。

计算步骤如下。

1）商品进销差价率=[（30−21）+（50−31）]/（30＋50）=35%

2）已销商品应分摊的进销差价=60×35%=21（万元）

3）已销商品的销售成本为=60−21=39（万元）

4）月末结存商品的实际成本为=21＋31−39=13（万元）

或者，月末结存商品的实际成本为=（30＋50−60）×（1−35%）=13（万元）

采用差价率计算法计算商品销售成本，计算手续简便，但不够准确。因为各种（类）商品的销售比重、进销差价不同，如果按照一个统一的差价率计算，容易出现当期结转的销售额偏高或偏低的现象，造成经营成果计算的准确性较差。因此，这种方法一般运用于各种（类）商品差价率相差不多的企业。

（2）实际盘存差价计算法

实际盘存差价计算法是指在资产负债表日实物负责人对所辖商品进行全面盘点，逐一计算每种商品的售价和进行成本，根据两者差额计算期末库存商品的售价总值和进价总值，以及期末库存商品应负担的进销差价，最后计算出本期销售商品应负担的商品进销差价。

工作实例 12-4 某商场百货柜采用售价金额核算法的实际差价计算法计算期末库存商品成本和已销商品进价成本。2017 年 6 月末，“商品进销差价——百货柜”结账前期末余额为 60 110 元，“主营业务成本——百货柜”结账前期末余额为 902 500 元。月末通过全面盘点，结果如表 12-2 所示。

表 12-2 商品盘点表

实物负责人：百货柜　　　　2017 年 6 月　　　　元

商品名称	单位	盘存数量	售价		最后进价		备注
			单价	金额	单价	金额	
A 商品	件	200	175.50	35 100	130	26 000	
B 商品	条	450	14.04	6 318	9	4 050	
C 商品	个	300	81.90	24 570	55	16 500	
D 商品	件	100	111.15	11 115	85	8 500	
E 商品	双	200	82.49	16 498	60.5	12 100	
…				…		…	
合计				131 240		98 980	

任务处理步骤如下。

1）库存商品应保留的进销差价=131 240－98 980=32 360（元）

2）已销商品应分摊的进销差价=60 110－32 360=27 750（元）

3）百货柜本期“主营业务成本”净发生额=902 500－270 750=631 750（元）

可以看出，实际盘存差价计算法以每种商品的最后进价计算确定库存商品价值，并以此调整已销商品进销差价，消除了已销商品中各种不同差价率和商品销售结构比重对进销差价的影响，不会出现进销差价偏高或偏低的现象，计算结果比较准确，但计算工作量比较大。因此，在实际工作中，企业平时采用差价率计算法计算已销商品应分摊的进销差价，年末结账前采用实际盘存差价计算法调整商品进销差价和核实库存商品价值，借以保证会计信息的真实性。

三、商品流通企业成本核算

（一）商品批发企业成本核算

1. 账户设置

①“在途物资”账户。“在途物资”账户是资产类账户，用来核算企业按照实际成本（或进价）核算购入商品的实际采购成本。

②“库存商品”账户。“库存商品”账户是资产类账户，用来核算企业全部的库存商品进价成本。

③“主营业务成本”账户。“主营业务成本”账户是损益类账户，用来核算企业已销商品的进价成本。

2. 成本核算程序

由于大多数批发企业采用数量进价金额核算法核算存货成本，因此其会计核算程序如下。

（1）采购商品

企业购入商品时，应借记“在途物资”“应交税费——应交增值税（进项税额）”等科目，贷记“银行存款”“应付票据”“其他货币资金”“预付账款”等科目。

（2）商品验收入库

商品验收入库后，应借记“库存商品”科目，贷记“在途物资”科目。如果发生在购进过程中的商品溢余或短缺，应通过“待处理财产损溢”科目进行核算，待查明原因后区分情况处理。

（3）取得商品销售收入

商品发出，如果满足销售商品收入确认的条件，应确认为“主营业务收入”。根据相关凭证，应借记“银行存款”“应收账款”“应收票据”等科目，贷记“主营业务收入”和“应交税费——应交增值税（销项税额）”科目。

（4）结转销售成本

批发企业销售成本的结转方法有分散结转和集中结转两种。

① 分散结转是按每一库存商品明细账户计算出已销商品的成本和期末结存商品成本，

在每一账户"付出金额"栏内逐一结转商品销售成本，并将结存金额记入"结存栏"。将每种商品的销售成本加总求出各类及全部商品销售成本，然后编制结转商品销售成本的会计分录，并据以登记库存商品总账和二级账。这种方式计算工作量大，但能提供每个商品品种的销售成本和库存的详细资料。分散结转在实现会计电算化的企业中应用比较合适。

分散结转商品销售成本时，编制会计分录如下。

借：主营业务成本

　　贷：库存商品——X 商品

② 集中结转只在库存商品总账和类目账上登记商品销售成本，平时库存商品明细账中只登记销售商品的数量，月末，根据结存数量和单价计算出期末结存商品金额，不再逐一计算和结转商品销售成本。通过逐户汇总各类或全部商品期末结存金额，运用倒挤法求出各类商品和全部商品销售成本，并在总账或类目账中登记。月末，编制商品销售成本计算表，按商品大类或全部商品汇总计算销售成本。采用集中结转法，可以简化商品销售成本的计算和结转工作，但不能提供每种商品的销售成本和销售毛利资料，库存商品明细账的登记也不完整。

集中结转商品销售成本时，编制会计分录如下。

借：主营业务成本

　　贷：库存商品——X 类商品

无论企业采用分散结转法，还是集中结转法，其商品销售本的结转时间可以逐笔（日）结转，也可以月末一次结转。

小思考 12-2　商品销售成本的结转时间可以逐笔（日）结转，也可以月末一次结转。这取决于什么因素？

解析：取决于企业的业务量的多少和企业经营需要。

按照商品销售成本结转的时间分，有逐日结转和定期结转两种。逐日结转是逐日计算出商品销售成本后，逐日从"库存商品"账户上转销，故又称随销随转。这种方法能随时反映库存商品的结存金额，但工作量较大。定期结转是在期末即月末集中计算出商品销售成本后，从"库存商品"账户上一次转销，故又称月末一次结转。这种方法，工作量较小，但不能随时反映库存商品的结存金额。按照商品销售成本计算的程序分，有顺算成本和逆算成本两种。顺算成本是先计算各种商品的销售成本，再计算各种商品的结存金额。这种方法一般采用逐日结转，所以工作量较大。逆算成本又称倒挤成本，是先计算各种商品的期末结存金额，然后据以计算商品销售成本。这种方法一般采用定期结转，所以工作量较小。

工作实例 12-5　乙公司属于增值税一般纳税人，增值税税率为 17%。经营的甲类商品采用毛利率法对发出商品计价，季度内各月份的毛利率根据上季度实际毛利率确定。该公司 2017 年第一季度、第二季度甲类商品有关的资料如下。

（1）2017 年第一季度甲类商品累计销售收入为 600 万元，销售成本为 510 万元，3 月末库存商品（甲类商品）实际成本为 400 万元。

（2）2017 年第二季度购进甲类商品成本 880 万元，假定价税款全部以银行存款支付。

（3）2017年4月份实现商品销售收入300万元，价税款全部存入银行。

（4）2017年5月份实现商品销售收入500万元，价税款全部存入银行。

（5）2017年6月份实现商品销售收入260万元，价税款全部存入银行。

（6）假定2017年6月末按月末一次加权平均法计算的库存商品实际成本420万元。

要求：根据上述资料，进行以下会计处理。

（1）计算甲类商品2017年第一季度的实际毛利率。

（2）分别计算甲类商品2017年4月份、5月份、6月份的商品销售成本。

（3）编制乙公司第二季度商品购销的会计分录。

任务处理如下。

（1）甲类商品2017年第一季度的实际毛利率=（600−510）÷600×100%=15%

（2）甲类商品2017年4月份的商品销售成本=300×（1−15%）=255（万元）

甲类商品2017年5月份的商品销售成本=500×（1−15%）=425（万元）

2017年第二季度商品销售总成本=400+880−420=860（万元）

2017年6月份的商品销售成本=860−255−425=180（万元）

（3）编制会计分录如下。

① 2017年第二季度购进商品时

借：库存商品——甲类商品　　8 800 000

　　应交税费——应交增值税（进项税额）　　1 496 000

　　贷：银行存款　　10 296 000

② 2017年4月销售商品时

借：银行存款　　3 510 000

　　贷：主营业务收入　　3 000 000

　　　　应交税费——应交增值税（销项税额）　　510 000

借：主营业务成本　　2 550 000

　　贷：库存商品——甲类商品　　2 550 000

学中做 *12–1*　请编制乙公司2015年5月和6月取得销售收入和结转销售成本的会计分录。

（二）零售企业成本核算

1．账户设置

①“在途物资”账户，是资产类账户，用来核算企业按照实际成本（或进价）核算购入商品的实际采购成本。

②“库存商品”账户，是资产类账户，用来核算企业全部库存商品的售价成本。

③“商品进销差价”账户，是资产类账户，也是“库存商品”的调整账户，用来核算企业采用售价金额核算的商品售价和商品进价之间的差额。商品购进、加工收回、销货退

回、溢余等原因产生的进销差价，记入该科目的贷方；结转已销商品的进销差价、商品损失等而转销的进销差价，记入该科目的借方；期末贷方余额表示期末库存商品应分摊的进销差价。该账户应按商品类别或实物负责人设置明细账进行明细分类核算。

④“主营业务成本”账户，是损益类账户，用来核算企业已销商品的销售成本。企业在取得商品销售收入时，按原记账售价结转销售成本，记入该账户的借方；月末，计算出本期销售商品应分摊的进销差价时记入该账户的贷方；期末结账前的余额属于本期销售商品的进价成本，应结转到“本年利润”账户，结转后本账户无余额。

2．成本核算程序

由于大多数零售企业采用售价金额核算法核算存货成本，因此其会计核算程序如下。

（1）采购商品

企业购入商品时，应借记“在途物资”“应交税费——应交增值税（进项税额）”等科目，贷记“银行存款”“应付票据”“其他货币资金”“预付账款”等科目。

（2）商品验收入库

商品验收入库后，应按含税售价借记“库存商品——X实物负责人”科目，贷记“在途物资”科目，按含税售价与进货成本的差额贷记“商品进销差价——X实物负责人”科目。

（3）取得商品销售收入

商品发出，如果满足销售商品收入确认的条件，应确认为“主营业务收入”。根据相关凭证，应借记“银行存款”“应收账款”应收票据”等科目，贷记“主营业务收入”和“应交税费——应交增值税（销项税额）”科目。同时，按原记账售价结转销售成本，借记“主营业务成本”科目，贷记“库存商品——X实物负责人”科目。

在实际工作中，为简化计算工作量，保证增值税计算的准确性，大多数企业在确认收入时一般不计算“应交税费——应交增值税（销项税额）”，直接借记“银行存款”等科目，贷记“主营业务收入”科目；月末一次计算本月“应交税费——应交增值税（销项税额）”，并从“主营业务收入”科目转回，应借记“主营业务收入”科目，贷记“应交税费——应交增值税（销项税额）”科目。

（4）月末计算分摊已销商品进销差价

如前所述，售价金额核算法计算分摊已销商品进销差价的计算方法主要有差价率计算法和实际盘存差价计算法。根据计算结果编制会计分录如下。

借：商品进销差价——X实物负责人

　　贷：主营业务成本——X实物负责人

工作实例12-6 江城百货商店属于增值税一般纳税人，增值税税率为17%。对经营商品采用售价金额核算法。平时按含税零售价核算商品的销售收入和结转销售成本，月末一方面集中进行价税分解，另一方面采用差价率计算法分摊已销商品进行差价。2017年6月初“库存商品——家电柜”售价总值300万元，“商品进销差价——家电柜”余额90万元。2017年6月家电柜发生业务如下。

（1）本月购进商品一批，增值税专用发票上注明价款500万元，增值税税额85万元。

购进商品款项通过银行支付。该批商品当月到达验收入库，售价总值700万元。

（2）该百货柜本月实现零售收入490万元（含向购买者收取的销项税额），货款已存入银行。经核实本月销售商品原登记零售价500万元。

任务处理如下。

（1）购入商品时

借：在途物资　　5 000 000

　　应交税费——应交增值税（进项税额）　　850 000

　　贷：银行存款　　5 850 000

（2）商品验收入库时

借：库存商品——家电柜　　7 000 000

　　贷：在途物资　　5 000 000

　　　　商品进销差价——家电柜　　2 000 000

（3）收到销货款时

借：银行存款　　4 900 000

　　贷：主营业务收入　　4 900 000

同时结转销售成本。

借：主营业务成本　　5 000 000

　　贷：库存商品——家电柜　　5 000 000

小思考12-3　在本例中，为什么销售收入小于销售成本？

解析：因为在售价金额核算法下，如果企业采用薄利多销或节日促销，往往实际售价低于该批商品入库时登记的售价。

（4）计算增值税销项税额，调整虚增的主营业务收入。

本月应交增值税销项税额＝490÷（1＋17%）×17%＝71.2（万元）

本月销售收入净额＝490−71.20＝418.80（万元）

借：主营业务收入　　712 000

　　贷：应交税费——应交增值税（销项税额）　　712 000

（5）月末计算进销差价率和已销商品应分摊的差价。

进销差价率＝（90＋200）÷（300＋700）×100%＝29%

已销商品应分摊的差价＝500×29%＝145（万元）

本月销售成本净额＝500−145＝355（万元）

编制会计分录如下。

借：商品进销差价——家电柜　　1 450 000

　　贷：主营业务成本——家电柜　　1 450 000

小思考 12-4　在本例中，在计算已销商品应分摊的进销差价时，为什么不用销售收入乘以差价率，而是以销售成本作为计算依据？

解析： 因为销售收入随市场行情的变化、节日促销、商业折扣等多种因素的影响往往进行原售价下调处理，导致实际销售价格与原来标价不一致，如果使用销售收入计算已销产品应负担的商品进销差价，成本正确性会受到影响。

任务二　施工企业成本核算

情境引例

黄河公司第一工程处本年度承接甲、乙两处工程，拥有塔吊和搅拌机各一台。

2017年6月，塔吊发生各项费用40 000元，当月工作500台班，其中甲工程360台班，乙工程140台班。按照比例分配，甲工程应负担费用28 800元，乙工程应负担11 200元。

搅拌机发生各项费用9 000元，完成搅拌混凝土1 000立方米，其中甲工程600立方米，乙工程400立方米。按照比例分配，甲工程应负担费用5 400元，乙工程应负担3 600元。

会计人员根据分配结果编制会计分录如下。

借：工程施工——甲工程　　34 200

　　　　　　——乙工程　　14 800

　　贷：银行存款　　49 000

上述会计处理是否正确？

职业判断与业务操作

施工企业工程成本同成本包括5个项目，即直接人工费、直接材料费、机械使用费、其他直接费和间接费用。对于直接费用在发生时应直接计入工程成本，间接费用应在资产负债表日按照系统，以合理的方法分摊计入工程成本。显然，企业在费用分配问题上是正确的。

但是，对于在施工生产过程中使用自有施工机械的台班费等，应先通过“机械作业”科目先行归集，月末以系统、合理的方法分摊计入工程成本，列入“工程施工”科目。

一、施工企业及其生产经营特点

（一）施工企业的含义

施工企业又称建筑安装企业，是从事各种建筑物、土木工程、设备安装工程和机械化施工等建筑安装工程的生产企业。它是自主经营、自负盈亏、独立核算、具有法人资格的经济实体，包括各类建筑公司、安装公司、装饰公司和工程公司等。施工企业构成了我国国民经济建设中的一个重要的支柱性产业，它所生产的厂房、道路、桥梁、商品房等产品是我国经济建设各部门和人民生活需要的物质基础。

（二）施工企业的生产经营特点

施工企业不同于一般生产经营企业，主要具有以下特点。

1. 建筑产品的固定性

建筑产品不同于工业产品，每一个建筑安装工程的位置是固定的，需要根据建设单位的要求，在指定的地点进行施工，且建造的产品同土地连成一体，不能移动。

2. 施工生产的流动性

建筑产品的固定性，使得施工队伍、施工机械在不同工地和不同工程项目间流动施工。

3. 产品生产的单件性

每一建筑产品都有不同的功能、结构和用途，只能按照设计要求和单个图纸组织单件生产，不能像工业企业那样进行成批生产。

4. 产品生产的长期性

建筑产品除少部分造价低、耗费少以外，大多是体积庞大、造价高、耗费大的工程。大多数工程都要跨年施工，有的工程施工年限长达几年甚至十几年。例如，长江三峡工程、黄河小浪底工程、南水北调工程等。

二、施工企业工程成本的构成

施工企业的生产，通常是以签订合同为依据的，所以施工企业工程成本也称为合同成本。它包括从合同签订开始至合同完成止所发生的与执行合同有关的直接费用和间接费用。直接费用在发生时应直接计入工程成本；间接费用应在资产负债表日按照系统、合理的方法分摊计入工程成本。常见的用于间接费用分摊的方法有人工费用比例法和直接费用比例法。

施工企业工程成本包括以下 5 个项目。

1. 直接人工费

直接人工费是指在施工生产过程中直接从事工程施工的建筑安装工人及在施工现场直接为工程制作构件和运料、配料等工人的短期薪酬、离职后福利、辞退福利和其他长期职工福利等。

2. 直接材料费

直接材料费是指在施工生产过程中耗用、构成工程实体或有助于工程实体形成的原材料、辅助材料、结构配件、零件、半成品的成本，以及钢模板、木模板、脚手架等周转材料的摊销费或租赁费等。

3. 机械使用费

机械使用费是指在施工生产过程中使用自有施工机械的台班费和使用从外单位租入施工机械的租赁费，以及支付的施工机械进出场费等。机械使用费的分配方法主要有台班分批法、预算分配法和作业量分配法等。

4. 其他直接费

其他直接费是包括同工程有关的设计和技术援助费用、施工现场材料的二次搬运费、生产工具和用具使用费、检验试验费、工程定位复测费、工程点交费、传递清理费用、临时设施摊销费、水电费等。

5. 间接费用

间接费用是企业下属的施工单位或生产单位为组织和管理施工生产活动所发生的费用，包括施工、生产单位管理人员薪酬、劳动保护费、固定资产折旧费及修理费、物料消耗、低值易耗品摊销、取暖费、水电费、办公费、差旅费、财产保险费、工程保修费、排污费等。

直接费用在发生时直接计入合同成本；间接费用应在资产负债表日按照系统、合理的方法分摊计入合同成本。常见的用于间接费用分摊的方法有人工费用比例法和直接费用比例法。

因订立合同而发生的有关费用，如差旅费、投标费等，能够单独区分和可靠计量且很可能订立的，应当予以归集，待取得合同时计入合同成本；未满足相关条件的，应当直接计入当期损益。

合同完成后处置残余物资取得的收益等与合同有关的零星收益，应当冲减当期合同成本，而不能记入“营业外收入”账户。

合同成本不包括应当计入当期损益的管理费用、销售费用和财务费用等期间费用。

三、施工企业工程成本的核算程序

（一）账户设置

在进行工程成本核算时，对施工工程中发生的各项施工费用，首先应按照施工费用的用途和发生地点进行归集。即，有些费用可以直接计入各受益成本对象，有些费用则要先进行归集，然后按照一定的方法计入各受益成本对象的成本中去。

施工企业为了总括地核算和监督在施工过程中各项施工费用的发生、归集和分配情况，正确计算工程成本，应设置以下账户。

1. “工程施工”账户

“工程施工”账户是用来核算企业进行建筑安装工程施工所发生的各类费用支出，用以确定各种成本核算对象的实际成本和合同毛利。该账户下设“合同成本”和“合同毛利”两个明细账户。

①“合同成本”明细账户核算各项工程施工合同发生的实际成本，一般包括施工企业在施工过程中发生的人工费用、材料费用、机械使用费、其他直接费用和间接费等施工实际成本。

②“合同毛利”明细账户核算各项工程施工合同确认的合同毛利或合同亏损。

2. “机械作业”账户

“机械作业”账户是用来核算施工企业及其内部独立核算的施工单位、运输队和机械站等使用自有机械和运输设备进行机械作业时所发生的各项费用。该账户借方登记进行机械作业过程中实际发生的各项费用，贷方登记按受益对象分配结转的机械作业成本；分配结转后，该账户期末一般无余额。

3．“主营业务成本”账户

“主营业务成本”账户是用来核算施工企业期末确认同收入配比的成本。

4．“工程结算”账户

“工程结算”账户用来核算施工企业同发包单位工程款的结算。收到或应收工程款时记入本账户贷方，工程完工时将“工程施工”账户余额同“工程结算”账户的余额对冲，记入本账户的借方。工程全部完工后，本账户应无余额。

（二）工程成本核算程序

建筑安装企业发生的工程费用在各账户之间和成本计算对象间的归集和分配，一般包括以下步骤。

1．平时归集工程发生的料、工、费

将本期发生的各项工程费用，按其用途和发生地点归集到有关成本、费用账户。

2．计算工程成本

月末，通过归集在“工程施工”账户的各项费用，计算机械作业成本，按照受益对象的收益数量分配记入“工程施工”账户。

3．计算工程营业收入和营业成本

在资产负债表日，如果建造合同的结果能够可靠估计，应当按照完工百分比法确认合同收入和合同费用，同时确认合同毛利。

4．结转“工程施工”到“工程结算”账户

工程合同完工时，将已经完工的工程实际成本，从“工程施工”账户的贷方结转到“工程结算”账户的借方。

上述工程成本总分类核算的程序，如图 12-1 所示。

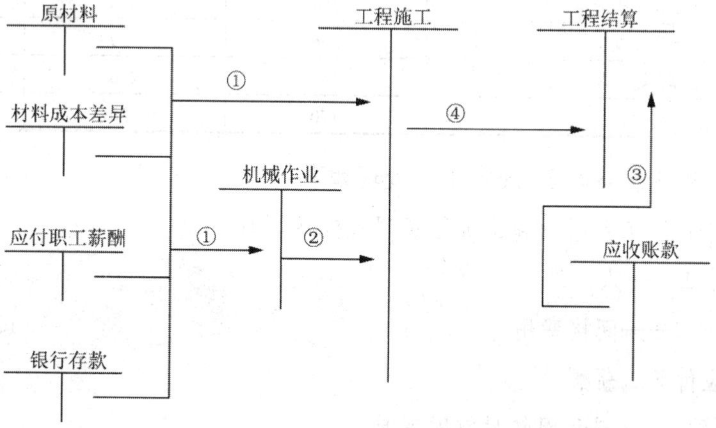

图 12-1　工程成本总分类核算的程序

四、工程成本的核算

施工企业的工程成本由人工费用、材料费用、机械使用费、其他直接费和间接费用 5 个成本项目组成。工程施工过程中发生的各项施工费用，首先按照确定的成本核算对象按照上述 5 个成本项目进行归集，能直接计入有关成本核算对象的，直接计入；不能直接计入的，采用一定的分配方法计入，然后计算出该工程的实际成本。

工作实例 12-7 某建筑公司签订了一项合同总金额为 600 万元的固定造价合同，预计工程成本 550 万元，合同规定工期 3 年。合同完工成本按照累计实际发生的合同成本占合同预计总成本的比例确定。工程已于 2016 年 2 月开工，预计 2018 年 8 月完工。

2016 年建造工程发生业务如下。

（1）应付工程人工费用 42 万元，施工工程管理人员薪酬 12 万元。

（2）本年耗用原材料 42 万元。其中，主要材料 32 万元，结构件 8 万元，其他材料 2 万元。周转材料摊销 5 万元。

（3）本年发生的机械台班费 6 万元，租入施工机械使用费 10 万元，支付机械进出场费用 2 万元。均以银行存款支付。

（4）本年发生的其他直接费 8 万元。以银行存款支付。

（5）本年发生的工程设备折旧费 11 万元，以银行存款支付修理费 4 万元，劳动保护费 2 万元，排污费等费用 3 万元。

（6）将本年归集的“机械专业”成本转入“工程成本”账户。

（7）按合同规定，本年应结算合同价款 174 万元。

（8）本年实际收到合同价款 170 万元，存入银行。

（9）按完工百分比法计算确认本年主营业务收入、主营业务成本和合同毛利。

（10）2016 年至 2018 年有关资料如表 12-3 所示。

表 12-3 建造工程业务相关资料

万元

项 目	2016	2017	2018
累计实际发生的成本	154	450	560
预计完成合同尚需发生的成本	396	120	0
应结算合同价款	174	296	110
实际收到价款	170	290	90

根据资料，对建筑公司 2016年业务处理如下。

（1）应付工程人工费用及施工工程管理人员薪酬时

借：工程施工——人工费　　420 000

　　　　——间接费用　　120 000

　贷：应付职工薪酬　　540 000

（2）本年耗用原材料和周转材料摊销时

借：工程施工——材料费　　540 000

贷：原材料——主要材料　390 000

——结构件　80 000

——其他材料　20 000

周转材料　50 000

（3）本年发生的机械专业费用时

借：机械作业　180 000

贷：银行存款　180 000

（4）本年发生的其他直接费用时

借：工程施工——其他直接费　80 000

贷：银行存款　80 000

（5）本年发生各项间接费用时

借：工程施工——间接费用　200 000

贷：累计折旧　110 000

银行存款　90 000

（6）结转“机械作业”到“工程成本”时

借：工程施工——机械使用费　180 000

贷：机械作业　180 000

（7）结算合同价款时

借：应收账款　1 740 000

贷：工程结算　1 740 000

（8）收到合同价款时

借：应收账款　1 700 000

贷：工程结算　1 700 000

（9）确认本年主营业务收入、主营业务成本和合同毛利时

2016年的完工进度=450÷（450+120）×100%=79%

2016年确认的合同收入=600×79%-168=306（万元）

2016年确认的合同费用=（450+120）×79%-154=296（万元）

2016年确认的合同毛利=306-296=10（万元）

编制的会计分录如下。

借：工程施工——合同毛利　100 000

主营业务成本　2 960 000

贷：主营业务收入　3 060 000

学中做 *12–2* 请根据表 12-2 的资料编制该公司 2017 年的会计分录。

项目小结

商品流通企业的主要经济活动是组织商品流通，即商品的购进、销售、调拨和储存。商品流通企业包括商品批发企业和商品零售企业两种类型。商品流通企业的成本主要指商品成本和其他业务成本。商品成本又分为商品采购成本、存货成本、销售成本等。

《企业会计准则》规定：存货的采购成本，包括购买价款、相关税费、运输费、装卸费、保险费以及其他可归属于存货采购成本的费用。商品的存货成本一般以商品采购成本为基础进行核算，并根据存货计价方法确定其成本额。商品流通企业对库存商品的核算方法不同，商品的存货计价方法主要有两大类，即数量价金额核算法和金额核算法。其中，毛利率法在批发企业广为流行，差价率计算法在零售企业比较盛行。它们都是实际成本计算法的一种。

施工企业又称建筑安装企业，是从事各种建筑物、土木工程、设备安装工程和机械化施工等建筑安装工程的生产企业。施工企业的生产，通常是以签订合同为依据的，所以施工企业工程成本也称为合同成本。它包括从合同签订开始至合同完成止所发生的与执行合同有关的直接费用和间接费用。直接费用在发生时应直接计入工程成本；间接费用应在资产负债表日按照系统、合理的方法分摊计入工程成本。施工企业为了总括地核算和监督在施工过程中各项施工费用的发生、归集和分配情况，正确计算工程成本，应设置“工程施工”“机械作业”“工程结算”等账户进行成本核算。对于施工企业发生的期间费用直接计入当期损益。

项目十三

成本报表的编制与分析

职业能力目标

通过本项目的学习，了解企业成本报表的作用和种类；熟悉各种成本报表的结构；掌握产品生产成本表、主要产品单位成本表及制造费用明细表等主要成本报表的编制和分析方法，并能用这些方法分析企业成本费用报表。

典型工作任务

成本报表的概念和特点；成本报表的种类；按成本项目反映的产品生产成本表的编制和分析；按产品类别反映的产品生产成本表的编制和分析；主要产品单位成本表的编制和分析；制造费用明细表的编制和分析。

任务一 认知成本报表

情境引例

2003年中国彩电倾销案已经进入实地调查阶段。这次反倾销主要涉案的产品是21英寸以上的彩电，案件的调查时间为2002年10月1日至2003年3月31日。相关统计资料显示，2002年中国对美出口的涉案产品达300多万台，价值将近5亿美元，在调查期间即2002年下半年内出口金额达3亿多美元。

2003年11月25日零点左右，厦华公司的美国律师波特（Portter）先生收到美国商务部的通知：厦华公司的彩电倾销幅度为31.7%，这意味着如果美国商务部初步裁定结果不改变的话，美国将对厦华公司彩电征收31.7%的反倾销税，这对厦华公司的打击之大是不言而喻的。此外，美国商务部认定其他彩电倾销税率分别如下：长虹45.87%、TCL 31.35%、康佳27.94%。全中国范围78.45%。

2003年12月8日，美国商务部派出的一支核查小组已经悄悄来到厦门。在离夏华厂区不远处的一家饭店安顿好后，他们在夏华专门辟出的一间会议室里，逐个核实几百种彩电零部件的成本，以认定其倾销幅度。据知情人士透露，夏华的积极配合使核查工作比想象中的顺利。此前十几天，夏华聘请的反倾销专家美国律师波特已经和他的五六位同事抢先一步到达中国，帮助夏华备齐相关资料。

调查从一张成本报表开始。在这张表上密密麻麻地写满了制造一台彩电所需的几百种零部件的名称、价格等资料。核查小组的主要任务之一就是逐一核对这些项目，如果认为某一项存在问题，他们会马上找来相关人员进行询问，翻译随时待命。

美国商务部就倍受国人关注的美国对华彩电反倾销一案于美国东部时间2014年3月3日在美国商务部召开了公开听证会。中国彩电生产厂家在这次听证会上表现出了空前的团结。中国机电商会、长虹、厦华、康佳和TCL聘请的四家律师事务所共同组成了一个由10多名知名国际贸易法律师组成的律师团。在听证会上，阵营强大的中方律师团和美国申诉方的律师团就该案进行了针锋相对的辩护。听证会现场气氛严肃但又不失“友好”，双方律师都表现出了很高的专业水平和敬业精神。

本次反倾销案解答了媒体不久以前的另一个困惑,并进一步证明了：这次通过美国之手整治中国彩电产品的幕后策划者包括日本的索尼、松下、三洋、东芝等彩电业巨头，他们从“反倾销案”的一开始，就给美国申请方提供了从信息、数据，到技术等方面的全力支持。至此，本次反倾销申诉的幕后指使人已水落石出了，这是一场中日彩电生产商之间为争夺未来家用电器市场的经贸战。对于早已名存实亡的美国彩电行业而言，基本上没有什么意义。

什么是倾销和反倾销？为什么反倾销从企业成本报表入手？

职业判断与业务操作

倾销是指在正常的贸易过程中，用低于正常价值出口商品的行为。反倾销是进口国依据本国的反倾销法，由主管当局经过立案调查，确认倾销对本国同业造成损害后采取征收反倾销税等处罚措施的调查程序。

在出口国内市场在正常贸易过程中不存在该同类产品的销售时，则倾销幅度（进口产品的出口价格低于其正常价值的幅度）应通过同向一个合适的第三国出口的同类产品的可比价格（如果该价格是具有代表性的话）进行比较确定，或者同原产国的生产成本，加上合理数额的管理费、销售费和一般销售利润进行比较确定。显然，倾销幅度的一个最重要的指标是产品原产国的生产成本。如果我国企业的生产成本是真实的、合理的和可验证的话，是我国企业在国际贸易摩擦中胜算的关键。因此，反倾销调查都是从企业的成本报表入手，仔细核实产品所需的几百种零部件的名称、价格等资料。

一、成本报表的作用

（一）成本报表的概念及其特点

会计报表是企业依据日常核算资料进行归集、汇总、加工而成的一个完整的报告体系。通过这一报告体系可以反映企业一定时日的经营成果和财务状况信息，从而满足企业内外各方了解、分析、考核企业经济效益的需要。企业会计报表分为两大类：一类为向外报送的会计报表，如资产负债表、利润表、现金流量表，其具体格式和编制说明由企业会计准则做出规定；另一类为企业内部管理需要的报表，如成本报表等，其具体种类、项目、格式和编制方法，可以由企业主管部门会同企业共同制定。成本报表是企业内部报表中的主要报表，本项目主要阐述成本报表的种类、编制方法及其分析方法。

成本报表是企业根据管理需要，依据日常核算资料和其他有关资料定期或不定期编制的，用来反映和控制企业一定时期内生产耗费和成本水平及其成本构成的一种企业内部报告文件。通过编制和分析成本报表，可以向企业职工、各管理职能部门和上级主管部门提供成本信息，考核企业成本计划和费用预算的执行情况，为正确进行成本决策提供资料，进而加强成本管理，降低成本，提高企业的经济效益。因此，编制成本报表是企业成本会计工作的一项重要内容。

成本报表作为对内报表，不对外报送或公布。同财务会计报表相比较，其具有以下特点。

1. 针对性

成本报表编报的主要目的是满足企业内部经营管理的需要，不受政府当局的管理，不对外报送。报表采取什么形式，填列哪些内容，按什么程序报送到哪些部门及什么时候编制等，完全由企业或公司根据自身的特点和管理要求决定。同时，随着企业生产条件的改善和管理水平的提高，成本报表应随时进行修改和调整。

2. 灵活性

成本报表同企业的生产工艺技术过程和生产组织特点及成本管理要求密切相关，因而不同企业所需要得到的有用成本信息是不同的。企业应根据管理的要求，对某一方面问题从某一侧面进行重点反映，对于不同内容可以有不同的格式，指标的多少由企业自行决定，自己设计。没有必要拘泥于固有的种类、格式、内容、编制方法和编制周期，可以具有多样性、灵活性和实用性。

3. 时效性和灵敏性

对外报表一般都是定期编制和报送的，而作为对内报表的成本报表，编制时间比较灵活。除了为满足定期考核，分析成本计划的完成情况，定期编报一些报表外，为了及时地反映和反馈成本信息，及时揭示成本工作中存在的问题，还可采用日报、周报或旬报的形式，定期或不定期地向有关部门和人员编报成本报表，尽可能使报表提供的信息和反映的内容在时间内保持一致，以发挥成本会计及时指导生产的作用，灵活地为日常管理和成本控制提供及时有用的信息资料。成本报表对企业生产过程的控制及对经济前景的预测，有着不可替代的时效性和灵敏性。

4. 综合性

成本报表是会计核算同其他经济资料结合的产物，成本报表需要同时满足会计部门和各级生产部门、各级职能管理部门参与成本管理工作的要求，不仅要提供事后分析的信息资料，更要能提供事前计划、事中控制所需要的大量数据指标。生产中的各项费用和成本指标都是反映企业生产技术水平、经营管理水平的综合性指标。

5. 保密性

成本报表同企业特定的生产工艺特点、技术经济构成和生产组织形式有着密切的关系，有着高度的保密性。成本报表能够及时提供各车间、部门费用开支和产品成本的实际详细情况，使成本控制和成本决策能够建立在可靠的基础上。同时，在日趋激烈的市场竞争条件下，企业为了既满足管理需要，又加强对生产工艺、技术构成和生产组织及成本费用水平等各种信息资料的保密，按照国际惯例不予对外公开，只在企业内部报告使用。

6. 可比性

企业的对外报表，由于提供的是综合的资产负债情况、损益情况和现金流量变动情况，因此可在同行业之间进行比较。但成本报表由于它自身的灵活性和不公开性，从形式到内容都受制于企业的生产特点和管理要求，不同企业之间难以通过成本报表进行相互对比。相反，在企业内部，由于相同成本报表各项经济指标的经济含义都是相同，因此在成本报表中可以设计本期实际、上期实际、历史先进水平和本期计划等内容，以便进行对比考核，借以挖掘生产潜力，降低成本费用，提高经济效益。

小思考13-1　企业财务报表和成本报表有什么关系？

解析：企业会计报表分为两大类，一类为向外报送的会计报表，如资产负债表、利润表、现金流量表；另一类为企业内部管理需要的报表，如成本报表是企业内部报表中的主要报表。两者的关系在于，成本报表反映企业成本核算结果数据，是财务报表中有关成本费用项目的细化和补充。

（二）成本报表的作用

1．成本报表能综合反映报告期内企业产品生产耗费和成本水平

产品成本是反映企业生产技术经营成果的一项综合性指标，企业在一定时期内的物质消耗、劳动效率、工艺水平、生产经营管理水平，都会直接或间接地在产品成本中综合地体现出来。通过编制成本报表能够及时地发现企业在生产、技术、质量、管理等方面取得的成绩和存在的问题，不断地总结经验，提高企业经济效益。

2．成本报表是评价和考核成本管理业绩、成本计划完成情况的重要依据

成本报表是企业重要的成本信息尺度。利用成本报表提供的信息，可明确各有关部门和人员执行成本计划或预算的成绩和责任；总结经验，奖励先进，鞭策后进，激励职工增强岗位责任感，为全面完成或超额完成企业降低成本任务而努力。

3．成本报表为制订和修订成本计划，确定产品价格提供信息

计划年度的成本计划是在报告年度产品成本实际水平的基础上，结合报告年度成本计划执行情况，考虑计划年度中可能出现的有利因素和不利因素而制订的，所以本期报表所提供的资料是制订下期成本计划的重要参考依据。各管理部门还可以根据成本报表的资料对未来时期的成本进行预测，为企业制定正确的经营决策及时提供相关而有用的数据。根据成本报表提供的成本费用的变化趋势及报告期内的有关分析结果，并结合现行的政策、制度和市场变化原因，可对今后经济活动进行科学的预测和决策。

4．成本报表是进行成本差异分析的依据，有利于加强日常成本控制

对成本报表进行分析，可以发现成本管理工作中存在的问题，揭示成本差异对产品成本升降的影响程度，从而把注意力集中放在那些不正常的、对成本有重要影响的关键性差异上，查明原因和责任，以便采取有针对性的措施来控制成本，促使成本水平的不断降低，为企业挖掘降低成本的潜力指明方向。

二、成本报表的种类

成本报表作为企业内部报表，不对外报送或公布。因此，成本报表的种类、项目、格式和编制方法由企业自行确定。主管企业的上级机构为了对本系统所属企业的成本管理工作进行指导，也可要求所属企业上报成本报表。这时，就可由企业和主管企业的上级机构共同确定企业成本报表的种类、项目、格式和编制方法。

成本报表一般包括产品生产成本表、主要产品单位成本表、制造费用明细表和其他成本表等。

企业为了加强成本的日常管理，除了上列定期编制的报表以外，还可以设计和编制日常的成本报表，如主要产品成本旬报、日报等。

知识链接 13-1

成本报表的编制依据

企业编制成本报表的依据主要来自报告期的成本费用类账簿资料，但其全部内容的填列，必须从以下4个方面获得数据资料。

① 报告期的成本账簿资料。这是报表的首要资料，成本报表的本期实际数和本年累计实际数，应根据各有关成本明细账中本期实际发生额和累计实际发生额直接或整理填列。

② 以前年度会计报表资料。这是指一些需要同以前年度（期间）实际水平相互比较的项目或要素。

③ 报告期成本费用计划。这是指一些需要同实际水平相互比较的有关项目或要素的计划数。这些项目或要素的计划数应根据本年度各项成本费用的计划资料填列。

④ 企业内部基层报表。一些大型企业、公司、集团等的成本报表往往是根据所属基层报表提供的资料汇总编制而成的，能够综合地反映整个企业的成本费用状况。但是汇总成本报表应注意将所属各基层单位报来的报表同本部门发生的成本费用一并汇总。

任务二 产品生产成本表的编制和分析

情境引例

某工业企业 2017年主要生产甲、乙、丙 3种产品。根据产品生产成本资料汇总的产品成本分析表如表 13-1 所示。

表 13-1　产品生产成本分析表

元

商 品 产 品	实 际 产 量		与计划的差异	
	计 划 成 本	实 际 成 本	升 降 额	升 降 率
可比产品				
甲产品	3 600 000	3 800 000	+200 000	+5.56
乙产品	5 100 000	4 800 000	-300 000	-5.88
合　计	8 700 000	8 600 000	-100 000	-1.15
不可比产品				
丙产品	500 000	508 000	+8 000	+1.60
全部产品合计	9 200 000	9 108 000	-92 000	-1.00

从表 13-1 的分析可以看出，该厂全部商品产品完成了成本计划。但分别从可比产品和不可比产品来看，就暴露了问题：虽然可比产品的成本降低计划完成了，但其中甲产品及不可比产品计划却发生了超支。这说明该厂并未全面完成成本计划任务，应进一步分析甲、丙两产品成本超支的原因。

什么是可比产品和不可比产品？为什么要分析可比产品成本的降低额和降低率？

职业判断与业务操作

所谓可比产品，是指上年或近年曾正常生产，本年度或计划年度仍继续生产，并有成本资料可进行前后期对比的产品。反之，企业上年或以前年度没有生产过的产品就是不可比产品。

由于我国企业会计受苏联计划经济的影响较深，企业在对可比产品的实际成本除了同实际产量按上年单位成本计算的总成本比较外，还要同计划成本进行比较，确定可比产品实际总成本的降低额和降低率，以考核可比产品成本降低任务的完成情况。

长期以来，我国成本考核指标主要采用可比产品成本降低率。它作为国家对企业成本考核的主要指标是有一定的局限性的。由于各企业上年度单位成本水平不一样，求得的可比产品成本降低率就不可能在同行业间相比较，所以理论界和实际工作中很多人都认为对这一考核指标的改革势在必行。

一、产品生产成本表的编制

（一）产品生产成本表的结构

产品生产成本表是反映企业报告期内生产的全部产品的总成本的报表。利用产品生产成本表可以考核企业全部产品成本计划的完成情况并分析各种可比产品成本升降情况。产品生产成本表一般分为两种：一种按照成本项目反映，另一种按照产品种类反映。两种报表有各自不同的结构。

1. 按成本项目反映的产品生产成本表

按照成本项目反映的产品生产成本表是指按成本项目汇总反映企业在报告期内发生的全部生产成本及产品生产成本合计额的成本报表。该表在结构上由生产成本和产品生产成本两部分组成。生产成本部分按照成本项目反映报告期内发生的各种生产成本及其合计数，在此基础上加上在产品和自制半成品的期初余额，即可计算出产品生产成本的合计数。该表的生产成本部分和产品生产成本部分分别按照上年实际数、本年计划数、本月实际数和本年累计实际数设置相应的小专栏。

按照成本项目反映的产品生产成本表的格式如表 13-2 所示。

表 13-2 产品生产成本表（按成本项目反映）

××公司　　　　　　　　　　　　年　月　　　　　　　　　　　　元

项　目	上年实际	本年计划	本月实际	本年实际
生产成本：				
直接材料				
直接人工				
制造费用				
生产成本合计				
加：在产品、自制半成品期初余额				
减：在产品、自制半成品期末余额				
产品生产成本合计				

小思考 13-2　表 13-2 中，生产成本合计和产品生产成本合计有什么关系？

解析：生产成本合计按照成本项目反映报告期内发生的各种生产成本及其合计数，而产品生产成本合计在此基础上加上在产品和自制半成品的期初余额，即可计算出产品生产成本的合计数。按成本项目反映的产品生产成本表可以反映出报告期内全部产品生产成本的支出和产品成本的构成；通过同本年计划和上年实际的对比，可以反映出成本计划的完成程度和产品生产成本的上升或下降情况。

2. 按照产品类别反映的产品生产成本表

按照产品类别反映的产品生产成本表是按照产品种类汇总反映企业在报告期内生产的全部产品的单位成本和总成本的报表。该表的结构分为基本报表和补充资料两部分。

按照产品类别反映的产品生产成本表的格式如表 13-3 所示。

表 13-3 产品生产成本表（按产品类别反映）

××公司　　　　　　　　　　　　年　月　　　　　　　　　　　　元

产品名称	计量单位	实际产量			单位成本			本月总成本			本年累计总成本		
		本月实际	本年计划	本年实际累计	上年实际平均	本年计划	本年实际	按上年实际平均单位成本计算	按本年计划单位成本计算	本月实际	按上年实际平均单位成本计算	按本年计划单位成本计算	本年实际
可比产品合计													
其中：甲产品													
乙产品													
…													
不可比产品合计													
其中：丙产品													
…													
合　计													

补充资料：1. 可比产品成本实际降低额____；2. 可比产品成本实际降低率____；
3. 可比产品成本计划降低额____；4. 可比产品成本计划降低率____。

（二）产品生产成本表的编制方法

1. 按照成本项目反映的产品生产成本表的编制

该表的编制方法如下。

1）“上年实际数”根据上年 12 月份本表的本年累计实际数填列。

2）“本年计划数”根据成本计划有关数据填列。

3）“本月实际数”根据各种产品成本明细账的实际发生额填列。

4）“本年实际数”的各成本项目是自年初起至本月止各项目的实际累计发生额，应根据本月实际数加上上月份本表的本年累计实际数计算填列。

5）“在产品、自制半成品期初余额”根据各种产品成本明细账的期初余额和各种自制半成品明细账的期初余额汇总之和填列。

6）“在产品、自制半成品期末余额”根据各种产品成本明细账的期末余额和各种自制半成品明细账的期初末余额汇总之和填列。

2. 按照产品种类反映的产品生产成本表的编制

按照产品类别反映的产品生产成本表分为基本报表和补充报表两部分。基本报表部分按可比产品和不可比产品分别填列。

① 可比产品是指企业过去曾经正式生产过，有完整的成本资料可以进行比较的产品。

② 不可比产品是指企业本年度初次生产的新产品，或者虽非初次生产，但以前仅属试制而未正式投产，缺乏可比的成本资料的产品。

小思考 13-3 如果本年对上年生产的产品进行较大幅度的技术改进，这种产品是否属于可比产品？

解析：属于不可比产品，在技术改进之后企业生产成本数据发生重大变化，以前的成本数据的可比性变差。

该表基本部分的编制方法如下。

1）“本月实际产量”根据相应的产品成本明细账计算填列。

2）“本年计划产量”根据成本计划有关资料填列。

3）“本年实际累计产量”根据本月实际产量同上月本表的本年实际累计产量合计填列。

4）“上年实际平均单位成本”根据上年度本表所列全部累计实际平均单位成本填列。

5）“本年计划单位成本”根据本年度成本计划有关资料填列。

6）“本月实际单位成本”根据表中本月实际总成本除以本月实际产量计算填列。

7）“本年累计实际平均单位成本”根据表中本年实际累计总成本除以本年实际累计产量计算填列。

8）“按上年实际平均单位成本计算的本月总成本和本年累计总成本”根据本月实际产量和本年累计实际产量，乘以上年实际平均单位成本计算填列。

9）“按本年计划单位成本计算的本月总成本和本年累计总成本”根据本月实际产量和本年实际累计产量，乘以本年计划单位成本计算填列。

10）“本月实际总成本”根据产品成本明细账或产成品成本汇总表填列。

11）“本年实际累计总成本”根据产品成本明细账或产成品成本汇总表本年各月产成品成本计算填列。

如果有不合格品，应单列一行，并注明“不合格品”字样，不应同合格产品合并填列。

3．补充资料

补充资料部分主要反映可比产品成本的降低额和降低率。如果企业规定有本年成本比上年成本的降低额和降低率的计划指标，需要根据产品生产成本表资料计算成本的实际降低额和实际降低率，填列于本表的下端。如果本年可比产品成本比上年不是降低，而是升高，上列成本的降低额和降低率应用负数填列；如果企业可比产品品种不多，其成本降低额和降低率，也可以按产品品种分别计划和计算。本年可比产品成本的实际降低额和实际降低率的计算公式为：

$$\text{可比产品成本实际降低额}=\text{可比产品按上年实际平均单位成本计算的本年累计总成本}-\text{本年实际累计总成本}$$

$$\text{可比产品成本降低率}=\frac{\text{可比产品成本实际降低额}}{\text{可比产品按上年实际平均单位成本计算的本年累计总成本}}\times 100\%$$

二、产品生产成本表的分析

产品生产成本的分析，主要是对全部产品成本计划完成情况的分析和可比产品成本降低目标的完成情况分析。在分析中，重点是可比产品成本分析。

（一）全部产品成本计划完成情况的分析

企业全部产品包括可比产品和不可比产品。由于在成本计划中，对两类产品规定了不同的成本指标，所以它们在考核和分析方法上是不相同的。对于可比产品，可将本期实际成本分别同本期计划成本、上年实际成本进行对比分析，以衡量报告期实际成本较上年成本降低的幅度和数额，检查企业生产技术和经营管理工作的改进情况；对不可比产品，因为以前年度没有正式生产过，其本期实际成本只能同本期计划成本进行比较分析。由于全部产品成本中包括不可比产品成本在内，这样，只能用实际总成本同计划总成本进行比较，以确定成本降低额和降低率。如果全部产品中均是可比产品，则可以将本期实际成本同本期计划成本、上年实际成本进行对比分析。

1. 按成本项目进行成本计划完成情况的分析

按成本项目进行分析，是将全部产品总成本按成本项目进行逐一汇总，将实际总成本同按实际产量调整后的计划总成本进行比较，确定每个成本项目的降低额和降低率。

按成本项目反映的产品生产成本表一般可以采用对比分析法、构成比率分析法和相关指标比率分析法进行分析。

（1）对比分析法

对比分析法也称比较分析法，是通过实际数同基数的对比来揭示实际数同基数之间的差异，借以了解经济活动的成绩和问题的一种分析方法。

对比的基数根据分析的目的不同而有所不同，一般有计划数、定额数、前期实际数、以往年度同期实际数及本企业历史先进水平和国内外同行业的先进水平等。

（2）构成比率分析法

构成比率分析法是通过计算某项指标的各个组成部分占总体的比重，即部分和全部的比率进行数量分析的方法。这种比率分析法也称比重分析法。通过这种分析，可以反映产品成本的构成是否合理。

产品成本构成比率的计算公式为：

$$直接材料成本比率=直接材料成本\div产品成本\times100\%$$

$$直接人工成本比率=直接人工成本\div产品成本\times100\%$$

$$制造费用比率=制造费用\div产品成本\times100\%$$

（3）相关指标比率分析法

相关指标比率分析法是通过计算两个性质不同而又相关的指标的比率进行数量分析的方法。在实际工作中，由于企业规模不同等原因，单纯地对比产值、销售收入或利润等绝对数多少，不能说明各个企业经济效益好坏；如果计算成本同产值、销售收入或利润相比的相对数，即产值成本率、销售收入成本率或成本利润率，就可以反映各企业经济效益的好坏。

产值成本率、销售收入成本率和成本利润率的计算公式为：

$$产值成本率=成本\div 产值\times 100\%$$

$$销售收入成本率=成本\div 销售收入\times 100\%$$

$$成本利润率=利润\div 成本\times 100\%$$

从上述计算公式可以看出，产值成本率和销售收入成本率高的企业经济效益差，这两种比率低的企业经济效益好。而成本利润率则与之相反，成本利润率高的企业经济效益好，成本利润率低的企业经济效益差。

工作实例 13-1 诺亚公司2017年12月按成本项目反映的产品生产成本表如表13-4所示，假定全部为可比产品且已消除了产量因素影响。试进行成本分析。

表 13-4 产品生产成本表（按成本项目反映）

2017年12月 元

项 目	上年实际	本年计划	本月实际	本年实际
生产成本：				
直接材料	234 600	220 800	22 500	225 000
直接人工	178 500	153 600	16 500	175 000
制造费用	96 900	105 600	11 000	100 000
生产成本合计	510 000	480 000	50 000	500 000
加：期初在产品、半成品余额	20 000	24 000	2 000	20 000
减：期末在产品、半成品余额	19 000	19 000	3 000	36 000
产品生产成本合计	511 000	485 000	49 000	484 000

分析：由于全部产品中均是可比产品且已消除了产量因素影响，所以可以将本期实际成本同本期计划成本、上年实际成本进行对比分析。对比情况如表13-5所示。

表 13-5 产品生产成本分析表（对比分析）

2017年12月 元

项 目	上年实际①	本年计划②	本年实际③	实际比计划		实际比上年实际	
				降低额④=③-②	降低率⑤=④/②	降低额⑥=③-①	降低率⑦=⑥/①
生产成本：							
直接材料	234 600	220 800	225 000	4 200	1.9%	-9 600	-4.09%
直接人工	178 500	153 600	175 000	21 400	13.93%	-3 500	-1.96%
制造费用	96 900	105 600	100 000	-5 600	-5.3%	3 100	3.2%
生产成本合计	510 000	480 000	500 000	20 000	4.17%	-10 000	-1.96%
加：期初在产品、半成品余额	20 000	24 000	20 000	-4 000	-16.67%	0	
减：期末在产品、半成品余额	19 000	19 000	36 000	17 000	89.5%	17 000	89.5%
产品生产成本合计	511 000	485 000	484 000	-1 000	-0.21%	-27 000	-5.28%

以上对比分析显示：该企业全部产品本年累计实际比本年计划数降低了 1 000 元，而且也比上年实际数降低了 27 000 元，表明本年产品总成本降低了，但产品总成本的降低是否合理、有力，还应进一步分析具体原因。生产成本合计中本年累计实际低于上年实际 10 000 元，但高于本年计划 20 000 元，原因在于本年计划的期初在产品、半成品余额和期末在产品、半成品余额的差额 5 000 元大于上年实际的期初在产品、半成品余额和期末在产品、半成品余额的差额 1 000 元。

工作实例 13-2 承工作实例 13-1 的资料，采用成本构成比率分析法分析诺亚公司成本计划完成情况。其计算结果如表 13-6 所示。

表 13-6 产品生产成本分析表（对比分析）

2017 年 12 月 元

项 目	上年实际构成比率/%	本年计划构成比率/%	本月实际构成比率/%	本年累计实际构成比率/%	本年累计实际构成比率与本年计划构成比率/%	本年累计实际构成比率与上年实际构成比率/%
	①	②	③	④	⑤=④-②	⑥=④-①
直接材料	46	46	45	45	−1	−1
直接人工	35	32	33	35	3	0
制造费用	19	22	22	20	−2	1
合 计	100	100	100	100	—	—

上述构成比率显示，本年累计实际构成比率同本年计划构成比率相比，本年直接材料和制造费用的比重有所降低，而直接人工比重有所提高；本年累计实际的构成同上年实际的构成相比，本年直接材料的比重略有降低，本年直接人工的比重持平，本年制造费用的比重略有提高；本月实际的构成也有变动。对于变动的具体原因需要结合实际情况进行深入分析。

2．按产品种类进行成本计划完成情况分析

按产品种类进行分析时，根据企业产品生产成本表的资料，分别确定全部产品、可比产品和不可比产品成本的降低额和降低率。分析产品成本计划完成情况时，并不是将成本报表中的实际总成本同成本计划中计划总成本直接对比，因为两者的产量基础不同。为了保证成本指标的可比性，需要将计划总成本换算为实际产量和计划单位成本计算的总成本，然后同实际总成本对比，以确定产品成本计划的完成程度。

其计算公式为：

成本降低额＝实际总成本−计划总成本

＝∑[实际产量×（实际单位成本−计划单位成本）]

成本降低率＝成本降低额÷∑（实际产量×计划单位成本）×100%

工作实例 13-3 某公司 2017 年全部产品生产成本表如表 13-7 所示。

表 13-7　全部产品生产成本表

××公司　　　　　　　　　　　　2017 年　　　　　　　　　　　　元

产品名称	计量单位	实际产量			单位成本			本月总成本			本年累计总成本		
		本月实际	本年计划	本年实际累计	上年实际平均	本年计划	本年实际	按上年实际平均单位成本计算	按本年计划单位成本计算	本月实际	按上年实际平均单位成本计算	按本年计划单位成本计算	本年实际
可比产品合计								22 280	21 660	21 000	273 600	265 800	258 000
其中：甲产品	件	14	150	180	520	490	500	7 280	6 860	7 000	93 600	88 200	90 000
乙产品	件	20	200	240	750	740	700	15 000	14 800	14 000	180 000	177 600	168 000
不可比产品合计	台								2 900	3 000		26 100	27 000
其中：丙产品		10		90		290	300		2 900	3 000		26 100	27 000
产品成本合计									24 560	24 000	273 600	291 900	285 000

根据上表的资料，对该公司全部产品成本计划完成情况分析如下。

成本降低额 = 285 000−291 900 = −6 900（元）

成本降低率 = −6 900 ÷ 291 900 × 100% = −2.36%

从上面的计算来看，全部产品总成本实际比计划降低了 6 900 元，降低率为 2.36%。但这还不能说明该公司已全面完成了全部产品计划，还需进一步对可比产品、不可比产品及其各种产品成本计划完成情况进行分析，编制成本分析表，如表 13-8 所示。

表 13-8　全部产品生产成本分析表

2017 年　　　　　　　　　　　　元

产品名称	按本年实际产量和计划单位成本计算的总成本	本年实际总成本	实际比计划降低额	实际比计划降低率
可比产品	265 800	258 000	−7 800	−2.93%
甲产品	88 200	90 000	1 800	2.04%
乙产品	177 600	168 000	−9600	−5.41%
不可比产品	26 100	27 000	900	3.45%
丙产品	26 100	27 000	900	3.45%
全部产品合计	291 900	285 000	−6 900	−2.36%

从上述分析结果可以看出，可比产品成本降低额为 7 800 元，降低率为 2.93%，从总体上已完成了可比产品成本计划。但其中甲产品实际成本比计划超支 1 800 元，超支率为 2.04%，而且不可比产品成本实际比计划也超支了 900 元，超支率为 3.45%，乙产品的成本实际比计划降低了 9 600 元，降低率为 5.41%。对于可比产品甲和不可比产品丙，应进一步分析其成本超支的具体原因，寻找降低成本的突破口，以切实加强成本管理控制。

（二）可比产品成本计划完成情况的分析

在全部产品生产成本中，可比产品成本一般都占有相当大的比重，因此在分析了产品总成本之后，还需要进一步对可比产品成本进行分析。

1. 可比产品成本降低计划完成情况的分析

可比产品成本降低计划是以上年实际平均单位成本为依据确定的，具体包括降低额和降低率两个指标。可比产品成本降低计划完成情况分析就是将可比产品按实际产量计算的实际降低额、降低率同按计划产量计算的计划降低额、降低率进行比较，进而检查是否完成成本降低任务，确定各因素的影响程度，为进一步挖掘潜力，降低成本指出方向。

其计算公式为：

可比产品成本计划降低额 = $\sum$[计划产量 ×（上年实际单位成本 − 本年计划单位成本）]

可比产品成本计划降低率 = 可比产品成本计划降低额 ÷ $\sum$（计划产量 × 上年实际单位成本）× 100%

可比产品成本实际降低额 = $\sum$[实际产量 ×（上年实际单位成本 − 本年实际单位成本）]

可比产品成本实际降低率 = 可比产品成本实际降低额 ÷ $\sum$（实际产量 × 上年实际单位成本）× 100%

超计划成本降低额 = 可比产品成本实际降低额 − 可比产品成本计划降低额

超计划成本降低率 = 可比产品成本实际降低率 − 可比产品成本计划降低率

需说明的是，按照上述降低指标计算出的结果，正数代表的是降低额和降低率，负数代表的是增长额和增长率。

小思考 13-4　在分析可比产品成本降低任务时，为什么需要同时分析实际比计划、实际比上年成本降低额和降低率？

解析：实际同计划数据比较可以发现实际成本和计划成本的差异，分析成本的超支或节约；实际成本同上年成本比较可以发现最近一个年度的成本变化趋势。

工作实例 13-4　承工作实例 13-3 的资料，编制可比产品生产成本降低分析表和可比产品成本计划降低指标完成情况分析表，如表 13-9 和表 13-10 所示。

表 13-9　可比产品生产成本降低分析表

2017 年　　元

可比产品	总成本			实际比计划		实际比上年实际	
	按上年实际平均单位成本计算	按本年计划单位成本计算	本年实际	降低额	降低率	降低额	降低率
甲产品	93 600	88 200	90 000	4 500	5.77%	3 600	3.85%
乙产品	180 000	177 600	168 000	2 000	1.33%	12 000	6.67%
合　计	273 600	265 800	258 000	6 500	2.85%	15 600	5.70%

表 13-10　可比产品生产成本计划降低完成情况分析表

2017 年　　元

可比产品	实际比上年实际		实际比计划		超计划降低指标	
	降低额	降低率	降低额	降低率	降低额	降低率
甲产品	3 600	3.85%	4 500	5.77%	−900	−1.92%
乙产品	12 000	6.67%	2 000	1.33%	10 000	5.34%
合　计	15 600	5.70%	6 500	2.85%	9 100	2.85%

从以上资料可知，可比产品成本降低任务完成情况的分析对象如下。

超计划成本降低额=15 600−6 500=9 100（元）

超计划成本降低率=5.70%−2.85%=2.85%

由此可见，企业可比产品实际成本降低额比计划成本降低额多降低 9 100 元，表明实际成本降低率比计划成本降低率多降低 2.85%，说明企业超额完成了可比产品成本降低任务，但是甲产品未完成计划降低指标。究竟是什么原因导致了计划指标没有完成，则需要进一步分析产生差异的原因，以便挖掘降低成本的潜力。

2. 可比产品成本降低任务完成情况的因素分析

影响可比产品成本的因素有产品产量、产品品种结构和单位成本。其中，对于可比产品成本降低额，3 个因素均产生影响；对可比产品成本降低率，只有产品结构和单位成本两个因素产生影响。

（1）产量因素

成本计划降低额是根据各种产品的计划量制定的——实际产量发生变动，必然会影响到成本降低额。当产品的品种结构和单位成本不变时，单纯的产量变动只影响产品成本的降低额，而不影响产品成本的降低率。因为当品种结构不变时，说明各种产品的产量计划完成率都相同，在计算成本降低率时，因分子、分母都具有相同的产量增减比例而不变。其计算公式为：

产量变动对成本降低额的影响=［∑（实际产量×上年实际单位成本）−∑（计划产量×上年实际单位成本）］×计划成本降低率
=∑［（实际产量−计划产量）×上年实际单位成本］×计划成本降低率

（2）产品品种结构变动因素的影响

产品品种构成是指各种产品在全部产品中所占的比重。全部可比产品成本降低率实质上是在各种产品的个别成本降低率的基础上，以各种产品的产量品种结构为权数计算的平均成本降低率。由于各种产品的成本降低程度的不同，当产品品种结构发生变化时，成本降低额、成本降低率也会随之发生变化。一般情况下，产品成本降低率高的产品在全部可比产品产量中所占的比例比计划提高，就会影响到全部可比产品成本降低率的提高，成本降低额也会随之增加。反之，产品成本降低率、降低额就会降低和减少。其计算公式为：

产品品种结构变动对成本降低额的影响=∑（实际产量×上年实际单位成本）−∑（实际产量×本年计划单位成本）−∑（实际产量×上年实际单位成本）×计划成本降低率

产品品种结构变动对成本降低率的影响=产品品种结构变动对成本降低额的影响金额÷∑（实际产量×上年实际单位成本）×100%

（3）单位成本变动因素的影响

可比产品计划成本降低额和实际成本降低额都是以上年成本为计算基础的。因此，可比产品成本降低任务的完成程度，实际上是各种产品单位成本发生变化的结果。产品实际单位成本比计划单位成本升高或降低，都会引起成本的降低额和降低率的变动。产品单位成本的变动同成本降低额或降低率的变动呈反方向。其计算公式为：

单位成本变动对成本降低额的影响=∑［实际产量×（计划单位成本－实际单位成本）］

单位成本变动对成本降低率的影响=单位成本变动对成本降低额的影响金额÷∑（实际产量×上年实际单位成本）×100%

工作实例 13-5 承工作实例 13-3 的资料，试分析产品产量、产品结构和单位成本变动对成本降低额和降低率的影响。

分析：

（1）产品产量变动的影响

对成本降低额的影响值=[（180−150）×520+（240−200）×750]×2.85%=1 299.60（元）

实际产量较计划产量的提高，导致产品成本比计划降低了1 299.60元。

对成本降低率的影响值=0

（2）产品结构变动的影响

对成本降低额的影响值=[180×（520－490）+240×（750－740）]－（180×520+240×750）×2.85%=2.4（元）

对成本降低率的影响值=2.4÷（180×520+240×750）×100%=0.000 88%

（3）单位成本变动的影响

对成本降低额的影响值=180×（490－500）+240×（740－700）=7 800（元）

对成本降低率的影响值=7 800÷（180×520+240×750）×100%=2.85%

上述计算表明：

可比产品成本降低额实际比计划降低了 9 100 元。其中，产品产量变动的影响值为1 299.60元，产品结构变动的影响值为 2.4元，单位成本变动的影响值为 7 800元。三者合计为 9 102 元（2元的差异为小数保留差异）。

可比产品成本降低率实际比计划降低了 2.85%。其中，产品结构变动的影响值为0.000 88%，单位成本变动的影响值为 2.5%，两者合计为 2.850 88%（0.000 88%的差异为小数保留所致）。

通过以上计算分析，可以把各个因素对成本降低额和降低率的影响汇总，如表 13-11所示。

表 13-11 各因素对成本降低额和降低率的影响汇总分析表

元

影响因素	影响程度	
	对降低额	对降低率/%
产量	1 299.6	
产品品种结构	2.4	0.000 88
产品单位成本	7 800	2.85
合 计	9 102	2.850 88

从表13-11可以看出，该企业超额完成了可比产品成本计划，主要是靠产量增加和单位成本变动取得的。

综上所述，影响可比产品成本降低任务完成的3个因素是产量、品种结构和单位成本。其中，产量因素只影响成本降低额，不影响降低率；品种结构和单位成本因素则同时影响降低额和降低率。

任务三 主要产品单位成本表的编制和分析

情境引例

2016年 5月，受我国经济下行及企业内部各种因素的影响，某运动鞋厂主要产品的单位成本比上年同期有所提高，而市场销售价格比以往还低。这无疑使企业利润大大降低，企业面临巨大考验。管理层深入到生产实践调研后提出，从多方面降低成本，提高产品竞争力，其中最重要的一项就是提高材料利用率，降低产品成本。

经过深入车间考察分析，发现在鞋面皮革裁剪时，工人裁剪方法不一：老工人用科学排刀法剪裁，新工人则没有很好掌握此技术，两者相比，排刀法裁剪能够使每千双皮鞋降低9平方米材料。此外，近年来招聘的员工大多是没有制鞋经验的农民工，熟练工人的比例在不断下降。于是，企业立即对生产工人进行培训，让他们在一个月内掌握科学排刀法。又经过研究，技术人员改进了鞋底的设计，改进后每双用料由100千克降为90千克；在胶料配色上也改变使用方法，使胶料成本大大降低。仅此3项改进工作，使每双鞋的成本降低10元。如果当年产量60万双的话，仅材料一项就节约600万元，这可不是一个小的数目。

影响产品单位成本的主要因素有哪些？企业应如何对产品单位成本进行分析？

职业判断与业务操作

影响产品单位成本的主要因素包括直接材料成本、直接人工成本和制造费用等。在分析产品单位成本时，应当选择成本超支或节约较多的产品作为重点，以便更有效地降低产品的单位成本。分析的标准可以是上年同期水平、历史最好水平、国内同行业水平或国际同行业水平等，分析的方法主要采用对比分析法和趋势分析法等。

一、主要产品单位成本表的编制

（一）主要产品单位成本表的结构

主要产品单位成本表是反映企业在报告期内生产的各种主要产品单位成本水平、构成及其变化情况的报表。该表应当按照主要产品分别编制，是按产品种类反映的产品生产成本表中某些主要产品成本的进一步反映，是对产品生产成本表的补充说明。

该表分为上下两部分：上半部分按成本项目反映报告期内发生额及其各项目的合计数，即产品单位成本；下半部分反映单位产品所耗用的各种主要原材料的数量和生产工时等主要经济技术指标。为了便于考核产品单位成本的变动情况，各成本项目和主要经济技术指标分别按照历史先进水平、上年实际平均、本年计划、本月实际和本年累计实际平均等项目设置不同的专栏。

主要产品单位成本表的格式如表 13-11 所示。

（二）主要产品单位成本表的编制方法

1）“本月计划产量”“本年累计计划产量”根据生产计划有关资料填列。

2）“本月实际产量”根据产品成本明细账填列。

3）“本年累计实际产量”根据上月本表的本年累计实际产量和本月实际产量的合计填列。

4）“销售单价”根据产品定价表填列。

5）“成本项目”根据财政部门和企业主管部门的规定填列。

6）“主要技术经济指标”各项目，根据企业或上级机构规定的指标名称和填列方法计算填列，反映单位产品所耗用的各种主要原材料和生产工时情况。

7）“历史先进水平”栏目，根据历史上该种产品成本最低年度成本表的实际平均单位成本填列；

8）“上年实际平均”栏目，根据上年度本表实际平均单位成本填列。

9）“本年计划”栏目，根据本年度成本计划填列。

10）“本月实际”栏目，根据该种产品成本明细账或产品成本汇总表填列。

11）“本年累计实际平均”栏目，根据该种产品成本明细账所记录年初至报告期期末完工入库实际总成本除以本年累计实际产量后的商计算填列。

表中的不可比产品不填列上年实际平均和历史先进单位成本。

二、主要产品单位成本表的分析

主要产品单位成本表是反映企业在报告期内生产的各种主要产品单位成本构成情况的报表。该表应当按照主要产品分别编制，是按产品种类反映的产品生产成本表中某些主要产品成本的进一步反映。

主要产品单位成本表的分析应当选择成本超支或节约较多的产品有重点地进行，以便更有效地降低产品的单位成本。进行分析时，企业可以根据表中本期实际的生产成本（即本期实际的单位成本合计数）同其他各种生产成本进行对比，对产品单位成本进行一般的分析，然后按其成本项目（包括直接材料成本、直接人工成本、制造费用等）进行具体的分析。分析的方法主要采用对比分析法和趋势分析法等。

（一）一般分析

一般分析要求企业将主要产品的实际成本同其他各种生产成本进行对比分析和趋势分析。

工作实例 13-6　A 公司甲产品的单位成本表如表 13-12 所示。

表 13-12　主要产品单位成本表

2017 年 12 月

产品名称：甲　　　　　　　　　　　　规格：

本月计划产量：　　　　　　　　　　　本月实际产量：5

计量单位：件　　　　　　　　　　　　本年累计计划产量：

本年累计实际产量：60　　　　　　　　销售单价：

元

成 本 项 目	历史先进水平	上年实际平均	本年计划	本月实际	本年累计实际平均
直接材料	3 560	3 570	3 550	3 600	3 550
直接人工	1 600	1 600	1 650	1 630	1 655
制造费用	900	900	910	920	915
生产成本合计	6 060	6 070	6 110	6 150	6 120
主要技术经济指标	用量	用量	用量	用量	用量
1. 直接材料/千克	220	210	200	180	160
2.	…	…	…	…	…

分析：

① 甲产品的本年累计实际平均单位成本 6 120 元和本月实际单位成本 6 150 元均高于历史先进水平的 6 060 元，而且还高于上年实际水平的 6 070 元和本年计划的 6 110 元。可见，甲产品成本超支情况比较严重。

② 甲产品的上年实际平均 6 070 元高于历史先进水平 6 060 元，本年计划 6 110 元高于上年实际水平的 6 070 元，显示出该种产品的成本可能是逐年提高的。

③ 甲产品的本月实际单位成本 6 150 元还高于本年累计实际平均单位成本 6 120 元，甲产品成本极有可能在本年内也是逐月提高的。

鉴于以上情况，企业确认对该产品重点进行单位成本分析是完全正确的。

工作实例 13-7　通过下面近 5 年的单位成本资料，对甲产品的成本进行趋势分析。

5 年来的实际平均单位成本分别为：2013 年（假定为历史先进年）6 060 元，2014 年 6 090 元，2015 年 6 110 元，2016 年 6 080 元，2017 年（即本年）6 120 元。现以 2013 年为基期，6 060 元为基数，规定为 100%，计算其他各年与之相比的比率如表 13-13 所示（保留小数点后两位小数）。

表 13-13　产品单位成本趋势分析

年　度 / 项　目	2013 年	2014 年	2015 年	2016 年	2017 年
	①	②＝②/①	③＝③/①	④＝④/①	⑤＝⑤/①
实际平均单位成本/元	6 060	6 090	6 110	6 080	6 120
基期比率（以 2003 年为基期）	基数	100.50%	100.83%	100.33%	100.99%

根据上述资料，再以上年为基数，计算各年环比的比率如表 13-14 所示。（保留小数点后两位小数）

表 13-14 产品单位成本趋势分析

年度 项目	2013年 ①	2014年 ②=②/①	2015年 ③=③/②	2016年 ④=④/③	2017年 ⑤=⑤/④
实际平均单位成本/元	6 060	6 090	6 110	6 080	6 120
环比比率	100%	100.50%	100.33%	99.51%	100.66%

通过以上分析计算可以看出，甲产品的单位成本，如果以2013年为基期，以后4年均高于2013年，只是提高的程度各不相同——2017年提高得最多，2016年提高得最少；如果以上一年为基期逐年进行环比，2017年比2016年提高得最多，而2016年比2015年是降低的。由此可见，这种产品成本的变动趋势还不是逐年递增，而是在总体提高的情况下，存在着一个“马鞍形”。应当进一步查明这些变动的具体原因，是由于物价上涨而引起材料成本增加等客观原因，还是由于成本管理工作弱化或强化等主观原因。为了查明单位成本变动的具体原因，企业还应当按照成本项目进行成本分析。

（二）各主要项目分析

1. 直接材料成本的分析

直接材料实际成本和计划成本之间的差额构成了直接材料成本差异。形成该差异的基本原因是：一是用量偏离标准；二是价格偏离标准。前者按计划价格计算，称为数量差异；后者按实际用量计算，称为价格差异。

从表13-12中甲产品的各项成本来看，直接材料成本占产品单位成本的一半多，比重较大，而且本月实际材料成本不仅超过本年计划、上年实际平均、历史先进水平，还超过了本年累计实际平均数，应当作为重点成本项目进行分析。

工作实例 13-8 甲产品2017年成本计划规定和12月份实际发生的材料消耗量及材料单价如表13-15所示。

表 13-15 直接材料计划与实际成本对比表

2017年12月

项目	材料消耗数量/千克	材料单价/（元/千克）	直接材料成本/元
本年计划	200	17.75	3 550
本月实际	180	20.00	3 600
直接材料成本差异	−20	+2.25	+50

从前述甲产品单位成本表（见表13-12）和直接材料计划与实际成本对比表可以看出，该产品单位成本中的直接材料成本本月实际比本年计划超支50元，单位产品材料成本是材料消耗数量同材料单价的乘积，其影响因素主要在于材料消耗数量差异（量差）和材料单价差异（价差）两个方面。现用差额计算分析法计算这两个方面因素变动对直接材料成本超支的影响如下。

材料消耗数量变动的影响=（180－200）×17.75=－355（元）

材料单价变动的影响=180×（20－17.75）=+405（元）

两因素影响程度合计=－355＋405=＋50（元）

通过以上计算可以看出：甲产品的直接材料成本虽然只超支50元，差异不大，但分析结果表明，由于材料消耗量节约（由200千克降为180千克）使材料成本降低了355元；由于材料价格提高（由17.75元提升为20元），使材料成本超支405元。两者相抵，净超支50元。由此可见，甲产品材料消耗的节约掩盖了绝大部分材料价格提高所引起的材料成本超支。材料消耗节约只要不是偷工减料的结果，一般都是生产车间改革生产工艺，加强成本管理的成绩。材料价格的提高，则要看是由于市场价格上涨等客观原因引起的，还是由于材料采购人员不得力致使材料买价偏高，或者材料运杂费增加的结果。

与此相联系，甲产品的本年累计实际平均材料成本与本年计划持平（均为3 550元），低于本月实际、上年实际平均和历史先进水平，也不一定是成本管理工作的成绩，也应比照上述方法进行量差和价差的分析。

2．直接人工成本的分析

直接人工实际成本和计划成本之间的差额构成了直接人工成本差异。形成该差异的基本原因是：一是量差，指实际工时偏离计划工时，其差额按计划小时工资率计算确定的金额，称为单位产品所耗工时变动的影响；二是价差，指实际小时工资率偏离计划小时工资率，其差额按实际工时计算确定的金额，称为小时工资率变动的影响。

在工作实例13-6中，甲产品单位成本的直接人工成本中，本年累计实际平均数高于本年计划数，但本月实际数不仅低于本年累计实际平均数，而且还低于本年计划数（虽然仍高于上年实际平均数和历史先进水平），说明情况已明显好转。该公司实行的工资制度如果是计件工资制度，这些变动主要是由于计件单价变动引起的，应该查明甲产品计件单价变动的原因；如果是计时工资制度，单位成本中的直接人工成本是根据单位产品所耗工时数和小时工资率分配计入的，可以比照直接材料成本采用差额计算分析法进行分析（单位产品所耗工时数相当于单位产品的材料消耗数量，小时工资率相当于材料单价），计算产品所耗工时数变动（量差）和小时工资率变动（价差）对直接人工成本变动的影响。

工作实例13-9 承工作实例13-6，假定该公司实行计时工资制度。甲产品每件所耗工时数和小时工资率的计划数和实际数如表13-16所示。

表13-16 直接人工成本计划与实际对比表

项 目	单位产品所耗工时	小时工资率	直接人工成本/元
本年计划	13.75	120	1 650
本月实际	11.24	145	1 630
直接人工成本差异	−2.51	＋25	−20

从甲产品单位成本表（见表13-11）和直接人工成本计划与实际对比表可以看出，甲产品单位成本中的直接人工成本本月实际比本年计划降低20元。采用差额计算分析法计算各因素的影响程度如下。

单位产品所耗工时变动的影响=（11.24－13.75）×120=－2.51×120

=－301.2（元）

小时工资率变动的影响=11.24×（145−120）=11.24×25=+281（元）

两因素影响程度合计=−301.2+281=−20.2（元）

以上分析计算表明：甲产品直接人工成本节约 20.2元（0.2元为小数保留所致），完全是由于工时消耗大幅度节约的结果，而小时工资率则是超支的，它抵销了绝大部分由于工时消耗节约所产生的直接人工成本的降低额。企业应当进一步查明单位产品工时消耗节约和小时工资率超支的原因。

单位产品所耗工时的节约，一般是生产工人提高了劳动的熟练程度，从而提高了劳动生产率的结果，但也不排斥是由于偷工减料造成的。应查明节约工时以后是否影响了产品的质量——通过降低产品质量来节约工时，是不被允许的。

小时工资率是以生产工资总额除以生产工时总额计算求出的。工资总额控制得好，生产工资总额减少，会使小时工资率节约，否则会使小时工资率超支。对生产工资总额变动的分析，可以同前述按成本项目反映的产品生产成本表（见表 13-11）中直接人工成本的分析结合起来进行。

在工时总额固定的情况下，非生产工时控制得好，减少非生产工时，增加生产工时总额会使小时工资率节约，否则会使小时工资率超支。因此，要查明小时工资率变动的具体原因，还应对生产工时的利用情况进行调查研究。

（三）制造费用的分析

制造费用实际成本和计划成本之间的差额构成了制造费用差异。形成该差异的基本原因是：一是量差，指实际工时偏离计划工时，其差额按计划小时分配率计算确定的金额，称为单位产品所耗工时变动的影响；二是价差，指实际小时分配率偏离计划小时分配率，其差额按实际工时计算确定的金额，称为小时分配率变动的影响。

制造费用一般是间接计入费用，产品成本中的制造费用一般是根据生产工时等分配标准分配计入的。因此，产品单位成本中制造费用的分析，通常同计时工资制度下直接人工费用的分析相类似，先要分析单位产品所耗工时变动和每小时制造费用变动两个因素对制造费用变动的影响，然后查明这两个因素变动的具体原因。如果在进行直接人工费用分析时，已经查明了单位产品所耗工时变动和生产工时利用好坏的具体原因，只需要联系前述按成本项目反映的产品生产成本表中制造费用总额变动的分析，并结合后述制造费用明细表中制造费用各费用项目具体变动的分析，就可以了解产品单位成本中制造费用变动的种种原因。

工作实例 13-10 承工作实例 13-6，甲产品每件所耗工时数和小时分配率的计划数及实际数如表 13-17 所示。

表 13-17 单位产品制造费用表

项 目	单位产品所耗工时	小时分配率	制造费用/元
本年计划	7	130	910
本月实际	8	115	920
直接人工成本差异	1	−15	10

从甲产品单位成本表（见表 13-12）和单位产品制造费用表可以看出，甲产品单位成本中的制造费用本月实际比本年计划增加 10元。采用差额计算分析法计算各因素的影响程度如下。

单位产品所耗工时变动的影响=（8-7）×130=130（元）

小时分配率变动的影响=8×（115-130）=-120（元）

两因素影响程度合计=130+（-120）=10（元）

以上分析计算表明：甲产品制造费用实际比计划多支出 10元，是由于工时变动增加了1个工时，使单位成本中制造费用增加了 130元，又由于小时分配率实际比计划降低 15元，使单位成本中制造费用减少了 120元，两者相抵，使单位产品制造费用增加了 10元。

任务四 制造费用明细表的编制和分析

情境引例

新华网安徽频道报道，在合肥柏堰科技园，背负为海尔、格力、西门子等家电巨头从事生产配套的合肥高科公司，用工荒、用工难一直成为一道难以逾越的“高低杠”。

合肥高科入园以来，企业一直遭遇用工缺口，新生年轻劳动力短时间频繁跳槽，造成员工流失率高，企业产出稳定性难以延续。为格力空调、江淮汽车提供注塑配件的合肥力世通塑料制品公司也有此种感触。该公司副总经理张维献告诉记者，一方面目前年轻劳动力的打短工现象造成企业用工缺口，另一方面有些行业用工时间较长、劳动强度大等因素，也是一线操作工萌生退意的现实原因。人口红利效应不断衰减，省城一些企业让机器人参与生产经营成为核心竞争力。

步入合肥力世通生产车间，高度 3米左右、无人操作的白灰色机器手臂正步调一致地打出注塑模具，上千平米的厂房内很难见到操作工人。张维献告诉记者，2012 年公司初步投入 250万元，引入 34台小型机械手。由于用工缺口加剧，2014年又再度投入 400万元，购置了 37台中大型机械手。

合肥高科公司在 2014年已有机器人 22台基础上，计划今年再投入 1 700万元，购置 25台机器人冲抵劳力。“一台小型机械手可以充抵 3个一线操作工人劳动量。”张维献表示，“经测算，通过这两轮机械手扩容，直接为企业弥补了 150人左右的岗位空缺。”

同时，机械手的先期投入相比用工成本而言，也是稳赚不赔。据介绍，一台小型机械手价格 7万元，按照“以一抵三”比例，为企业节约了不小用工成本，而一台中大型机械手则为 20～30万元，通常两年就可收回投资。

经测算，机械手自动化上阵后，力世通生产效率提升 30%，生产事故率下降 10%，而产品合格率在原有基础上提升了 50%。

你知道工业 1.0、2.0、3.0和 4.0是什么意思吗？它们的升级换代，对制造费用分析有什么影响？

职业判断与业务操作

工业1.0是机械制造时代，时间大约是18世纪60年代至19世纪中期。这次工业革命的结果是机械生产代替了手工劳动，经济社会从以农业、手工业为基础转型到以工业、机械制造带动经济发展的新模式。

工业2.0是电气化与自动化时代，时间大约是19世纪后半期至20世纪初。因为有了电力，所以才进入了由继电器、电气自动化控制机械设备生产的年代。这次工业革命，通过零部件生产同产品装配的成功分离，开创了产品批量生产的高效新模式。

工业3.0是电子信息化时代，即20世纪70年代开始并一直延续至现在的信息化时代。在此阶段，工厂大量采用由PC、PLC、单片机等真正电子、信息技术自动化控制的机械设备进行生产，机器能够逐步替代人类作业，不仅接管了相当比例的“体力劳动”，还接管了一些“脑力劳动”。

到2025年工业革命4.0即将展现在我们面前。人们认为工业4.0需要九大技术支柱支撑，它们是工业物联网、云计算、工业大数据、工业机器人、3D打印、知识工作自动化、工业网络安全、虚拟现实和人工智能。整个生产的过程更加柔性化、个性化、定制化。

随着工业3.0的到来，我国企业也步入电气化与自动化时代，机器人逐步替代人类作业，它们不仅接管了相当比例的“体力劳动”，还接管了人类的一些“脑力劳动”。机器人的大量出现，改变了制造费用甚至产品成本项目的格局，未来机器人的折旧费将取代“直接人工”成为产品的主要成本项目，折旧费将不再列入制造费用项目进行分析。

一、制造费用明细表的编制

制造费用明细表是反映企业在报告期内发生的全部制造费用及其构成情况的报表。由于辅助生产车间的制造费用已通过辅助生产费用的分配转入基本生产车间制造费用、管理费用等有关的成本、费用项目，因此该表的制造费用只反映基本生产车间制造费用，不包括辅助生产车间制造费用，以免重复反映。

编制该表有利于企业分析制造费用的构成和增减变动情况，考核制造费用预算执行情况，节约费用、降低成本。这种明细账的基本格式如表13-18所示。

表13-18 制造费用明细表

年 月 元

项 目	本年计划数	上年同期实际数	本月实际数	本年累计实际数
职工薪酬				
折旧费				
动力费				
办公费				
水电费				
机物料消耗				
停工损失				
其 他				
合 计				

该表设置有“本年计划数”“上年同期实际数”“本月实际数”和“本年累计实际数”4个栏目，分别反映各项制造费用的发生额情况。

制造费用明细表的各栏目应依照下面的方法填列。

①“本年计划数”栏目，根据本年制造费用计划填列。

②“上年同期实际数”栏目，根据上年同期本表的本月实际数填列。

③“本月实际数”栏目，根据“制造费用”总账科目所属各基本生产车间制造费用明细账本月末的累计数汇总计算填列。

④“本年累计实际数”栏目，根据“制造费用”总账科目所属各基本生产车间制造费用明细账本年年初起至本月月末止的本年累计发生额汇总计算填列，也可以根据上月本表的本年累计实际数同本月实际数之和填列。

二、制造费用明细表的分析

对制造费用明细表的分析主要可以采用对比分析法和构成比率分析法等。

1. 对比分析法

在采用对比分析法进行分析时，通常先将本月实际数同上年同期实际数进行对比，揭示本月实际和上年同期实际之间的增减变化。在表中列有本月计划数的情况下，则应先进行这两者的对比，以便分析和考核制造费用月份计划的执行结果。在将本年累计实际数同本年计划数进行对比时，如果该表不是12月份的报表，这两者的差异只是反映年度内计划执行的情况，可以据以发出信号，提醒人们应该注意的问题。例如，如果该表是7月份的报表，而其本年累计实际数已经接近、达到甚至超过本年计划的半数时，就应注意节约以后各月的成本，以免全年的实际数超过计划数；如果该表是12月份报表，则本年累计实际数同本年计划数的差异，就是全年制造费用计划执行的结果。为了具体分析制造费用增减变动和计划执行好坏的情况及原因，上述对比分析应当按照成本项目进行。由于制造费用的项目很多，分析时应选择超支或者节约数额较大或成本比重较大的项目有重点地进行。

需要说明的是，各项制造费用的性质和用途不同，评价各项目成本超支或节约时应联系成本的性质和用途具体分析，不能简单地将一切超支都看成是不合理的、不利的，也不能简单地将一切节约都看成是合理的、有利的。例如，职工薪酬的节约，可能缺少必要的劳动保护措施，影响安全生产。又如，机物料消耗的超支也可能是由于追加了生产计划，增加了开工班次，相应增加了机物料消耗的结果。这样的超支也是合理的，不是成本管理的责任。此外，在分项目进行制造费用分析时，还应特别注意“停工损失”项目的分析，其发生额是生产管理不良的结果。

2. 构成比率分析法

在采用构成比率法进行制造费用分析时，可以计算某项成本占制造费用合计数的构成比率，也可将制造费用分为同机器设备使用有关的成本（如机器设备的折旧费、机物料消耗等，如果动力成本不专设成本项目，还应包括动力成本）、同机器设备使用无关的成本（如车间管理人员职工薪酬、办公费等），以及非生产性损失等几类，分别计算其占制造费用合计数的构成比率。可以将这些构成比率同企业或车间的生产、技术的特点联系起来，分析其构成是否合理，也可以将本月实际和本年累计实际的构成比率同本年计划的构成比率和上年同期实际的构成比率进行对比，揭示其差异和同上年同期的增减变化，分析其差异和增减变化是否合理。

项目小结

成本报表是企业根据管理需要，依据日常核算资料和其他有关资料定期或不定期编制的，用以反映和控制企业一定时期内生产耗费和成本水平及其成本构成的一种企业内部报告文件。

成本报表的编制和分析一般包括产品生产成本表的编制和分析、主要产品单位成本表的编制和分析、制造费用明细表的编制和分析等。

产品生产成本表是反映企业报告期内生产的全部产品的总成本的报表，一般分为按照成本项目反映和按照产品种类反映两种。两种报表有各自不同的结构：对产品生产成本表的分析，主要包括对全部产品成本计划完成情况的分析和可比产品成本降低目标的完成情况分析；可比产品成本的分析包括可比产品成本降低计划完成情况的分析和可比产品成本降低任务完成情况的因素分析。

主要产品单位成本表是反映企业在报告期内生产的各种主要产品单位成本水平、构成及其变化情况的成本报表。该表应当按照主要产品分别编制。主要产品单位成本表的分析应当选择成本超支或节约较多的产品有重点地进行，以便更有效地降低产品的单位成本。在进行分析时，企业可以进行一般的分析，还可以按其成本项目（包括直接材料成本、直接人工成本、制造费用等）进行具体的分析。分析的方法主要采用对比分析法和趋势分析法等。

制造费用明细表是反映企业在报告期内发生的全部制造费用及其构成情况的报表。该表的制造费用只反映基本生产车间制造费用，不包括辅助生产车间制造费用。对制造费用明细表的分析，主要可以采用对比分析法和构成比率分析法等。

参考文献

[1] 葛家澍，余绪缨，侯文铿，等．会计大典第四卷，成本会计[M]．北京：中国财政经济出版社，2000．
[2] 财政部会计资格评价中心．初级会计实务[M]．北京：经济科学出版社，2017．
[3] 财政部会计资格评价中心．中级会计实务[M]．北京：经济科学出版社，2017．
[3] 中国注册会计师协会．财务成本管理[M]．北京：经济科学出版社，2016．
[4] 丁增稳．成本会计实务[M]．北京：中国商业出版社，2008．
[5] 欧阳清，万寿义．成本会计[M]．大连：东北财经大学出版社，2008．
[6] 于富生，王俊生，黎文珠．成本会计学[M]．北京：中国人民大学出版社，2014．
[7] 丁增稳，缑宇英．成本会计[M]．北京：中国科学技术出版社，2008．
[8] 祁怀锦，赵雪媛．高等自学考试同步训练——成本会计学[M]．北京：中国人事出版社，1998．
[9] 高翠．成本会计[M]．大连：大连出版社，2007．
[10] 丁增稳，李蓉．成本会计实训教程[M]．北京：高等教育出版社，2017．
[11] 程坚．成本计算与管理[M]．北京：高等教育出版社，2016．
[12] 李传双．成本计算与管理[M]．北京：高等教育出版社，2016．
[13] 周国安．成本会计实务[M]．北京：高等教育出版社，2016．
[14] 孙颖．成本会计项目化教程[M]．北京：高等教育出版社，2016．
[15] 顾全根．成本计算与管理[M]．北京：高等教育出版社，2016．

反侵权盗版声明

举报电话：(010)88254396；(010)88258888

传　　真：(010)88254397

E-mail　：dbqq@phei.com.cn

通信地址：北京市万寿路173信箱

　　　　　电子工业出版社总编办公室

邮　　编：100036

尊敬的老师：

您好。

请您认真、完整地填写以下表格的内容（务必填写每一项），索取相关图书的教学资源。

教学资源索取表

书　名				作者名	
姓　名		所在学校			
职　称		职　务		职　称	
联系方式	电　话			E-mail	
	QQ号			微信号	
地址（含邮编）					
贵校已购本教材的数量（本）					
所需教学资源					
系/院主任姓名					

系／院主任：________________（签字）

（系／院办公室公章）

20_____年____月____日

注意：

① 本配套教学资源仅向购买了相关教材的学校老师免费提供。

② 请任课老师认真填写以上信息，并请系／院加盖公章，然后传真到（010）80115555转 718438 索取配套教学资源。也可将加盖公章的文件扫描后，发送到fservice@126.com 索取教学资源。欢迎各位老师扫码关注我们的微信号和公众号，随时与我们进行沟通和互动。

③ 个人购买的读者，请提供含有书名的购书凭证，如发票、网络交易信息，以及购书地点和本人工作单位来索取。

微信号

公众号

中国工信出版集团

電子工業出版社
PUBLISHING HOUSE OF ELECTRONICS INDUSTRY